CODE ROOD

THIJS BROER & PETER KEE

CODE ROOD

HET VERHAAL ACHTER HET CORONABELEID

UITGEVERIJ PLUIM
AMSTERDAM/ANTWERPEN

Deze publicatie is tot stand gekomen met steun van het Fonds Bijzondere Journalistieke Projecten en Stichting Democratie en Media.

Eerste druk, november 2021

Omslagontwerp Peter van Deursen
Omslagfoto Rob Kints / Getty Images
Typografie binnenwerk Perfect Service
Auteursfoto Merlijn Doomernik
Productiebegeleiding Tim Beijer
Drukkerij Wilco, Amersfoort

ISBN 978 94 932 5636 1
NUR 754

www.uitgeverijpluim.nl

Inhoud

Proloog

Hoog boven het dorp, op de beboste berghellingen van de Jakobshorn en de Schatzalp, flonkeren de lichtjes in de duisternis. Langs de Promenade haasten honderden mensen zich over de trottoirs langs wallen van smoezelige sneeuw en verlichte etalages met horloges en Zwitserse zakmessen, toegangskaarten met kleurige linten om de hals. Bij de hotels rijden dienstauto's van captains of industry en presidenten af en aan. Het is woensdagavond 22 januari 2020. Zo'n drieduizend zakenlieden, politici, wetenschappers, bestuurders van ontwikkelingsorganisaties en journalisten hebben zich verzameld in het Zwitserse bergdorp Davos voor het World Economic Forum. Deze week vinden er iedere dag tientallen sessies plaats rondom het centrale thema: duurzame ontwikkeling. De Amerikaanse president Donald Trump, de Duitse bondskanselier Angela Merkel, de Prince of Wales en WEF-oprichter Klaus Schwab houden toespraken, Greta Thunberg en Al Gore nemen deel aan paneldiscussies over de dreigende klimaatverandering. Ook het Nederlandse kabinet wil zich laten gelden op dit prestigieuze podium, met een flinke delegatie. Eerder in de week zijn de ministers Bruno Bruins voor Medische Zorg en Sigrid Kaag voor Buitenlandse Handel al ingevlogen, vandaag zijn premier Mark Rutte, minister van Financiën Wopke Hoekstra en minister van

Milieu en Wonen Stientje van Veldhoven gearriveerd. Eerdere jaren overnachtten de Nederlandse ministers in het oubollige Hotel Parsenn in het hart van het bergdorp, maar deze keer bivakkeren ze veertig kilometer verderop in het hippe skihotel Revier Mountain Lodge in het dorpje Lenzerheide, omdat de prijzen in Davos tot astronomische hoogten zijn gestegen. Ze rijden dagelijks op en neer, ruim drie kwartier met de bus. Sigrid Kaag, als oud-diplomaat gewend aan fraaie hotels als het King David in Jeruzalem, spreekt met enig misprijzen over het 'jongerenhotel' waar ze voor de gelegenheid geherbergd zijn, maar Mark Rutte roept: 'Gezellig hoor!' als journalisten hem ernaar vragen.

Vanavond in Davos gaat de gehele Nederlandse kabinetsdelegatie in gesprek met Nederlandse ondernemers over het belang van een duurzame economie. In een zaaltje in hotel Derby, waar de Nederlandse multinational DSM een reeks eigen sessies organiseert, nemen Rutte, Hoekstra, Bruins, Kaag en Van Veldhoven gezellig roezemoezend plaats op het podium, samen met koningin Máxima, speciaal pleitbezorger van inclusieve financiering voor de Verenigde Naties, en Feike Sijbesma, vertrekkend bestuursvoorzitter van DSM, die als gastheer fungeert. Terwijl Stientje van Veldhoven een verhaal afsteekt over de unieke publiek-private samenwerking in Nederland om wonen duurzamer te maken, staren Wopke Hoekstra en Sigrid Kaag stoïcijns voor zich uit. Mark Rutte zit intussen geintjes te maken met een grinnikende Feike Sijbesma. Bruno Bruins heeft er al twee dagen van bilaterale gesprekken met collega-ministers en CEO's van grote farmaciebedrijven op zitten. Tijdens de sessie in het zaaltje van DSM moet hij zijn best doen niet in te dommelen.

Dezelfde dag hebben ambtenaren van het ministerie van

Volksgezondheid namens minister Bruins een brief aan de Tweede Kamer verstuurd over het coronavirus dat al sinds december rondwaart in de Chinese stad Wuhan, en dat doet denken aan SARS: het virus dat in 2003 in Azië om zich heen greep. De afgelopen weken zijn honderden Chinezen in korte tijd besmet met een raadselachtige, dodelijke longontsteking. Ook in Nederlandse media verschijnen al weken verontrustende berichten over de mysterieuze longziekte. Bruins zag ze voorbijkomen, in het mapje dat iedere ochtend voor hem klaarligt op het ministerie. Voor de Chinese regering is het nu 'alle hens aan dek', meldde de NOS half januari. *De Volkskrant*: 'Zijn we getuige van een nieuwe killer?'

Maar Bruins vertrouwt op de sussende rapporten van zijn topambtenaren, die zich baseren op berichten van het RIVM, de World Health Organization en de Chinese autoriteiten. Op 22 januari schrijft de minister vanuit Davos aan de Kamer: 'Er zijn sterke aanwijzingen dat de besmettingen verband houden met een markt waar levende dieren werden verkocht', 'Het virus lijkt niet makkelijk van mens op mens overdraagbaar', en: 'De kans is klein dat het virus naar Europa komt.'

Op de podia en in de wandelgangen van het World Economic Forum in Davos reppen de Nederlandse ministers met geen woord over het coronavirus, ze worden geheel in beslag genomen door hun afspraken met topondernemers en internationale collega's, en de gezamenlijke boodschap die ze hebben afgesproken: de duurzame ontwikkelingsdoelen waarmee Nederland kan worden neergezet als 'innovatief, ondernemend en open land met een uitstekend vestigingsklimaat'.

Terwijl Bruins, Rutte, Hoekstra, Kaag en Van Veldhoven

de volgende ochtend aan het ontbijt zitten in Revier Mountain Lodge, gezellig babbelend over de wintersport – vooral Rutte en Hoekstra zijn regelmatig in Zwitserland gaan skiën – wordt in Wuhan een zware lockdown afgekondigd: elf miljoen inwoners van de stad gaan gedwongen in quarantaine, korte tijd later gevolgd door vijftig miljoen mensen in de omringende provincie. Trein- en vliegverbindingen worden gesloten, de uitvalswegen gaan dicht. Aan de rand van de stad wordt in allerijl een noodziekenhuis van 25 000 vierkante meter gebouwd om doodzieke patiënten op te kunnen vangen.

Op hetzelfde moment dat de bewindslieden in Zwitserland aan het ontbijten zijn, gaat Hugo de Jonge, minister van Volksgezondheid, Welzijn en Sport, langs op de Da Costaschool in Rotterdam-Zuid, waar hij ooit adjunct-directeur was. Stralend gaat hij zitten op een krukje, helemaal rock-'n-roll met zijn gesoigneerde kuif, donkere pak en schoenen met Delftsblauw motief, en leest hij een schare kindertjes voor uit het prentenboek *Moppereend*. Na afloop van het bliksembezoek maakt de minister met een stralende glimlach een selfie, de kindertjes juichend op de achtergrond. Later die dag debatteert hij urenlang in de Tweede Kamer over het in de Jeugdwet opgenomen woonplaatsbeginsel, tussendoor spreekt hij met zijn ambtenaren over de strijd tegen de eenzaamheid in de verpleeghuizen. Ook voor Hugo de Jonge is corona ver weg: niet meer dan een krantenbericht uit een andere wereld.

Intussen organiseert Hans de Boer, voorzitter van werkgeversorganisatie VNO-NCW, in de Malietoren in Den Haag een speciale sessie met Nederlandse bedrijven die belangen hebben in China. Uitvoerig praten ze over de 'knelpunten' die de corona-uitbraak in Wuhan kan opleveren voor de export naar China en de import van Chinese toeleveranciers naar Nederland. Wat betekent dat voor het zakelijk verkeer, en voor de omzet? Maar niemand aan tafel komt op de gedachte dat het virus zelf wel eens naar Nederland zou kunnen komen: daar geven de geruststellende berichten van de World Health Organization en het RIVM geen aanleiding toe.

In die onbekommerde derde week van januari hebben Bruno Bruins, Mark Rutte, Wopke Hoekstra, Sigrid Kaag, Feike Sijbesma, Hugo de Jonge en Hans de Boer geen idee wat er op hen afkomt, en hoezeer hun levens en die van alle andere Nederlanders in het komende jaar bepaald zullen worden door het virus uit Wuhan.

Achteraf kan Hans de Boer zich wel voor z'n kop slaan. *We dachten dat we goed bezig waren*, denkt hij anderhalve maand later als het virus in Nederland rondwaart en in steeds meer landen code rood wordt afgekondigd. *Maar we waren ziende blind.*

1

Een griepje uit China

Gewoonlijk worden de agendapunten van de minister voor Medische Zorg en Sport pas aan het eind van de wekelijkse ministerraad behandeld, als de geachte collega's al hun tas inpakken en met hun gedachten bij het weekend zijn. Maar op vrijdag 24 januari, als Bruno Bruins en de andere bewindslieden net terug zijn uit Davos, gaat het anders. Niet omdat het kabinet opeens de noodzaak inziet van krachtig optreden tegen het dreigende coronavirus uit China, maar omdat Bruno Bruins deze keer wat eerder weg moet naar Drenthe. Hij heeft toegezegd in Kamp Westerbork, waar hij jarenlang in de buurt heeft gewoond, namen van slachtoffers van de Jodenvervolging te zullen voorlezen, in een serie met andere bekendheden als Claudia de Breij, Youp van 't Hek en oud-Sinterklaas Bram van der Vlugt.

Even is nog overwogen de kwestie naar volgende week te tillen vanwege het vroegtijdige vertrek van Bruins naar Drenthe, maar zijn topambtenaren hebben hem op het hart gedrukt dat dit onderwerp toch echt deze week in de ministerraad besproken moet worden: hij moet het mandaat van het kabinet krijgen om het nieuwe coronavirus uit Wuhan te kwalificeren als ziekte van de A-categorie, het niveau van 'hoogste waakzaamheid'. Behandelend artsen zijn dan verplicht besmettingen direct te melden aan de GGD, en besmette personen kunnen volgens de wet gedwongen worden tot opname, isolatie en quarantaine, om verspreiding te voorkomen. Bovendien wordt de minister voor Medische Zorg dan direct verantwoordelijk voor de bestrijdingsmaatregelen van de ziekte, die uitgevoerd moeten worden door de veiligheidsregio's en de GGD'en, de gemeentelijke gezondheidsdiensten. Zonder verdere discussie neemt het kabinet nota van het agendapunt.

Bruins is niet verbaasd over het gebrek aan belangstelling onder zijn collega's: in de veelheid van dingen die in de ministerraad passeren, is dit er één. En in het wekelijks overleg met zijn topambtenaren van de Directie Publieke Gezondheid, waar ook Jaap van Dissel, directeur van het Centrum Infectieziektebestrijding van het RIVM, geregeld aanschuift, is hem verzekerd dat Nederland goed op een mogelijke epidemie is voorbereid: er liggen scenario's klaar die zijn opgesteld tijdens de uitbraak van SARS in Azië in 2003 en de griepgolf van 2007, die voor veel mensen in Nederland vrijwel ongemerkt voorbij is gegaan.

Een jaar eerder heeft Bruins al een keer een oefening gehad op het ministerie, waarbij hij een pijltjesschema gepresenteerd kreeg dat inzichtelijk maakte hoe de crisisstructuur er bij een dreigende epidemie uit zou zien: het Outbreak Management Team van vooraanstaande virologen adviseert het Bestuurlijk Afstemmings Overleg waarin verschillende ministeries zijn vertegenwoordigd, waarna het advies aan de betreffende ministers wordt voorgelegd. Maar tot een echte pandemie zal het deze keer vast niet komen, is de stemming: het SARS-virus heeft Nederland uiteindelijk ook nooit bereikt.

Als de broodjes op tafel komen vertrekt Bruno Bruins met de dienstwagen naar Drenthe.

Dezelfde dag komt het Outbreak Management Team voor het eerst bijeen onder leiding van Jaap van Dissel, in een zaaltje in het RIVM-hoofdkwartier in Bilthoven. Ook aanwezig: secretaris Aura Timen, viroloog Marion Koopmans, intensivist Diederik Gommers, epidemioloog Jan Kluytmans, hoogleraar infectiepreventie Andreas Voss en Anja Schreijer en Sjaak de Gouw van de GGD. Het OMT adviseert het COVID-19-virus inderdaad te kwalificeren als A-ziekte, waar minister Bruins na het weekend gehoor aan geeft. Bruins volgt het advies van het OMT om geen 'entry-screening' op de luchthavens in te voeren: dat zou niet effectief zijn. Ook het advies dat het uitdelen van mondkapjes 'weinig nut' zou hebben, omdat het 'weinig meerwaarde lijkt te hebben ten opzichte van goede hoest- en handhygiëne en het bewaren van afstand ten opzichte van zieke mensen' neemt hij over. Bruins doet wat hij op zijn ministerie altijd heeft gedaan: goed luisteren, en zonder veel discussie aannemen wat de experts hem adviseren.

Binnen het kabinet staat Bruno Bruins bekend als een zachtmoedige, sympathieke, loyale man. In 2006, na enige jaren als bestuurder in het openbaar vervoer en als wethouder in Den Haag, steunde hij Mark Rutte in diens strijd met Rita Verdonk om het lijsttrekkerschap van de VVD. In Rutte herkende hij een politieke houding die hij zelf al jaren in de praktijk probeerde te brengen: niet gericht op confrontatie, zoals Verdonk, maar op harmonie, niet 'uitbuigen', maar 'inbuigen': voor zo'n type leider wilde hij zich graag inzetten. Bruins mobiliseerde zijn netwerk in Den Haag. En toen Rutte op het nippertje tot partijleider werd gekozen en er nog steeds ondernemers in de partij aan het mokken waren, omdat Rutte geen geschikte premier zou zijn, sprak Bruins hen toe tijdens een speciale sessie in het deftige Hotel Des Indes aan de Lange Voorhout.

In dezelfde weken werd hij door Rutte voorgedragen hem op te volgen als staatssecretaris van Onderwijs, Cultuur en Wetenschap. Helaas viel het kabinet Balkenende-II voordat hij werd beëdigd, waarna Bruins alsnog staatssecretaris mocht worden in Balkenende-III, dat na nog geen acht maanden ook ten val kwam. Na een waarnemend burgemeesterschap van Leidschendam-Voorburg en vijf jaar puinruimen als bestuursvoorzitter van het UWV werd hij in 2017 door Mark Rutte persoonlijk gevraagd als minister voor Medische Zorg en Sport: een beloning voor zijn jarenlange loyaliteit.

De eerste drie jaar van zijn ministerschap verliepen tamelijk rimpelloos – behalve toen Bruins in 2018 de woede van de medische stand en de Tweede Kamer wekte toen hij naar aanleiding van het faillissement van het Slotervaartziekenhuis opmerkte dat het niet de taak van de overheid was om zwakke ziekenhuizen overeind te houden. 'Het ultieme doel is goede patiëntenzorg,' verklaarde hij. 'Het gaat niet over het bewaken van een stapel stenen.' Die uitspraak kwam hem te staan op een motie van wantrouwen van de PVV en de SP. Nadat hij uitvoerig zijn excuses had aangeboden voor zijn onbedoeld harteloze uitlating, leek zijn ministerschap kalmpjes voort te kabbelen, tot de eerste maand van 2020.

Op dinsdag 28 januari dringt Thierry Baudet, leider van Forum voor Democratie, in de Tweede Kamer aan op een spoeddebat over het virus dat vanuit China ook naar Nederland dreigt over te slaan: 'Er zijn nog geen scans op onze luchthavens, er zijn geen grenscontroles,' stelt hij. 'De Kamer moet aan de bel trekken.' Baudet oogst schamper commentaar van de VVD, de partij van Bruno Bruins, omdat de FVD-leider zich tot dan toe zelden over de zorg heeft uitgesproken: 'Er gebeurt al van alles,' zegt Kamerlid Hayke Veldman, 'de minister zit erbovenop.'

Een paar dagen later zijn er al tienduizenden besmettingen in China, verspreid over meer dan dertig provincies. Maar het RIVM laat per Twitter weten wat Jaap van Dissel al verschillende keren aan Bruno Bruins heeft uitgelegd: dat mensen uit China die niet in de regio Wuhan zijn geweest, geen risicogroep vormen. 'We zijn zeer goed voorbereid mocht het virus hier opduiken', en: 'De kans dat de ziekte zich hier in Nederland verspreidt is klein.'

Eind januari begint ook CDA-Kamerlid Pieter Omtzigt, die ooit in het door corona zwaar getroffen Lombardije woonde en als statisticus weet hoe snel een epidemie uit de hand kan lopen, het onbehaaglijke gevoel te krijgen dat het RIVM en het kabinet de ernst van de situatie niet inzien, alsof het gaat om zomaar een griepje uit China. Op 3 februari dringt hij met zijn fractiegenoten Joba van den Berg, Martijn van Helvert en Anne Kuik bij het kabinet aan op het stopzetten van directe vluchten tussen Nederland en China. In de weken die volgen zal hij het kabinet blijven bestoken met kritische vragen – maar de minister geeft geen gehoor.

Intussen begint ook PVV-Kamerlid Chris Jansen, voorheen salesmanager in de telecom, zich thuis in Almere zorgen te maken. Waarom heeft de Engelse regering al wel een soort routekaart opgesteld met verschillende stadia van besmettingen en de maatregelen die daarop zullen volgen, en het Nederlandse kabinet niet? Waarom moeten bezorgde burgers zelf op zoek naar informatie over het virus? Als er bij de fractie in Den Haag alarmerende berichten binnenkomen van medewerkers van internationale hulporganisaties die net zijn teruggekeerd uit China, besluit hij met fractieleider Geert Wilders te overleggen, in diens werkkamer in de beveiligde vleugel van de PVV in het Kamergebouw. De beide volksvertegenwoordigers verwachten dat de rest van de Kamer sceptisch zal reageren als ze alarm slaan over het gebrek aan daadkracht van de minister. Daarom besluiten ze bij het eerstvolgende Kamerdebat op 6 februari een sobere, feitelijke motie in te dienen waar de andere partijen het moeilijk mee oneens kunnen zijn.

Die dag zit Bruno Bruins urenlang in het Kamergebouw voor een overleg met de vaste Kamercommissie voor Volksgezondheid over 'Medische preventie en infectieziekten' – een onderwerp dat bij toeval al maanden op de agenda stond. Bij het indienen van de moties is de eerste spreker: Chris Jansen van de PVV. 'Voorzitter, de PVV is geen partij voor struisvogelpolitiek,' zegt hij. 'Dus op het moment dat wij merken dat de volksgezondheid in het geding is, steken wij onze kop niet in het zand', gevolgd door de motie: 'Overwegende dat het slechts een kwestie van tijd is voordat het coronavirus ook in Nederland zal opduiken maar dat niet te voorspellen valt in welke mate of ernst; van oordeel dat burgers gebaat zijn bij duidelijke informatie en communicatie over het coronavirus, inclusief de te nemen stappen om het risico op besmetting bij een uitbraak zo klein mogelijk te houden; verzoekt de regering, drie scenario's uit te werken, licht, middel en zwaar, en daarbij aan te geven wanneer deze in werking treden met daaraan te koppelen maatregelen en hoe deze gecommuniceerd gaan worden naar onze inwoners, en gaat over tot de orde van de dag.'

Maar Kamerleden van oppositie en coalitie reageren nog sceptischer dan Chris Jansen en Geert Wilders verwachtten. Zelfs de SP wijst erop dat de minister vanmorgen al heeft verzekerd dat Nederland goed is voorbereid. Tijdens het debat heeft de Kamer meer oog voor de handel in wilde dieren die virussen zou verspreiden – de uitbraak in Wuhan is volgens de laatste berichten begonnen op een dierenmarkt – en voor de racistische opmerkingen die Chinezen in Nederland de afgelopen dagen op straat en in het openbaar vervoer over zich heen krijgen. Aan het eind van het debat ondersteunt Bruno Bruins een motie van GroenLinks waarin wordt gesteld dat 'racistische en discriminerende uitlatingen naar mensen met een Chinese achtergrond ontoelaatbaar zijn': daar heeft hij het *Jeugdjournaal* al over te woord gestaan. Maar de minister ontraadt de PVV-motie, want 'er liggen allerlei handboeken, protocollen en scenario's gereed, je kunt dat niet eventjes in drie scenario's zetten en communiceren'. De motie van Chris Jansen wordt uiteindelijk alleen ondersteund door de PVV, Forum voor Democratie en de eenmansfractie van Wybren van Haga, samen 23 zetels stemmen voor, de motie wordt verworpen.

Bruno Bruins heeft nog steeds de overtuiging dat Nederland goed is voorbereid op wat komen gaat.

2

Het briefje van Bruno

Begin februari stoomt het cruiseschip Westerdam van de Holland-Amerikalijn over de Zuid-Chinese Zee van Hongkong naar Manilla. Aan boord: bijna vijftienhonderd passagiers, die net begonnen zijn aan een vijftiendaagse cruise langs Japan, Taiwan en de Filippijnen. Onder de 91 Nederlandse opvarenden: gepensioneerd diplomaat Hans Slingerland van Bemmelen en het echtpaar Joep van Niekerk en Neline Simons. Vanwege de verontrustende berichten over het coronavirus in China is de eindbestemming van de reis verlegd van Shanghai naar Yokohama. Het gezelschap is net aan het diner begonnen in een van de vijf restaurants – in de Pinnacle Grill is zojuist de koningskrab uit Alaska geserveerd en in Canaletto de kip *cacciatore al forno* – als de diepe brom van de scheepsmotoren terugzakt: het schip mindert vaart, op volle zee. De dinergasten kijken verbaasd om zich heen als door de intercom de stem klinkt van de Nederlandse *captain*: het schip heeft tot zijn spijt geen toestemming om aan te meren in Manilla. Op de Filippijnen is net de eerste coronapatiënt overleden, alle havens zijn gesloten voor schepen uit andere landen.

Terwijl de gasten zich na het diner in lichte consternatie naar de bar, het casino of hun hutten begeven, wordt de koers verlegd naar Taiwan. Maar de volgende bestemming – Japan

– zal de Westerdam nooit bereiken. Op het cruiseschip Diamond Princess, waar ook Nederlanders aan boord zijn, is corona uitgebroken: het schip ligt in quarantaine in de haven van Yokohama, ook de Japanse autoriteiten hebben de havens gesloten. Binnen enkele dagen blijken honderden passagiers op de Diamond Princess besmet te zijn, opgesloten in hun gulden kooi. Via internet volgen de passagiers van de Westerdam het onheilspellende nieuws, terwijl het schip tien dagen lang rondvaart over de Zuid-Chinese Zee. Joep van Niekerk en Neline Simons houden de moed erin met borreltjes aan dek met een groepje nieuwe Nederlandse vrienden, flesjes met het Mexicaanse bier Corona in de hand – de foto's appen ze naar een verslaggever van Nu.nl.

Maar Hans Slingerland van Bemmelen stuurt vanuit zijn hut bezorgde berichten naar bevriende Nederlandse diplomaten: wat doet Buitenlandse Zaken voor de Nederlanders aan boord? Uiteindelijk laten de autoriteiten in Cambodja weten dat het dolende cruiseschip welkom is in de haven van Sihanoukville. Nadat alle passagiers getest zijn, mogen ze aan wal. De Amerikanen sturen meteen de ambassadeur en een vliegtuig om de Amerikaanse passagiers op te halen – waarna een Amerikaanse vrouw toch positief getest wordt. Maar onder de Nederlandse passagiers ontstaat al snel grote onduidelijkheid: hoe kunnen ze naar huis? Verschillende Nederlandse opvarenden bellen met Pieter Omtzigt, de Nederlandse parlementariër die ze kennen van partijbijeenkomsten in de regio, omdat Buitenlandse Zaken weinig duidelijkheid biedt. Omtzigt stelt meteen met zijn collega's Anne Kuik en Martijn van Helvert een reeks Kamervragen aan Bruno Bruins en Stef Blok, minister van Buitenlandse Zaken. Hoe komen de passagiers veilig thuis? Hoe zit het met de incubatietijd van het virus? Heeft de GGD wel de passagierslijsten opgevraagd? En vooral: hoe garanderen de Nederlandse autoriteiten dat de passagiers het virus niet meenemen naar Nederland?

Uiteindelijk komen de Nederlandse passagiers allemaal veilig aan in het vaderland, niemand blijkt besmet. Maar dat lijkt meer een geluk bij een ongeluk, omdat een deel van hen al zonder enige controle en buiten het zicht van de GGD via Kuala Lumpur naar Nederland is teruggereisd.

Op donderdagavond zit Hans Slingerland van Bemmelen samen met Pieter Omtzigt bij *Op1*, waar de oud-diplomaat zijn beklag doet over de laksheid van de Nederlandse autoriteiten: waarom is er in Den Haag geen chefsache gemaakt van de terugkeer van de Nederlandse passagiers? In dezelfde uitzending stelt viroloog Anne Wensing dat het een kwestie van tijd is tot corona ook in Nederland zal opduiken. 'Het virus komt zeker naar Nederland. De vraag is alleen: wanneer?'

In de laatste week van februari begint Bruno Bruins voor het eerst ongerust te worden. In de vier ochtendkranten die hij thuis in Scheveningen leest voordat de dienstauto komt voorrijden, ziet hij een aanzwellende stroom berichten over de hevige corona-uitbraak in Noord-Italië. Er zijn honderden besmettingen, het aantal groeit exponentieel, de eerste doden zijn gevallen. Scholen, musea, bioscopen, universiteiten en kerken gaan op slot, evenementen worden verboden. Het beroemde carnaval van Venetië wordt voor het eerst sinds de oorlog afgelast. Oostenrijkse militairen houden een Italiaanse trein met vermoedelijke coronapatiënten tegen bij de grens, uit angst voor verdere verspreiding van het virus.

Intussen zijn tienduizenden Nederlanders opgewekt en

nietsvermoedend vertrokken op skivakantie naar Zuid-Tirol, nabij het gebied van de uitbraak. Zij kunnen het virus zomaar meenemen naar Nederland. Maar Bruno Bruins en de ambtenaren op zijn ministerie komen niet op het idee het carnaval in Nederland, dat dezelfde week begint, aan banden te leggen. Jaap van Dissel, die ver van carnaval in Alkmaar is opgegroeid, verzekert hun dat zulke maatregelen helemaal niet nodig zijn: het virus verspreidt zich door 'grote druppeltjes', zegt hij. Dus het risico beperkt zich tot ongeveer anderhalf, twee meter. Als Van Dissel door *RTL Nieuws* wordt bevraagd over de risico's voor carnaval herhaalt hij dat stilleggen van het volksfeest helemaal niet nodig is. 'Carnaval vier je meestal toch in een vrij kleine groep,' zegt hij zonder een spier te vertrekken. Daardoor zijn mogelijke besmettingen makkelijk te traceren. Carnavalsgangers die zich jaarlijks met overgave in het massale gewoel in Oeteldonk, Meestrech of Kielegat storten en het interview met Van Dissel op televisie zien, tikken op hun voorhoofd – en verdwijnen vervolgens in het feestgedruis.

In de eerste tweeënhalf jaar van zijn ministerschap is Bruno Bruins zelden in actualiteitenprogramma's en talkshows verschenen. 'Saai!' roepen de eindredacteuren zodra zijn naam ter tafel komt. Maar in de laatste week van februari 2020, als de spanningen over corona oplopen, is de bedaagde, vriendelijke minister opeens een felbegeerde gast. Op 26 februari zit hij bij *De Wereld Draait Door*, waar hij een spervuur van vragen van Matthijs van Nieuwkerk moet beantwoorden. Als hij na de uitzending in de studio wordt aangesproken door een redacteur van *Op1* of hij dezelfde avond nog bij de nieuwe latenightshow wil aanschuiven, heeft hij er zelf wel oren naar. Maar zijn woordvoerder beschermt hem tegen zichzelf: de minister moet nog naar Den Haag voor een opname van *Nieuwsuur*. Een paar uur later legt hij in het actualiteitenprogramma uit dat het risico voor Nederland nog steeds klein is. 'We nemen voorzorgsmaatregelen en dat betekent dat we erop rekenen dat er misschien wel één patiënt komt, maar op dit moment is niet de verwachting dat het met grote aantallen zal gebeuren.'

Een dag later zit de minister voor Medische Zorg in de studio van de NOS in Hilversum, als hem tijdens de live-uitzending van het programma *Feiten en Fabels* een briefje in handen wordt gedrukt. Beduusd zegt hij: 'Er wordt mij bevestigd dat er een patiënt is met het coronavirus in Nederland. Het zou gaan om een man die verblijft in isolatie in – eh – het Tweestedenziekenhuis in Tilburg. Ik kan me voorstellen dat mensen zich zorgen maken, het is aan mij om te zien dat we de feiten op tafel krijgen.' Het blijkt te gaan om een ondernemer uit Loon op Zand die kort tevoren in Lombardije op vakantie is geweest en vervolgens carnaval heeft gevierd in Brabant.

Later die avond verschijnt Bruins via een videoverbinding in *Op1*. 'We hebben de afgelopen weken steeds gezegd: het is een reëel risico dat zich een coronapatiënt in Nederland gaat aandienen. Dus dan wordt de vraag eerder: wanneer gebeurt het, dan óf het gebeurt. Vandaag is dat een feit geworden.' Hij benadrukt dat mensen vooral goed hun handen moeten wassen.

Intussen probeert de VVD de belaagde minister in de luwte te houden. Als CDA-Kamerlid Pieter Omtzigt en zijn fractiegenoten opnieuw met kritische vragen komen over het gebrek aan kabinetsmaatregelen tegen het oprukkende virus –

deze keer naar aanleiding van de eerste corona-uitbraak vlak over de grens in Noordrijn-Westfalen – hekelt VVD-Kamerlid Hayke Veldman in het *Algemeen Dagblad* de 'overbodige' Kamervragen en de 'aannames' van Omtzigt c.s.: 'Ook Kamerleden hebben de verantwoordelijkheid om de rust te bewaren en wel de juiste vragen te stellen. Zelf aannames doen helpt niet.' En: 'Het is niet goed om onrust aan te wakkeren. Kijk naar de minister, die doet zijn werk.'

Twee dagen later moet Bruno Bruins zich bij *Jinek* verdedigen tegen de kritiek dat de Europese landen veel te weinig samenwerken tegen het virus. En op 2 maart verweert hij zich bij *Op1* in de studio op het Westergasfabriekterrein tegen het verwijt van coalitiegenoot CDA dat hij te weinig zou doen, terwijl andere landen om ons heen lockdowns afkondigen en scholen sluiten: 'Wij kiezen steeds voor passende maatregelen.' Jaap van Dissel, naast hem aan tafel, valt hem bij: 'Het is juist wat de minister zegt, maatregelen moet je zien in context.'

Na afloop van de uitzending drinkt Bruno Bruins nog één alcoholvrij biertje, voor hij naar huis in Scheveningen vertrekt. Daar wachten hem twee loodgieterstassen vol stukken die hij vannacht nog door moet nemen. Als hij bij de deur alvast wordt uitgenodigd voor een volgende keer, zegt hij vriendelijk: 'Prima. Bel maar.' Maar terwijl Bruins de deur uit stapt, op weg naar de dienstauto, zegt zijn woordvoerder: 'Ik weet niet of het gaat lukken, hoor. We proberen hem een béétje te sparen, want hij heeft wel heel veel hooi op zijn vork.'

3

De diepe zakken van Wopke

Het is vroeg in de avond als Wopke Hoekstra in zijn pension in het Oostenrijkse skioord Leogang op zijn iPhone kijkt. Na een lange dag op de zonnige pistes heeft hij net zijn vier kinderen in bed gestopt, en wil hij nog even het laatste nieuws zien. Het is 26 februari. In Oostenrijk zijn de eerste gevallen van corona vastgesteld, leest hij. Ook de regering van de deelstaat in Salzburg, nog geen drie kwartier rijden van Leogang, is net overgeschakeld naar crisismodus: alleen de crisisstaf mag nog naar het werk komen, binnen een paar dagen zullen de eerste mobiele testteams van het Rode Kruis door het land rijden om te voorkomen dat mensen nog op pad moeten naar arts of ziekenhuis. Hoekstra schrikt. Een dag eerder heeft viroloog Ab Osterhaus in *Op1* gewaarschuwd voor de pandemie die ook in Nederland om zich heen kan grijpen, en heeft Hella Hueck van *Het Financieele Dagblad* geschetst wat de gevolgen voor de Nederlandse economie kunnen zijn. Maar diezelfde dag meldde het RIVM nog op sussende toon via Twitter dat het virus 'een beetje op de gewone griep' lijkt. Met de besmettingen in Oostenrijk komt het virus opeens toch wel heel dichtbij. Hoekstra denkt: *Fuck, wat betekent dit?* Hij praat erover met zijn vrouw Liselot, die huisarts is en van nabij met eerdere griepgolven te maken heeft gehad. *Is het nog veilig voor de kinderen? Gaat het virus ook naar Nederland komen?* Ze besluiten het nieuws uit de omgeving goed in de gaten te houden.

Een dag later krijgt Hoekstra 's avonds in het pension van zijn ambtenaren te horen dat het eerste geval van corona in Nederland is vastgesteld: dat heeft Bruno Bruins net bekendgemaakt. De dag erna laat het OMT opeens zijn sussende toon varen: Nederland moet zich voorbereiden op 'mogelijk grote aantallen besmettingen'.

In het weekend vliegt hij ongerust met zijn gezin terug naar Schiphol.

Al toen Wopke Hoekstra in het najaar van 2017 werd voorgedragen als minister van Financiën voor het CDA, werd hij door hoopvolle partijgenoten 'de nieuwe Ruud Lubbers' genoemd, naar de man die het in de jaren zeventig en tachtig schopte van jonge, briljante zakenman tot de langstzittende premier ooit. Hoekstra was preses van het Leids studentencorps Minerva, werkte voor Shell, werd op zijn zesendertigste partner van het gerenommeerde organisatiebureau McKinsey, en liet zich sinds 2011 gelden als tegendraads senator voor het CDA: als enige in zijn fractie stemde hij onder andere voor verruiming van de adoptieregels voor lesbische stellen. Als minister kwam hij in het kabinet al spoedig bekend te staan als 'de blokkeer-Fries', door zijn halsstarrige weigering collega-ministers met financiële wensen tegemoet te komen. Ook in Brussel maakte hij weinig vrienden door zijn koppige inzet voor strenge voorwaarden aan de steun voor zuidelijke landen. Maar de Nederlandse kiezers waardeerden zijn Hollandse zuinigheid des te meer: in de ene na de andere peiling kwam hij als een van de populairste ministers uit de bus. De enige keer dat hij onverwacht grote uitgaven deed – in maart

2019 maakte Hoekstra bekend dat hij in het diepste geheim voor 750 miljoen aan aandelen van KLM had gekocht om de invloed van de Nederlandse staat op het concern te vergroten – werd hij in de media als redder van de vaderlandse luchtvaartmaatschappij op het schild gehesen. Zelf beweerde hij keer op keer helemaal niet bezig te zijn met een toekomstig lijsttrekkerschap, maar voor Binnenhofwatchers was er geen twijfel mogelijk: de ambitieuze oud-consultant had zijn blik gericht op het Torentje.

Als Hoekstra net terug is in Nederland – met het wintersportbruin nog op de wangen – verklaart hij tijdens zijn wekelijkse interview met *RTLZ* met een zorgelijk gezicht dat de gevolgen van een corona-uitbraak voor de Nederlandse economie 'zeer substantieel' zouden kunnen zijn. Over mogelijke maatregelen houdt hij zich nog op de vlakte. Een week later, als het eerste dodelijke slachtoffer van corona in Nederland is gevallen en het kabinet mensen met verkoudheidsklachten dringend heeft geadviseerd thuis te blijven en evenementen met meer dan honderd deelnemers heeft verboden, stelt Hoekstra bij *RTLZ* in dezelfde studio dat er een groot economisch probleem op Nederland afkomt. 'Wij zullen sowieso echt alles doen wat nodig is', 'We zullen het hele arsenaal benutten'.

In de media dringt de betekenis van die woorden nog niet echt door.

Eigenlijk was het Algemeen Overleg van de financieel woordvoerders van de Kamerfracties met de minister van Financiën op donderdag 12 maart bedoeld als voorbereiding op de Eurogroep in Brussel een paar dagen later. Maar deze keer wordt vrijwel uitsluitend gesproken over het coronavirus dat in heel Europa om zich heen grijpt, en dat op economisch terrein dramatische gevolgen zou kunnen krijgen. In Italië is vrijwel het hele openbare leven op slot gegaan, de evenementenbranche en de horeca in Nederland hebben al zwaar te lijden van teruglopende inkomsten, de afgelopen nacht heeft de Amerikaanse president Donald Trump het gehele vliegverkeer uit de Europese Unie stilgelegd. Terwijl het overleg met de Commissie Financiën gaande is, kelderen de koersen op de beurzen: een diepere val dan die van Black Monday in 1987. De stemming in het zaaltje in het Kamergebouw is geagiteerd: *En wat doet de minister?*

In een brief aan de Kamer heeft Hoekstra al laten weten dat de regeling voor werktijdverkorting verruimd wordt, dat er belastinguitstel komt voor bedrijven in de problemen en dat de overheid op grotere schaal garant wil staan voor MKB-leningen. Maar tijdens het overleg in de Kamer wil de ene na de andere parlementariër van de minister weten wat hij nog meer gaat ondernemen om een diepe recessie te voorkomen. 'Mijn grondhouding is dat het macro-economisch belang hier echt van een volstrekt andere orde is dan het veel smallere belang van de schatkist en de overheidsfinanciën,' zegt hij. 'Ik gaf net al aan dat de pot, bijvoorbeeld voor de deeltijd-WW, potentieel oneindig is. We zijn bereid om heel ver te gaan. We zijn echt bereid om miljarden en miljarden aan ruimte te bieden om bedrijven deze fase te laten doorkomen.'

'De pot is oneindig', 'miljarden en miljarden': oppositiepolitici als Henk Nijboer van de PvdA en Bart Snels van GroenLinks en Aukje de Vries van coalitiegenoot VVD kunnen hun oren nauwelijks geloven: is dit dezelfde minister die in zijn eerste jaar als bewindsman de begrotingsdiscipline heilig verklaarde, die zorgmedewerkers en leraren maandenlang liet demonstreren voor een hoger salaris zonder ze een millimeter tegemoet te komen, en die – ondanks de financiële ruimte die hij gaf aan maatschappelijke akkoorden over klimaat en energie – een bijna nog strengere reputatie verwierf dan zijn voorgangers Jeroen Dijsselbloem en Gerrit Zalm? Wat hier gebeurt, weten zij, is een kantelpunt in bijna dertig jaar begrotingsbeleid, sinds Gerrit Zalm tijdens het eerste paarse kabinet de Zalmnorm invoerde: een vast plafond voor de overheidsuitgaven, waarbij eventuele meevallers worden benut om de staatsschuld af te lossen.

En nu opeens is Wopke Hoekstra bereid met tientallen miljarden te gaan smijten. 'Als je zo ver buiten het normale komt als wij nu mogelijk gaan komen,' zegt de minister, 'moet je ook op dat vlak de bakens willen verzetten, ook ten aanzien van de uitgavenkaders. Als dat nodig is, gaan wij het doen. Zo simpel is het.'

Pas als Hoekstra later die dag de pers te woord staat in gewonemensentaal, begint voor een breder publiek duidelijk te worden hoe groot de omslag is die net heeft plaatsgevonden. 'Onze zakken zijn echt heel diep,' zegt hij voor de camera's. 'En ik ben bereid ze helemaal te legen.'

4

Biefstuk door het kattenvoer

Als de eerste berichten over het virus in Wuhan rond de jaarwisseling doorsijpelen in de Nederlandse media, krabt Hans de Boer zich achter de oren. De voorzitter van de machtige werkgeversorganisatie VNO-NCW heeft zijn vrouw beloofd dat ze samen een cruise gaan maken over de Mekong: de rivier die van China door Laos en Cambodja naar Vietnam stroomt. Ze hebben al op internet zitten kijken: met een vijfsterrencruise kunnen ze van Siem Reap in Cambodja in acht dagen naar Saigon over de tropische rivier, dwars door het vroegere Indochina: de beroemde tempels van Angkor, de waterbuffels, de vissers met hun sampans, de vergezichten in de delta. En dat op een luxe schip met vorstelijke suites, panoramarestaurant en royaal zonnedek. Maar ja, dat virus... Aan de andere kant: het is bijna tweeduizend kilometer van de Mekongdelta naar China.

Heel lang hoeft Hans de Boer er niet over na te denken, zo zit hij niet in elkaar. Deed hij ook niet toen hij aan het begin van zijn voorzitterschap van VNO-NCW in *de Volkskrant* riep dat 'al die labbekakken met een uitkering' maar eens aan het werk moesten, 'gewoon asperges steken in het zonnetje, radio aan. Wat is daar fout aan?' Hij kreeg er een boel gedonder mee, maar iedereen wist wel meteen wie hij was. Kortom: niet van dat benauwde.

Een week later vliegen ze samen naar Phnom Penh en gaan ze aan boord van het cruiseschip. Het wordt een prachtige reis: de tempels, de jungle, de eindeloze ruimte op de rivier.

Maar als Hans de Boer weer aan het werk is in Nederland zwellen de verontrustende berichten over het coronavirus in Wuhan aan. Vooral voor Nederlandse bedrijven met belangen in China kan de virusuitbraak grote gevolgen hebben. Wat betekent het voor de export naar China als delen van dat enorme land in lockdown gaan? Blijft de productie van de toeleveranciers in China wel op peil? En hoe zal dat de omzet van de Nederlandse ondernemingen beïnvloeden? In januari en februari organiseert hij twee sessies in de Malietoren, het hoofdkwartier van VNO-NCW, met vertegenwoordigers van bedrijven die zakendoen met China om de knelpunten in kaart te brengen en voorbereidingen te treffen om de schade te beperken. *Daar zijn we mooi vroeg bij*, denkt De Boer.

Begin februari zoekt de werkgeversvoorman contact met het ministerie van Buitenlandse Zaken. Een maand later staat een handelsmissie van het Nederlandse bedrijfsleven naar Indonesië op de agenda, met minister Kaag voor Buitenlandse Handel en koningin Máxima. Is het nog wel verstandig die reis te laten doorgaan? Het ministerie laat weten dat er vooralsnog geen negatief reisadvies voor Indonesië zal worden afgekondigd, ook volgens de World Health Organization is het nog verantwoord te reizen naar Indonesië. Half februari laten een paar deelnemers van grote Nederlandse bedrijven weten niet mee te zullen gaan: ze moeten daarna nog door naar New York en zijn bang dat ze niet meer worden toegelaten tot de Verenigde Staten, waar president Trump al flink aan het ageren is tegen China als exporteur van het virus. Maar als Hans de Boer belt met Sigrid Kaag komt er een geruststellend antwoord: 'Er is daar minder aan de hand dan hier.'

Zo besluit De Boer dat de reis toch maar door moet gaan. Op zondag 8 maart stapt hij in het vliegtuig op Schiphol, met honderdtachtig ondernemers, ambtenaren en medewerkers van VNO-NCW, en de bewindslieden Cora van Nieuwenhuizen en Stientje van Veldhoven. Bruno Bruins ziet ervan af mee te gaan: die heeft het te druk met corona. Sigrid Kaag en koningin Máxima reizen op eigen gelegenheid naar Indonesië. Maar als De Boer de volgende ochtend vanuit Jakarta belt met Cees Oudshoorn, de algemeen directeur van VNO-NCW die in de Malietoren de wacht houdt, krijgt hij te horen dat het in Nederland niet goed gaat.

Dezelfde avond komt Mark Rutte in een persconferentie met het dringende advies geen handen meer te schudden – waarna de premier tot zijn eigen hilariteit toch Jaap van Dissel een hand geeft. Een dag later meldt Oudshoorn via de telefoon dat het kabinet een soort lockdown overweegt. *Godver, zitten we straks met honderdtachtig man vast in Indonesië*, denkt Hans de Boer, 's ochtends in zijn hotel in Jakarta. Of, erger nog: *Komen we straks terug in Nederland en zijn wij misschien wel een brandhaard. En in Den Haag zijn wij ondernemers toch al geen geliefde diersoort.*

Intussen begint onrust te ontstaan in de delegatie, tussen de gesprekken met Indonesische zakenlieden en hoogwaardigheidsbekleders door: kunnen we wel terug via Singapore? Daar zijn strenge controles: misschien komen we wel vast te zitten. Sommige deelnemers beginnen al vluchten om te boeken. Om verdere chaos te voorkomen belt Hans de Boer met Pieter Elbers, topman van KLM. Hij legt hem de situatie voor en vraagt: 'Pieter, hoe doen we dit? Hoe moeten we vliegen?'

Donderdag belt Elbers hem terug: 'Hans, je moet toch via Singapore. Dat is de veiligste weg, dus doe dit nou maar, er staat een kist voor jullie klaar.' Dezelfde dag bereidt De Boer zich voor op het werk dat hem straks in Nederland te doen staat. Hij accordeert een brandbrief van VNO-NCW en MKB Nederland aan het kabinet, die ook naar de media gaat: de overheid moet rekening houden met een diepe economische crisis, en in het uiterste geval bereid zijn de lonen in het bedrijfsleven door te betalen. Zo werkt de machtige lobbyorganisatie al jaren: adviseren achter de schermen, als het nodig is aan de bel trekken in de media, en dan het ijzer smeden als het heet is.

Op zaterdagochtend komt Hans de Boer met het door Pieter Elbers geregelde vliegtuig aan op Schiphol. Al voor hij bij de bagageband aankomt belt hij Cees Oudshoorn, die vertelt dat het kabinet op het punt staat een lockdown af te kondigen. Dat kan zware schade voor het bedrijfsleven betekenen: dalende omzet, faillissementen, werkloosheid. 'Hans, je moet je contacten benutten om aan tafel te komen.' De Boer belt meteen met FNV-voorzitter Han Busker, zijn belangrijkste gesprekspartner in het polderoverleg: 'Han, we moeten aan tafel. Ik stel voor dat we met z'n tweeën een rondje bellen om tot een afspraak met het kabinet te komen.' Ze zijn het meteen eens. Daarop belt Han Busker met Wouter Koolmees, minister van Sociale Zaken en vicepremier, en De Boer met Eric Wiebes van Economische Zaken. Ze maken de afspraak maandagochtend de koppen bij elkaar te steken om de economische en sociale schade te beperken. Tussendoor belt de VNO-voorman met Mark Rutte, die er weinig woorden voor nodig heeft: 'Goed plan!'

Via de woordvoerder van Hans de Boer komt een uitnodiging binnen om zondagochtend aan te schuiven in *Buitenhof*, net als Wopke Hoekstra, om te praten over de economische gevolgen van de corona-uitbraak. Vlak voor de live-uitzending in het Veemtheater aan 't IJ in Amsterdam stemmen De Boer en Hoekstra hun verhalen op elkaar af. Even later herhaalt Hoekstra wat hij eerder heeft gezegd: het kabinet zal doen *whatever it takes*. Er staat in ieder geval negentig miljard klaar – dan voldoet Nederland nog aan de Europese begrotingsnorm. 'Maar als er meer nodig is om de economie erdoorheen te helpen, zullen we dat gewoon doen. Deze dip moeten we doorkomen.'

De Boer vertelt aan tafel dat er in Nederland veel geld is bij de overheid en de pensioenfondsen. 'Dat geld is van ons allemaal, nu moeten we het op een gerichte manier uitgeven.' In deze crisis is het tijd voor 'daadkracht en eendracht': met Koolmees, Wiebes en Busker wil hij 'de zaken snel oplossen'.

Na de uitzending heeft Hans de Boer afgesproken met zijn zoon, die even over is uit Hamburg, waar hij woont en werkt. Ze willen gaan eten bij restaurant Dutch! in Noordwijk aan Zee: fijne biefstukken, goede wijn. Mannen onder elkaar, want Klaske, de vrouw van Hans, zit op Curaçao. Maar 's middags om vier uur, terwijl ze al aan de borrel zitten in Hotel van Oranje, hoort hij dat alle restaurants en cafés in Nederland vanaf zes uur dicht moeten, op last van het kabinet. Hij denkt: *Waarom heeft Rutte dat niet even overlegd? Dan had hij nog kunnen zeggen: geef die jongens in de horeca tenminste dit weekend nog even. Nu kunnen de biefstukken door het kattenvoer. En niet alleen in Noordwijk.*

Intussen is de ambtelijke machinerie op gang gekomen. Op zaterdagmorgen heeft Wopke Hoekstra met Wouter Koolmees en Eric Wiebes gebeld, waarna ambtenaren van Financiën, Sociale Zaken en Economische Zaken koortsachtig aan het werk zijn gegaan met een gezamenlijk plan. Ze maken een vliegende start, want op Sociale Zaken wordt al sinds begin maart aan een regeling voor arbeidstijdverkorting voor getroffen ondernemingen gewerkt. Maandag, in een zaaltje op het ministerie van Sociale Zaken, worden Hans de Boer, Han Busker, Wouter Koolmees, Eric Wiebes en hun secondanten het al snel op hoofdlijnen eens, alleen de bedragen moeten nog worden uitgewerkt.

Een dag later zijn de straten in het centrum van Den Haag uitgestorven: het spookachtige effect van de lockdown. In de avondschemering loopt alleen Ank Bijleveld, minister van Defensie, met haar zoon en dochter over het Plein. Ze is jarig en wilde eigenlijk uit eten met het gezin, maar dat zit er niet in. 'Nu gaan we iets afhalen,' zegt ze met een brede glimlach. 'Ook gezellig!'

Niet lang daarna, vijf minuten voor de persconferentie in een zaaltje op het ministerie van Justitie zal beginnen, staan Eric Wiebes en Wopke Hoekstra in de gang met verhitte koppen tegenover elkaar: ze zijn het nog steeds niet eens over de 'Tegemoetkoming Ondernemers Getroffen Sectoren'. Op het laatste moment wil Wiebes een extra regeling voor ondernemingen die op last van de overheid dicht moeten, maar Hoekstra verzet zich: winkeliers die te kampen hebben met lege winkelstraten en vrijwillig de deuren sluiten zijn ook de dupe, maar zouden buiten die regeling vallen. Ze komen er niet uit.

Met strakke gezichten presenteren ze even later samen met Wouter Koolmees een reusachtig steunpakket voor het bedrijfsleven, voor een handjevol journalisten die onwennig op flinke afstand van elkaar moeten gaan zitten, met twee stoelen tussenruimte. Er komt een speciale regeling waardoor werknemers van getroffen bedrijven 90 procent van hun loon doorbetaald krijgen. Alle zzp'ers kunnen een aanvulling op hun inkomen tot het sociaal minimum tegemoetzien. Bedrijven met acute problemen, bijvoorbeeld in de horeca, kunnen een eenmalige uitkering van vierduizend euro aanvragen. En alle ondernemingen, van zzp'er tot multinational, krijgen drie maanden uitstel van belastingbetaling. Na afloop in de gang becijfert rekenwonder Wouter Koolmees tegenover een groepje verslaggevers dat het nieuwe pakket ruim twintig miljard euro bedraagt, en dat het naar verwachting nog flink zal oplopen: 'Wopke zei het al: we hebben diepe zakken.'

Op zijn werkkamer in de Malietoren kijkt Hans de Boer tevreden naar de persconferentie op tv. Hij denkt: *Dat is dan tenminste gelukt.*

5

Brunch bij de buren

Arie Slob maakt er geen gewoonte van Kamerdebatten met andere bewindslieden van a tot z te volgen: daar heeft hij als minister voor Onderwijs geen tijd voor. Maar op donderdag 12 maart zit hij de hele avond in zijn werkkamer op het ministerie voor de televisie, met een blocnoteje bij de hand. Hij ziet hoe Mark Rutte en Bruno Bruins in de Kamerzaal een spervuur van vragen krijgen over de maatregelen die de twee ministers die middag in een persconferentie hebben aangekondigd: dat iedereen met klachten thuis moet blijven, dat musea en theaters moeten sluiten, dat evenementen met meer dan honderd deelnemers worden afgelast. Meteen na de persconferentie begonnen Nederlanders massaal wc-papier, pasta en blikvoer te hamsteren in de supermarkten, alsof de staat van beleg was afgekondigd. Maar in het Kamerdebat gaat het urenlang over een beslissing die het kabinet juist níét heeft genomen.

De hele week is er al oproer in het onderwijs. Onder dreiging van het virus bleken steeds meer ouders hun kinderen thuis te houden, en sloten steeds meer scholen de deuren, omdat leraren zich ziek meldden of niet naar hun werk durfden. Intussen maakten steeds meer andere Europese landen – Duitsland, Frankrijk, Noorwegen, Oostenrijk, Spanje, Italië, Zwitserland – bekend de scholen dicht te gooien. Slob moest zich de hele week de blaren op de tong praten om onderwijsbestuurders als Eugenie Stolk, voorzitter van de Algemene Onderwijsbond, Rinda den Besten van de PO-Raad voor het primair onderwijs en Paul Rosenmöller van de VO-Raad voor het voortgezet onderwijs te kalmeren. De boodschap van Slob: volgens het RIVM lopen kinderen weinig risico elkaar te besmetten, en ook voor leraren is het risico op besmetting niet hoger dan voor mensen met andere beroepen. De schade van het sluiten van de scholen – leerachterstanden, kwetsbare kinderen die in isolement dreigen te raken – is vele malen groter. Op de achtergrond speelt ook nog mee dat het kabinet wil voorkomen dat mensen met cruciale beroepen, zoals verpleegkundigen en politiemensen, die hard nodig zijn in de crisis, aan huis worden gebonden, omdat ze zelf hun kinderen moeten opvangen. Maar daar gaat het niet om, legt Slob de hele week al uit: er is simpelweg geen medische noodzaak voor zo'n ingrijpende maatregel. Vooral Petra van Haren, voorzitter van de Algemene Vereniging Schoolleiders, liet zich niet apaiseren: op donderdagmorgen kwam ze tot frustratie van Slob op Radio 1 met een dringende oproep de scholen te sluiten.

En nu is het Kamerdebat aan de gang, waar zoals gewoonlijk Geert Wilders het voortouw neemt: 'Sluiten, al die scholen!' Het is oneerlijk om de hogescholen en de universiteiten wel te sluiten en tegen de scholen, de kinderen, de opa's en oma's die de kinderen naar school brengen te zeggen dat het gaat om een groter belang. 'Dat moet u niet doen. Dat is spelen met mensenlevens!' Lodewijk Asscher: 'Hier rust een grote verantwoordelijkheid op het kabinet om te bewijzen dat wij het beter zien dan al die landen om ons heen waar ze scholen wél sluiten.' Jesse Klaver: 'Het onderwijs is geen kinderopvang!' Rutte blijft volhouden. 'Ik snap dat het politiek en maatschappelijk heel veel vragen oproept. Het liefst zou je de scholen sluiten: ja natuurlijk, geen discussie over. De deskundigen zeggen ons: de medische risico's zijn beperkt.' Maar, voegt hij eraan toe, er moet worden voorkomen dat ouders die werken in belangrijke sectoren – de ziekenhuizen, de GGD, de politie en de brandweer – thuis moeten blijven om op de kinderen te passen. 'Jongens, dat is de afweging!'

In zijn werkkamer veert Arie Slob op uit zijn stoel. Al dagen probeerde hij de onrust in het onderwijs te temperen met het argument dat er geen medische noodzaak is voor de sluiting van de scholen, en nu geeft Rutte toe dat de scholen eigenlijk alleen maar open moeten blijven om ouders aan het werk te houden. *Dat is een bommetje in het onderwijsveld.* Dezelfde avond laat hij Mark Rutte weten: *Hou de argumentatie zuiver, anders wordt de verwarring alleen maar groter.*

Na de ministerraad belegt Slob een vergadering met de voorzitters van de onderwijsraden en de vakbonden op de vijfde verdieping van het ministerie. Op verzoek van de minister belt Jaap van Dissel in, om nog eens uit te leggen dat er nauwelijks medische risico's zijn voor leraren en ouders. Bijna een halfuur lang luisteren de aanwezigen eerbiedig naar zijn gedragen betoog, via de luidspreker van een groot telefoontoestel midden op tafel. Na afloop zijn de onderwijsbestuurders overtuigd, en wordt zelfs enthousiast geopperd dat Van Dissel een video met dezelfde boodschap moet opnemen om aan alle schoolleiders in Nederland te laten zien. Het gevoel aan tafel: *Dit is zo'n goed verhaal, dit gaat rust brengen.*

De volgende ochtend gaat Arie Slob met zijn vrouw Marjette brunchen bij de buren in Zwolle. Als hij net een hap van zijn broodje kaas wil nemen, zoemt zijn mobiele telefoon: conferencecall met Mark Rutte, Ferdinand Grapperhaus en Pieter-Jaap Aalbersberg, de Nationaal Coördinator Terrorismebestrijding en Veiligheid. De collega's en de coördinator maken zich grote zorgen over de onrust in het onderwijs: is de boodschap van de dag ervoor – dat het volkomen verantwoord is om de scholen open te houden – wel voldoende doorgedrongen in het onderwijsveld? Zou Arie Slob niet dezelfde avond nog een keer in de media kunnen uitleggen dat er geen enkele medische reden is om de scholen te sluiten? Slob belooft zijn best te doen, maar de poging loopt op niets uit, want Hugo de Jonge zit al bij *EenVandaag* én bij *Nieuwsuur* om over corona in de verpleeghuizen te praten. De hele middag loopt Slob te bellen in zijn achtertuin om de onrust in het onderwijs te temperen: een hele reeks wethouders in steden waar scholen dreigen te sluiten, de voorzitters van de onderwijsvakbonden, Paul Rosenmöller van de VO-Raad, omdat vooral veel directeuren in het voortgezet onderwijs hebben aangekondigd op maandag de deuren dicht te gooien als het kabinet niet met maatregelen komt. 'Doe het niet,' zegt hij keer op keer. 'Het is niet nodig!'

Aan het eind van de middag zakt Arie Slob net achterover op de bank als om zes minuten over vijf op zijn mobiele telefoon een nieuwsalert van de NOS binnenkomt. 'Federatie Medisch Specialisten: Sluit per direct alle scholen.' Arie Slob is trouw kerkganger en geen man van krachttermen, maar moet zich bedwingen om niet onbedaarlijk te gaan vloeken. *Verschrikkelijk*, denkt hij. *Echt verschrikkelijk. Het was eindelijk weer rustig.* Nog geen tien minuten later zit hij weer in een conferencecall met hetzelfde trio en met Hugo de Jonge, die op het punt staat naar *EenVandaag* te gaan, waar Arie

Slob had willen zitten. Ze maken de afspraak om elkaar de volgende ochtend om tien uur te treffen in het Catshuis voor crisisoverleg. Gelukkig heeft Slob net zijn mobiele telefoon opgeladen, want in de uren daarna belt hij non-stop met onderwijsbestuurders, partijgenoten en topambtenaren. Ook de vier fractievoorzitters van de coalitiepartijen roeren zich. Aan het begin van de avond wordt Slob gebeld door zijn partijgenoot Gert-Jan Segers van de ChristenUnie: ze willen het kabinet toch adviseren de scholen te sluiten. De onderwijsminister voelt de grond onder zijn voeten wegzakken.

6

De genadeklap

Terwijl Arie Slob thuis in Zwolle urenlang door zijn tuin beent, de mobiele telefoon aan het oor, is Ferdinand Grapperhaus op verjaarsbezoek bij zijn zoon, die vanwege de omstandigheden zo verstandig is geweest maar een paar mensen uit te nodigen. Erg gezellig wordt het niet. Urenlang zit de minister van Justitie te bellen in de slaapkamer. Aan het begin van de avond heeft hij een conferencecall met Mark Rutte en Bruno Bruins. Ze zeggen tegen elkaar: *Dit houden we niet, de scholen moeten dicht.* Met dank aan de Federatie Medisch Specialisten.

De volgende ochtend, op zondag 15 maart, komen de belangrijkste ministers in de crisisbestrijding samen in de Herensalon in het Catshuis: Ferdinand Grapperhaus, Bruno Bruins, de drie vicepremiers Carola Schouten, Hugo de Jonge en Wouter Koolmees, en voor de gelegenheid Arie Slob. Mark Rutte is op de fiets gekomen, van zijn nabijgelegen bovenwoning in het Benoordenhout. Ook aanwezig: Pieter-Jaap Aalbersberg van de NCTV, Jaap van Dissel, Diederik Gommers en enkele andere OMT-leden, en een handjevol topambtenaren. Het grote thema: welke noodmaatregelen moeten er worden genomen om de dreigende pandemie te bedwingen? Na een inleiding van Jaap van Dissel, die uitlegt dat het sluiten van de horeca en de sportscholen en vooral *social distancing* groot effect kan hebben op het aantal besmettingen, maar dat er medisch geen noodzaak is ook de scholen te sluiten, omdat kinderen volgens de meest recente cijfers veel minder besmettelijk lijken te zijn, betoogt een sombere Arie Slob dat de onrust in het onderwijsveld nauwelijks meer te bedwingen is sinds het persbericht van de Federatie Medisch Specialisten: die hebben de genadeklap gegeven. Al snel komen de aanwezigen tot een conclusie die eigenlijk de vorige avond al is getrokken: de scholen moeten zo snel mogelijk dicht, voor in ieder geval drie weken.

Na afloop vertrekt Arie Slob naar zijn ministerie om zijn persconferentie van die middag voor te bereiden en de vertegenwoordigers van de onderwijssector weer bij elkaar te roepen – ook staatssecretaris Tamara van Ark, verantwoordelijk voor de kinderopvang, en Felix Rottenberg, voorzitter van de Brancheverenging Kinderopvang, worden uitgenodigd. Intussen stappen Bruno Bruins en Jaap van Dissel ieder in hun eigen dienstauto om via de Wassenaarseweg in colonne naar het Leids Universitair Medisch Centrum te rijden, voor crisisoverleg met de koepelorganisaties van ziekenhuizen én met Peter Paul van Benthem, de kersverse voorzitter van de Federatie Medisch Specialisten, die het omstreden persbericht heeft verstuurd na een videoconferentie met bezorgde artsen. De vergadering is al eerder op verzoek van het ministerie van Volksgezondheid belegd door Willy Spaan, bestuursvoorzitter van het LUMC en van de Nederlandse Federatie van Universitair Medische Centra, in een poging om de dreigende opstand van de medisch specialisten te smoren.

In een vergaderzaal, speciaal geprepareerd voor de gewenste anderhalve meter, staan koffie en koekjes klaar. Bruno Bruins zit de vergadering voor en maakt eerst een rondje, zodat de aanwezigen stoom kunnen afblazen. De aanwezigen merken bijna niets van zijn boosheid over de onverwachte actie van de Federatie Medisch Specialisten. Hij stelt zich op als neutrale voorzitter, volgens de stijl die hij zich als bestuurder eigen heeft gemaakt: niet gericht op confrontatie maar op harmonie, niet op 'uitbuigen' maar op 'inbuigen'. De ene na de andere zorgbestuurder geeft Van Benthem in beschaafde bewoordingen de volle laag. De strekking: hoe heeft hij het in zijn hoofd gehaald om zonder enig overleg met het RIVM, het OMT en de andere zorgkoepels zo'n brisant persbericht te versturen, volledig tegen het OMT-advies in? Als het zijn beurt is, legt ook Jaap van Dissel met nauwverholen woede uit dat Van Benthem met zijn verklaring alleen maar verwarring heeft gesticht: 'Je hebt gewoon mijn nummer.' De FMS-voorzitter sputtert tegen: veel medisch specialisten maken zich grote zorgen over het coronavirus dat de ziekenhuizen als een tsunami dreigt te overspoelen, maar voelen zich niet gehoord, omdat hun federatie geen zitting heeft in het OMT. Uiteindelijk geeft hij toe dat het versturen van het alarmerende persbericht 'misschien niet zo handig' was.

Na afloop brengt het ministerie namens de aanwezigen een verklaring uit dat VWS en het RIVM een 'constructief gesprek' hebben gehad met de federaties van ziekenhuizen en artsen: 'Partijen onderstrepen dat het van essentieel belang is dat we de aanpak van de coronacrisis baseren op het advies van deskundigen, zoals dat is georganiseerd onder leiding van het Outbreak Management Team', en dat er een 'overlegstructuur' zal worden opgetuigd om 'eenduidige communicatie' te versterken.

Om vijf uur die middag komt Arie Slob het ministerie van Justitie binnen, waar hij samen met Bruno Bruins de nieuwe maatregelen zal aankondigen in een persconferentie. In een kamertje naast de zaal waar de pers zich al verzameld heeft, staat Bruins zijn voordracht te oefenen: 'Dames en heren, zoals we dat steeds doen baseren we onze aanpak van de coronacrisis op het advies van de medische experts, georganiseerd onder leiding van het Outbreak Management Team,' leest hij van een blaadje. 'De nieuwe maatregelen. Eén: alle eet- en drinkgelegenheden sluiten vandaag om zes uur de deuren en blijven dus tot 6 april gesloten. Twee: ook sport- en fitnessclubs, sauna's, seksclubs en coffeeshops sluiten vandaag om zes uur de deuren en blijven tot 6 april dicht. Drie: we vragen alle Nederlanders bovendien om waar mogelijk, bijvoorbeeld ook bij het boodschappen doen, gepaste afstand van elkaar te bewaren. U kunt als richtlijn ongeveer anderhalve meter hanteren.' Het laatste zinnetje heeft Bruins er hoogstpersoonlijk aan toegevoegd. Hij spreekt het met extra aandacht uit: 'Nederlanders, let een beetje op elkaar.'

Even later beginnen Bruins en Slob plechtig aan hun persconferentie. Ze staan vlak naast elkaar, op nog geen meter afstand.

7

Met 5 procent van de kennis

Als de meeste ministers na het Catshuisberaad zijn vertrokken – het grint knerpend onder de banden van de dienstauto's – zegt Mark Rutte: 'Ik wil even met mijn maatje Paul praten.' Secretaris-generaal Paul Huijts, hoogste ambtenaar op het ministerie van Algemene Zaken, kijkt verrast op: zoiets heeft Rutte in alle jaren van hun samenwerking nog nooit tegen hem gezegd. *Dit is de eenzaamheid van het premierschap*, denkt hij. Samen wandelen ze de tuin in over een smal schelpenpad onder de hoge bomen.

Zojuist heeft Rutte met het kabinet de ingrijpendste beslissing van zijn politieke leven genomen: de scholen en de kinderdagverblijven gaan dicht, de restaurants, cafés, fitness- en sportclubs moeten per direct sluiten, heel Nederland moet zich gaan houden aan anderhalve meter afstand. Miljoenen Nederlanders zullen binnen een paar uur te horen krijgen dat een groot deel van het openbare leven tot stilstand komt, en ze weten nog van niets.

Terwijl Rutte met zijn topambtenaar de tuin in wandelt, dringt pas echt tot hem door hoe groot de gevolgen van de beslissing zullen zijn. Opeens voelt hij de twijfel opwellen. Hij vraagt: *Paul, slaan we de juiste weg in?* Huijts, die in 2009 als directeur-generaal Volksgezondheid op het ministerie van VWS de bestrijding van de Mexicaanse griep van nabij meemaakte, antwoordt: 'Ja, dit is het goede besluit. We hebben maar één kompas waar we op kunnen varen, en dat is de wetenschap. Er is ontstellend weinig kennis over dit virus, dus kunnen we niet anders.'

Ironisch genoeg is het besluit tot de lockdown voor een deel juist níét gebaseerd op wetenschappelijk advies: bij het sluiten van de basisscholen liet het kabinet zich die middag niet leiden door het Outbreak Management Team, dat geen goede reden zag voor die maatregel, maar door de maatschappelijke onrust.

Aan het begin van de bijeenkomst in het Catshuis hield OMT-voorzitter Jaap van Dissel een alarmerende presentatie, geïllustreerd met een reeks grafieken. Daarbij schetste hij drie scenario's. Volgens het eerste – het virus laten uitrazen – zou de epidemie al voor de zomer voorbij zijn, maar dat zou ten koste gaan van tienduizenden doden. Voor het derde – 'elimineren' – zou een totale lockdown van minstens een jaar nodig zijn, waarna het virus op elk moment weer zou kunnen oplaaien. Alleen het tweede – 'gecontroleerd razen' – heeft Van Dissel verder uitgewerkt. In dat scenario zou het doel drieledig zijn, zoals hij in zijn powerpointpresentatie heeft vermeld: de zorgcapaciteit niet overbelasten ('25 procent ziekenhuisopnames op ic, voor gemiddeld tien dagen'), kwetsbare groepen beschermen, en 'snelst mogelijke opbouw van kudde-immuniteit', waarmee de kwetsbaren kunnen worden beschermd. Wat de aanwezigen niet wisten, is dat Jaap van Dissel de redenering over 'kudde-immuniteit' op eigen gezag aan zijn presentatie heeft toegevoegd: over immuniteit door besmettingen heeft het OMT niet geadviseerd.

Een beredeneerde beslissing over de strategie van de komende maanden is in het Catshuis niet genomen. Als vanzelf hebben de bewindslieden, overdonderd door de medische termen en grafieken van Van Dissel, diens middelste scenario gevolgd: het virus moet gecontroleerd gaan uitrazen.

Terwijl Mark Rutte met zijn secretaris-generaal door de tuin van het Catshuis loopt, is zijn woordvoerder Sierk Nawijn al in de auto gesprongen om de tv-toespraak van de premier van de volgende dag te gaan voorbereiden. Rutte opperde het idee voor zo'n toespraak al toen hij op vrijdag van het ministerie naar zijn wekelijkse persconferentie in Nieuwspoort liep, en tegen het einde van het Catshuisberaad heeft hij het voorgesteld aan de collega's, die er meteen mee instemden. De laatste premier die de natie via de televisie toesprak was Joop Den Uyl in 1973 bij het uitbreken van de oliecrisis. Rutte heeft zich altijd ongemakkelijk gevoeld over zulke toespraken: de grote woorden, de gewichtigdoenerij. Hij houdt zich liever bezig met het politieke handwerk: telefoontje hier, sms'je daar. Zo heeft hij dat tijdens de eerste negen jaar van zijn premierschap gedaan. Maar nu, aan het begin van wat de grootste crisis sinds de Tweede Wereldoorlog zou kunnen worden, is er geen ontkomen aan.

Al vanuit de auto trommelt Sierk Nawijn een klein gezelschap van de Rijksvoorlichtingsdienst op om aan de toespraak te werken: speechschrijver Jan Walravens, afdelingshoofd Ilse van Overveld en twee politiek analisten die gewoonlijk de persconferenties en de Kamerdebatten van de 'mp' helpen voorbereiden. Hij belt ook de NOS, RTL en SBS, die zendtijd moeten reserveren. De hele avond werkt het gezelschap aan de speech, met telefonische suggesties van Jaap van Dissel en secretaris-generaal Paul Huijts. Het woord 'kudde-immuniteit' wordt op voorstel van de communicatiemensen vervangen door 'groepsimmuniteit': dat komt beter over bij het grote publiek. De Nederlandse aanpak zal worden benoemd als 'maximaal controleren', want 'gecontroleerd uitrazen' zou verkeerde associaties kunnen wekken.

De volgende ochtend leggen Sierk Nawijn en Jan Walravens de epidemiologische passages in de speech nog voor aan Jaap van Dissel op het ministerie van VWS. En die middag oefent het team meerdere keren met Mark Rutte op het uitspreken van de tekst: is de toon goed? Klopt het zo? Even wordt nog overwogen de toespraak op te nemen, maar Rutte zelf wijst erop dat het er voor de televisiekijkers aan het begin van de avond vreemd uitziet als de middagzon tijdens de speech naar binnen valt in het Torentje.

Om zeven uur 's avonds gaat hij live, gezeten achter zijn bureau. 'Goedenavond. Het coronavirus houdt ons land in de greep. Ons, én de rest van de wereld. Samen staan we voor een opgave van enorme omvang.' Het team dat aan de speech gewerkt heeft kijkt gespannen toe. Het verhaal begint met empathie en begrip voor degenen die al geraakt zijn door het virus of zich zorgen maken. Na het retorische kantelpunt – 'Ik heb vanavond geen gemakkelijke boodschap' – volgt een uitleg van het begrip 'groepsimmuniteit'. Uiteindelijk, verklaart Rutte, zal een groot deel van Nederland besmet raken met het virus en immuniteit opbouwen, waarmee een 'beschermende muur' kan worden gebouwd rond kwetsbare ouderen en mensen met een zwakke gezondheid. Na een toelichting op de verschillende scenario's en de gekozen aanpak – 'maximaal controleren' – eindigt Rutte met warme woorden, die Bruno Bruins de middag ervoor ook uitsprak: 'Let een beetje op elkaar.'

Bijna acht miljoen mensen kijken naar de live-uitzending:

een unicum in de geschiedenis van de Nederlandse televisie. Maar in de pers begint de verwarring al de volgende dag. Want waarom moeten alle scholen eigenlijk dicht als dat zelfs volgens het OMT niet nodig is, omdat kinderen nauwelijks besmet raken? En wat bedoelde Rutte precies met 'groepsimmuniteit' die 'gecontroleerd' moet worden opgebouwd? – verwarring waar Jaap van Dissel 's avonds bij *Nieuwsuur* nog een schepje bovenop deed door te stellen dat 'we het virus gecontroleerd willen laten rondgaan onder de gezonde bevolking'. *NRC Handelsblad* stelt dat de 'door Rutte gewenste groepsimmuniteit' nog jaren op zich kan laten wachten. En *Nieuwsuur* laat de Amerikaanse bioloog en virusexpert Carl Bergstrom aan het woord, die zegt dat hij zich zorgen maakt over de suggestie van de Nederlandse premier dat groepsimmuniteit door besmettingen een doelstelling zou zijn: het streven naar groepsimmuniteit 'gaat levens kosten die gespaard kunnen blijven'.

Zo komen in de eerste weken van de crisis verschillende taaie patronen aan het licht: het gebrek aan een weloverwogen strategie, de verwarring die een snelle beslissing en een paar onzorgvuldig gekozen woorden kunnen stichten, de eigenwijsheid van Jaap van Dissel, en vooral de spanning tussen het advies van het OMT aan de ene kant en maatschappelijke druk aan de andere. Daartussen moet het kabinet zijn weg zien te vinden, terwijl over het virus nog maar angstaanjagend weinig bekend is.

Tijdens zijn allereerste persconferentie over corona in dezelfde dagen verklaart Mark Rutte: 'Met 50 procent van de kennis moeten we 100 procent van de besluiten nemen.' Als Erik Gerritsen, secretaris-generaal op het ministerie van

VWS, kort daarop zijn evenknie Paul Huijts tegenkomt, zegt hij: 'Hoe kun je dat nou laten zeggen? Het is toch 5 procent van de kennis?' – waarna de hoogste ambtenaar van AZ uitlegt waarom er toch voor 50 procent is gekozen: *Zoveel onzekerheid kan de bevolking niet aan.*

8

Daar gaat Bruno

Jaap van Dissel is net klaar met zijn onderkoelde tirade tegen de voorzitter van de Federatie Nederlandse Specialisten tijdens het crisisoverleg in het Leidse ziekenhuis als opeens de telefoon van LUMC-bestuurder Willy Spaan begint te zoemen. Een van zijn medewerkers meldt dat het ziekenhuis voor ruim drie miljoen euro een lading medische mondkapjes kan kopen: een buitenkans, want het gevecht om mondkapjes op de wereldmarkt is al weken gaande. Tijdens de pauze neemt hij Bruno Bruins apart. De ziekenhuizen hebben afgesproken de ingekochte mondkapjes over te dragen aan een centraal depot, waarna ze onder toezicht van het ministerie van VWS over de zorginstellingen zullen worden verdeeld. Maar Willy Spaan wil zeker weten dat hij zijn geld dan terugkrijgt: drie miljoen euro is geen kattenpis. Bruins hoeft er geen seconde over na te denken: 'Komt voor elkaar.' Meteen geeft Spaan zijn medewerkers opdracht de aankoop rond te maken.

Een maand eerder heeft Bruno Bruins nog geen idee dat het tekort aan mondkapjes een probleem zou kunnen worden. Op 7 februari waarschuwt de World Health Organization al voor een wereldwijd tekort aan beschermingsmiddelen, maar op het ministerie van Volksgezondheid gaan geen alarmbellen rinkelen. Terwijl de prijzen van mondkapjes en beschermingsoveralls ook in Nederland al verdubbelen, helpt de overheid nog mee met het doorsturen van een heel vliegtuig vol mondkapjes naar China. Bruno Bruins heeft andere prioriteiten. Op 13 februari, tijdens een extra vergadering met zijn Europese collega's over het coronavirus in een zaaltje in het Justus Lipsiusgebouw aan het Schumanplein in Brussel, vraagt hij speciale aandacht voor de 'stigmatisering van mensen met een Aziatisch uiterlijk', zoals hij de Tweede Kamer heeft beloofd, en maakt hij zich hard voor het vermijden van 'disproportionele maatregelen', zoals een vliegverbod en verplicht testen bij aankomst op luchthavens.

Een dag later schrijft Bruins aan de Tweede Kamer dat er wereldwijd meer dan zestigduizend coronabesmettingen zijn vastgesteld, vooral in China, en dat het doel van het huidige beleid is om verspreiding binnen Nederland te voorkomen, 'indien een incidentele introductie zich aandient'. Maar noodzaak tot de aankoop van extra mondkapjes ziet hij niet. Als zich 'incidentele tekorten' zouden voordoen, wil hij die 'doorspelen' aan brancheverenigingen en fabrikanten van beschermingsmiddelen. Meer niet, want 'er is nog geen sprake van een acuut tekort voor heel Nederland'.

Intussen koopt de Nationale Politie in Nederland wél vijftigduizend mondkapjes in: de politietop is ingesteld op crisissituaties en neemt het zekere voor het onzekere. Ook Ernst Kuipers, bestuursvoorzitter van het Erasmus Medisch Centrum, laat tachtigduizend extra medische mondkapjes aanschaffen voor zijn personeel, want je weet nooit wat er komen gaat.

Bij Jaap van Dissel, al een paar jaar de belangrijkste adviseur van Bruno Bruins over infectieziekten, valt het kwartje pas een paar weken later. Als hij eind februari alarm slaat over dreigende tekorten, komt het ministerie in het geweer. Opeens jagen in Nederland niet alleen inkopers van ziekenhuizen, maar ook wakker geschrokken beleidsambtenaren op het ministerie op partijen beschermingsmateriaal.

Bruno Bruins besluit zich er ook persoonlijk mee te bemoeien. In de Tweede Kamer zegt hij toe zijn Franse collega Olivier Véran aan te spreken om te voorkomen dat Frankrijk, een belangrijke producent van mondkapjes, de beschermingsmiddelen voor zichzelf houdt. Tijdens de eerstvolgende Europese Raad in Brussel met zijn collega-ministers wil hij de Fransman al voor de vergadering aanspreken, maar Véran betreedt het zaaltje zo laat dat het er niet van komt. Na afloop zegt een ambtenaar van VWS, als de Franse minister aan het andere eind van de carrévormige vergadertafel staat te praten: 'Jij gaat rechtsom, ik linksom!' Zo komt het toch nog tot een gesprek van een paar minuten. Maar tot harde toezeggingen komt het niet.

In de eerste weken van maart staat Bruno Bruins onder hoogspanning. Terwijl de besmettingscijfers in Nederland snel oplopen, vult zijn agenda zich met voortdurend crisisoverleg, van 's ochtends vroeg tot 's avonds laat. Het werk laat hem niet meer los. Iedere ochtend wordt hij al om vier uur wakker, waarna hij de slaap niet meer kan vatten. Om een uur of zes neemt hij vier ochtendkranten door, die bomvol onheilstijdingen staan over het virus, dat over de hele wereld in opmars is. En om de haverklap wordt hij naar de Kamer geroepen, waar hij een spervuur van vragen moet beantwoorden. Intussen probeert Bruins zijn gewone werk als minister zo veel mogelijk vol te houden. Als hij 's avonds eindelijk thuis is, wachten hem iedere dag nog twee loodgieterstassen vol stukken, die hij plichtsgetrouw doorploetert. Na een paar uur slaap ligt hij weer te woelen in zijn bed, tot de ochtendkranten bezorgd zijn.

Half maart begint zijn vrouw zich zorgen te maken. Ze heeft hem niet eerder zo uitgeput gezien. Na zijn krankzinnig lange dagen lukt het hem niet meer om bij te komen, de energie lekt weg.

Zo gaat het ook op 18 maart. Na uren woelen in zijn bed staat Bruins om zes uur op voor de ochtendkranten. *De Telegraaf* meldt dat een Brit corona heeft opgelopen tijdens een buitenlands reisje met zijn minnares waarna ook zijn echtgenote besmet is geraakt, dat de Kamer een bonus wil voor het 'tegen corona knokkend zorgpersoneel', en dat de politie zich voorbereidt op een 'totale lockdown'. De dienstauto rijdt voor. Op het ministerie wacht hem een ochtendvergadering met zijn topambtenaren om een zwaar Kamerdebat van die middag voor te bereiden. De rest van de ochtend kijkt hij op zijn werkkamer naar de technische briefing in de Tweede Kamer: hij ziet het als een van zijn belangrijkste taken zich steeds zo goed mogelijk te informeren in deze ongewisse omstandigheden. Bovendien weet hij dan wat de Kamerleden weten, en heeft hij een idee van welke vragen hij kan verwachten.

Bij de briefing probeert Jaap van Dissel van het RIVM antwoord te geven op lastige vragen van Thierry Baudet: hoe hij denkt 'groepsimmuniteit' te bereiken – dat kan eindeloos duren, juist als de anderhalve meter wordt gehandhaafd – en waarom er niet gekozen wordt voor een strenge lockdown, zoals in andere landen. Van Dissel legt uit dat het beleid nog steeds gericht is op instandhouding van de ic-capaciteit en het beschermen van kwetsbare ouderen, dat personen die de ziekte hebben doorgemaakt inderdaad bijdragen aan groepsimmuniteit, maar dat een 'schild van resistentie' alleen kan worden bereikt met een vaccin. En dat nog niet bekend is hoe effectief lockdowns eigenlijk zijn. Het begint Bruno Bruins – net als andere kijkers – al bijna te duizelen.

Dan geeft de voorzitter het woord aan Diederik Gommers, anesthesioloog, intensivist en voorzitter van de Nederlandse Vereniging voor Intensive Care, die vertelt dat de capaciteit van de ic's in de volgende fase kan worden vergroot van 1150 naar 1500 bedden, en in de crisisfase opgehoogd kan worden naar 2000 bedden, als verder alleen nog spoedoperaties worden verricht.

Om halfeen, als de briefing afgelopen is, heeft Bruins nog een halfuurtje om zich naar de Tweede Kamer te begeven. Daar is Vak K, het ministersgedeelte van de plenaire zaal, vanwege corona ingericht met niet meer dan zes stoelen, vanwege corona op keurige afstanden uit elkaar. Tijdens het debat, dat urenlang heen en weer golft, wordt Bruins hard aangepakt door Geert Wilders van de PVV en Jesse Klaver van GroenLinks over het gebrek aan beschermingsmiddelen in de zorg. 'Onder welke steen leeft de minister?' zegt Klaver, waarna hij aandringt op het vorderen van mondkapjes, waar Bruins zich tot dan toe tegen heeft verzet. Tot verbazing van de hele Kamer gaat Bruins snel door de knieën. 'Dan zal ik vanavond dat vorderingsbesluit doen ingaan. Ik denk dat de heer Klaver gelijk heeft dat we alles op alles moeten zetten en dat ik dat ook langs die weg moet laten zien.'

Als Wilders hem opnieuw onder vuur wil nemen – 'Het is heel goed dat de minister eindelijk dat vorderingsbesluit in werking laat treden. Dat had hij natuurlijk al maanden geleden moeten doen' – voelt Bruins opeens duizelingen: het draait voor zijn ogen en hij zakt in elkaar. Toeschouwers zien hoe Wouter Koolmees hem geschrokken overeind helpt. Wopke Hoekstra geeft hem een klop op de schouder. Even probeert hij nog een slokje water te nemen en door te gaan, maar op aandrang van de andere ministers wordt hij de zaal uit geleid.

De volgende ochtend denkt Bruins nog dat hij binnen een paar dagen wel opgeknapt zal zijn en weer aan het werk kan, maar de huisarts die bij hem langskomt maakt snel een einde aan die illusie: *Je bent oververmoeid. Je moet zes weken rust nemen. Dan kom je bij me terug, en daarna neem je nog zes weken rust, en dan zien we verder.* Het bericht valt hem rauw op het dak: hij wil zijn team niet in de steek laten. Er zijn wel vaker collega's die het zwaar hebben, dan geef je elkaar een klap op de schouder en ga je door. Maar de dokter is onverbiddelijk. Met lood in de schoenen belt hij Mark Rutte en Klaas Dijkhoff, om te vertellen dat hij tot zijn spijt het ministerschap moet opgeven. Rutte zegt nog: *Neem een tijdje rust en kom dan weer terug.* Maar Bruins houdt voet bij stuk: *Dat zit er deze keer niet in.*

De eerste weken doet Bruins bijna niets anders dan slapen. In de ochtenden luistert hij naar muziek – steevast oude funk – op zijn werkkamertje op zolder, steeds valt hij halverwege de ochtend alweer in slaap op een bankje. In de kranten leest hij alleen de sportpagina's. Voortdurend gaat de deurbel: dagelijks worden er vele tientallen bossen bloemen bezorgd van collega's in het kabinet, ambtenaren van het ministerie en vrienden. Na een paar dagen passen de bloemen al niet meer in de woonkamer, hij laat ze bezorgen bij een nabijgelegen verpleeghuis. Intussen brengt de postbode honderden kaarten en kindertekeningen uit het hele land, en brieven van gelovige burgers uit de Biblebelt, met hele psalmen uitgeschreven in zorgvuldige krulletters, voor een voorspoedig herstel onder Gods zegen.

9

De appeltaart van Martin

Terwijl Bruno Bruins op woensdag 18 maart bezig is met zijn laatste Kamerdebat, is Hugo de Jonge aan het bellen met CEO's in binnen- en buitenland om beademingsapparatuur voor de ic's te bemachtigen op de overspannen wereldmarkt. Eigenlijk is hij als minister alleen verantwoordelijk voor de langdurige zorg – de kiezers kennen hem vooral van een stroom aan plannetjes om de eenzaamheid onder ouderen te bestrijden en van eindeloze series opgewekte selfies met senioren in verpleeghuizen – maar in deze hectische weken springt hij graag even bij: als De Jonge ergens een hekel aan heeft, is het wel dat hij moet toekijken terwijl anderen het echte werk doen.

Na een werkbezoek en een serie telefoontjes zit De Jonge thuis in Rotterdam aan de keukentafel met de iPad voor zijn neus, en ziet hij Bruins in elkaar zakken achter het spreekgestoelte. Meteen belt hij met secretaris-generaal Erik Gerritsen, de hoogste ambtenaar op het ministerie, of hij het debat moet overnemen in de Tweede Kamer. Het antwoord: niet nodig, Bruno moet even goed slapen en kan de volgende dag weer fris aan de slag. Maar de volgende morgen om halftien wordt De Jonge gebeld door Mark Rutte: 'Bruno komt niet meer terug, jij moet het overnemen.' De Jonge, die dezelfde ochtend al tevergeefs heeft geprobeerd Bruno Bruins ervan te overtuigen een tijdje uit te rusten en dan vooral weer terug te komen, hoeft geen seconde over het verzoek na te denken: hij zegt meteen ja. Zo zit hij in elkaar, als domineeszoon van de Zeeuwse eilanden: je doet wat op je weg komt. Bovendien houdt De Jonge van ingewikkelde klussen: op zijn tweeëntwintigste werd hij al adjunct-directeur van een probleemschool in Rotterdam-Zuid. Pas als hij al aan Rutte heeft toegezegd de loodzware baan op zich te nemen, vertelt hij zijn vrouw Mireille over zijn beslissing. Zo belandt Hugo de Jonge opeens, als eerstverantwoordelijke minister, in het hart van de coronacrisis. De vraag is alleen: wie moet dan het overige deel van de portefeuille van Bruins overnemen?

Spoorslags vertrekt De Jonge die donderdagochtend naar het Torentje voor overleg met de premier. Eerst belt Rutte partijgenoten met ervaring, op wie hij blind kan vertrouwen: Edith Schippers, oud-minister van Volksgezondheid, en Henk Kamp, de trouwe partijsoldaat die in eerdere kabinetsperiodes op vrijwel ieder ministerie inzetbaar bleek. Maar Schippers is net begonnen als bestuursvoorzitter van chemieconcern DSM en Henk Kamp voelt zich niet fit: hij is aan het herstellen van longembolie. Dan komt Rutte op een originele gedachte: Martin van Rijn, die staatssecretaris van Volksgezondheid was in zijn tweede kabinet. Martin kent het departement als zijn broekzak, en is nog een aardige kerel ook: die kan je er goed bij hebben. Dat lijkt ook De Jonge een prima plan. Alleen: Martin is van de PvdA. ‘Kan me niet schelen,’ zegt Rutte. ‘Mooi zo,’ zegt De Jonge. ‘Dat interesseert mij ook geen moer.’ Ook Klaas Dijkhoff, de immer laconieke fractievoorzitter van de VVD, ziet geen bezwaar. ‘Maakt me niks uit,’ klinkt het aan de telefoon. Maar helemaal vanzelf zal de benoeming niet gaan.

Als Rutte die middag belt met Martin van Rijn staat de oud-bewindsman net met een keukenschortje om appeltaart te bakken voor zijn vader, die de volgende dag jarig is – bloem, boter, basterdsuiker, een snufje zout. 'Als jullie me nodig hebben,' zegt hij, 'wil ik er wel over nadenken.' Zelf heeft Van Rijn dan eigenlijk al besloten dat hij ja gaat zeggen, maar eerst wil hij overleggen met Lodewijk Asscher: hoe zal het vallen dat een PvdA'er toetreedt tot het kabinet?

Dezelfde avond, na een persconferentie waar hij met Mark Rutte toelichting geeft op het terugtreden van Bruno Bruins en de sluiting van verpleeghuizen voor bezoek, rijdt Hugo de Jonge langs bij Van Rijn om zijn gewenste collega en vooral de PvdA het laatste duwtje te geven. Samen bellen ze Lodewijk Asscher, die zegt het verzoek heel goed te begrijpen, maar zijn fractie nog moet zien te overtuigen. Dezelfde avond komen de fractieleden van de PvdA bijeen. Vooral Khadija Arib en Henk Nijboer, die tijdens het vorige kabinet hebben meegemaakt hoe de PvdA door Rutte werd ingepakt en vervolgens de grootste nederlaag uit haar geschiedenis leed, komen met bezwaren: hoe kan de PvdA nog vrijuit oppositie voeren als Martin in het kabinet zit? Hoe voorkomen we dat Rutte ons weer leegzuigt? Ze komen er niet uit, tot ergernis van de top van het kabinet: waarom zou de PvdA dwars gaan liggen als midden in een nationale crisis zo'n dringend beroep op een partijgenoot wordt gedaan? Laat op de avond, als nog steeds geen beslissing is gevallen, denkt Hugo de Jonge: *Dit is kleine politiek.*

De volgende ochtend gaat de PvdA-fractie opnieuw in conclaaf. Na uitvoerig beraad besluiten de Kamerleden akkoord te gaan als Van Rijn op persoonlijke titel tot het kabinet toetreedt, en niet namens de PvdA, dat hij het regeerakkoord niet hoeft te ondersteunen, dat hij niet verantwoordelijk wordt gemaakt voor politiek beladen dossiers en bovendien voor niet langer dan drie maanden wordt aangesteld. Voor de zomer moet Martin vertrokken zijn uit het kabinet, is de gedachte, want dan beginnen de begrotingsonderhandelingen voor het najaar en krijgt zijn positie in het kabinet een politieke lading: dan wordt het verdomd lastig om gaten te schieten in een begroting waar een PvdA'er medeverantwoordelijk voor is.

Rutte stemt direct in. Martin van Rijn heeft nog net tijd om zijn jacquet naar de stomerij te brengen, want maandag aan het begin van de middag wordt hij door de koning beëdigd in de Groene Salon van Huis ten Bosch, het vertrek dat sinds de verbouwing van het paleis de 'DNA-kamer' wordt genoemd: de wandbekleding van zestigduizend steentjes verbeeldt het DNA van het koningspaar en prinses Amalia. Dezelfde dag stapt Van Rijn het ministerie binnen, waar het even voelt als Groundhog Day: hij treft zijn oude werkkamer precies zo aan als hij hem in oktober 2017 heeft achtergelaten, en de ene na de andere oude bekende van het ministerie steekt z'n hoofd om de hoek van de deur.

Als staatssecretaris tijdens het tweede kabinet-Rutte was Van Rijn zeer geliefd op het ministerie, waar hij eerder directeur-generaal Gezondheidszorg was. Als bewindsman hield hij zich vooral bezig met de ouderenzorg, die drastisch moest worden hervormd.

Halverwege de kabinetsperiode ontstond grote ophef in de media toen ene Joop van Rijn (81) zich in het *Algemeen Dagblad* beklaagde over de slechte zorg voor zijn dementerende vrouw in een Haags verpleeghuis. 'Soms is ze niet verschoond. Dan staat ze even op en loopt de urine langs haar enkels.' Dezelfde dag bleek het om de vader van Martin van Rijn te gaan: de staatssecretaris was vooraf niet van het interview op de hoogte gesteld. Van Rijn – die niet graag met zijn persoonlijke leven te koop loopt – hield talloze verzoeken van de media af, in een poging om zijn oude vader buiten het mediageweld te houden. Onder druk van de PvdA-top verscheen hij laat op de avond toch aan tafel bij *Pauw*, naast Ben Oude Nijhuis, de buurman van zijn vader, die ook in het *AD* aan het woord was gekomen. Maar daar reageerde hij uiterlijk zo onbewogen op de wanhoopskreet over de verpleeghuizen, dat de consternatie nog dagen aanhield. Het jaar daarop lag hij maandenlang zwaar onder vuur in de Tweede Kamer vanwege de chaos bij de uitbetaling van het persoonsgebonden budget, waardoor duizenden patiënten in de langdurige zorg in de financiële problemen waren gekomen. Opnieuw kreeg Van Rijn de kritiek dat hij wel heel stoïcijns op de maatschappelijke ophef reageerde. In kleine kring liet hij weten dat de kritiek hem wel degelijk had geraakt: *Ik laat m'n emoties nu eenmaal niet zo snel blijken.*

Maar het ministerie was in die jaren een oase van rust vergeleken met het gekkenhuis dat Van Rijn in maart 2020 aantreft als hij zijn oude werkkamer weer betrekt. Honderden ambtenaren werken in shifts dag en nacht door om de OMT-adviezen uit te werken, beademingsapparatuur te regelen en partijen beschermingsmiddelen tegen corona te bemachtigen. Een paar weken eerder heeft Bruno Bruins al besloten de aankoop van mondkapjes en beschermende kleding te centraliseren. Tot dan toe was het aanschaffen van beschermingsmiddelen de taak van de zorginstellingen zelf, maar in de eerste weken van de pandemie leidde die versplinterde aankoop tot chaos. Om te voorkomen dat zorginstellingen elkaar beconcurreren in de strijd om schaarse mondkapjes en in plaats daarvan gezamenlijk in te kopen wordt het Landelijk Consortium Hulpmiddelen opgezet, dat de aangekochte beschermingsmiddelen evenredig over de zorginstellingen moet verdelen.

Op de dag dat Martin van Rijn als minister wordt gevraagd, vindt de constituerende vergadering plaats in een Van der Valk-hotel in Nieuwegein, met vertegenwoordigers van het ministerie van VWS, de koepelorganisaties van ziekenhuizen en de grootste commerciële leveranciers van medische hulpmiddelen. Al op vrijdag gaat het consortium met tientallen medewerkers aan de slag in een leegstaand kantoorpand in Leusden. Onder verantwoordelijkheid van Van Rijn komt de nieuwe organisatie onder grote tijdsdruk op gang: zorginstellingen een non-concurrentiebeding laten tekenen, bestellingen over de hele wereld plaatsen, leveringen versnellen, landingsrechten voor vrachtvliegtuigen regelen, opslag en distributie organiseren.

Daarnaast moet in allerijl de ic-capaciteit worden vergroot, om Italiaanse toestanden te voorkomen: de beelden van overvolle ziekenhuizen in het Noord-Italiaanse Bergamo, met stervende patiënten in gangen, staan ook bij Martin van Rijn op het netvlies. De grote bottleneck: beademingsapparatuur. Het motto van Van Rijn, dat hij er dagelijks inhamert op het ministerie: *Kopen, kopen, kopen, als we te veel hebben raken we het wel weer kwijt.* Via Hugo de Jonge wordt zelfs de hulp ingeroepen van koning Willem-Alexander, die zijn persoonlijke contacten in Duitsland gebruikt om een producent van beademingsapparatuur tot levering aan Nederland te bewegen. Zelf belt Van Rijn in die dagen ook met zijn Duitse ambtgenoot op het Bundesministerium für Gesundheit in Berlijn, of Duitsland bereid is Nederlandse coronapatiënten op te nemen als de ic's overvol raken. Het is binnen twee dagen geregeld, maar hij geeft er geen ruchtbaarheid aan. Van Rijn gaat als minister aan het werk zoals hij altijd heeft gedaan: behoedzaam, onopvallend, niet met grote beloftes maar gericht op haalbare oplossingen. Of, zoals hij het zelf uitdrukt: eerst realiseren, dan pas vertellen. Als de woordvoerders van het ministerie hem vragen of hij ook korte videofilmpjes over zijn bezigheden als bewindsman wil gaan maken voor de sociale media, zoals Hugo de Jonge al sinds het begin van de kabinetsperiode doet, kijkt hij stomverbaasd: 'Een vlog? Nou nee.'

Een groter contrast dan met Hugo de Jonge, zijn nieuwe ambtgenoot, is nauwelijks denkbaar.

10

De schoenen van Hugo

Aan het begin van de avond, als Hugo de Jonge en Mark Rutte net hun rondje gebeld hebben over Martin van Rijn, begeven ze zich naar het ministerie van Justitie om een persconferentie te geven over het terugtreden van Bruno Bruins en het sluiten van de verpleeghuizen voor bezoek: op aandrang van Verenso, de beroepsvereniging van specialisten in de ouderengeneeskunde, moeten kwetsbare ouderen worden afgeschermd. Het is een moeilijke beslissing, waar ze al dagen over aan het tobben zijn. Na Mark Rutte stapt Hugo de Jonge met lange passen het zaaltje binnen. Op de achterste rijen stoten journalisten elkaar grinnikend aan. De Jonge trekt een plechtig gezicht en draagt een keurig donker pak, passend bij de ernst van de situatie, maar wat heeft die man voor schoenen aan? Het is – vernemen ze later – een setje Delftsblauw Lak van Mascolori, de zaak in Rotterdam waar De Jonge al geruime tijd zijn uitbundige schoeisel aanschaft, met namen als: Winter Garden, Arco Boleno en Moonwalker. Toen de minister twee jaar eerder op bezoek was bij een sociale werkplaats in Rotterdam, waar hij een speciaal paar voor Prinsjesdag ontving, verklaarde hij zijn schoenenkeuze aan een lokale verslaggever: 'Er is geen reden om somber en saai door het leven te gaan!'

Hugo de Jonge werd geboren als domineeszoon in het Zeeuwse Bruinisse, deed een opleiding tot schoolmanager, bracht het op zijn tweeëntwintigste al tot adjunct-schooldirecteur in Rotterdam, werd medewerker van de CDA-fractie in de Tweede Kamer, politiek assistent van de onderwijsministers Maria van der Hoeven en Marja van Bijsterveldt en kortstondig van premier Jan Peter Balkenende. Op zijn tweeëndertigste werd hij benoemd tot wethouder van Onderwijs, Jeugd en Gezin in Rotterdam, waar later de zorg nog bij kwam. Hij stond al snel bekend als een energieke bestuurder, boordevol plannen, dadendrang en ongeduld. Om de haverklap lanceerde hij een nieuw project voor de basisschoolleerlingen in Rotterdam-Zuid of eenzame ouderen. Na zijn eerste periode schreef hij samen met Joost Eerdmans, leider van Leefbaar Rotterdam, en Salima Belhaj van D66 een coalitieakkoord onder de toepasselijke titel *Volle kracht vooruit.* Hij haalde het nationale nieuws met een zeer omstreden plan om 'onmachtige ouders', die door verslaving of psychische problemen niet in staat zijn kinderen op te voeden, tot anticonceptie te verplichten. In 2017, bij zijn vertrek naar Den Haag om minister te worden, kreeg hij niet alleen een erepenning van de stad cadeau, maar ook een paar schoenen met de skyline van Rotterdam.

Bij de persconferentie in het zaaltje op Justitie mag Hugo de Jonge voor het eerst als coronaminister de natie toespreken. Dat doet hij in een onstuitbare woordenstroom. Uitvoerig prijst hij Bruno Bruins, die 'alles heeft gegeven wat in zijn vermogen lag'. 'En namens iedereen in Nederland, en ik denk in het bijzonder namens al die hardwerkende collega's op het ministerie van Volksgezondheid voor wie dit ook een grote schok is, zeg ik hem daarvoor grote dank!' Vervolgens zijn de kwetsbare ouderen aan de beurt. 'Vandaag hebben we een ingrijpend besluit moeten nemen. Want juist omdat ouderen zo kwetsbaar zijn, hebben we besloten om in alle verpleeghuizen en kleinschalige woonvormen in de ouderenzorg de deuren te sluiten voor bezoekers en alle anderen die niet noodzakelijk zijn voor de zorg.' Hij omkleedt het besluit met veel warme woorden. Dat het 'hartverwarmend' is om te zien hoe reeds gesloten verpleeghuizen in Brabant en Limburg ervoor zorgen dat de bewoners toch in contact kunnen blijven met hun naasten. En dat we al die maatregelen 'met een warm hart' uitvoeren, 'zodat we de mensen die ons lief zijn zo goed mogelijk beschermen'.

Nog maandenlang zal het ministerie van Hugo de Jonge de richtlijn van het RIVM volgen dat het personeel in de verpleeghuizen alleen medische mondkapjes dient te gebruiken als het niet mogelijk is anderhalve meter afstand te houden: in de meeste situaties zou afstand houden en handen wassen genoeg zijn. In tientallen verpleeghuizen sluipt het virus niet alleen via het bezoek, maar ook via het onbeschermde personeel naar binnen, met honderden doden tot gevolg.

Maar daar heeft Hugo de Jonge op die donderdagavond in maart nog geen weet van. De kersverse coronaminister staat te trappelen om nieuwe maatregelen te nemen om het virus het hoofd te bieden. Zo bedachtzaam en aarzelend als Bruno Bruins opereerde, zo kordaat gaat De Jonge aan de slag.

Op vrijdagochtend, als hij het departement voor het eerst als coronaminister betreedt, zet De Jonge meteen een streep door het vorderingsbesluit dat Bruno Bruins twee dagen eerder onder druk van Jesse Klaver in de Tweede Kamer heeft genomen, omdat leveranciers van beschermingsmiddelen Nederland onmiddellijk bleken te mijden uit angst dat hun spullen van staatswege zouden worden gevorderd. Tussendoor regelt hij grote orders voor beademingsapparatuur, waar hij een paar dagen eerder al mee bezig was.

En dezelfde dag besluit hij de crisisorganisatie op het ministerie verder te centraliseren. Al dagen komt het verplaatsen van coronapatiënten uit de overbelaste ziekenhuizen in Brabant niet op gang, door allerlei bureaucratische belemmeringen. In een overleg met Ernst Kuipers, bestuursvoorzitter van het Erasmus MC en voorzitter van het Landelijk Netwerk Acute Zorg, geeft De Jonge de opdracht een Landelijk Coördinatiecentrum Patiënten Spreiding op te zetten. Verschillende ziekenhuizen stribbelen tegen, omdat onduidelijk is wie voor de bekostiging zal opdraaien. Maar De Jonge sommeert ze per ministeriële aanwijzing om mee te werken. Hij belt zijn partijgenote Ank Bijleveld, minister van Defensie, dat ze voor de volgende ochtend een aantal militaire planners moet sturen naar de Brabantse ziekenhuizen om het patiëntenvervoer logistiek te ondersteunen. En hij geeft de operatie nog even een slinger in de media: aan het eind van het overleg spoort hij Ernst Kuipers aan om op tv te gaan vertellen over het nieuwe coördinatiecentrum. Kuipers, die tot dan toe weinig media-ervaring heeft, wordt er bijna verlegen van.

Op zaterdagmorgen gaat De Jonge persoonlijk polshoogte nemen in Ziekenhuis Bernhoven in Uden en het Elisabeth Tweestedenziekenhuis in Tilburg. In de gangen heerst serene rust. De militaire planners van Ank hebben sinds de vroege ochtend hun werk gedaan: er zijn al zestig patiënten onderweg naar ziekenhuizen in Friesland en Groningen. *Zo kan het ook*, denkt De Jonge tevreden.

Hugo de Jonge zou Hugo de Jonge niet zijn als hij zijn mediamomentjes zou vergeten. Op zondag, na het Catshuisberaad, reist hij af naar het Erasmus MC in Rotterdam, waar de cameraploegen klaarstaan. Samen met Ernst Kuipers bekijkt hij de vertrekken waar het Landelijk Coördinatiecentrum Patiënten Spreiding zal worden gevestigd. Maar eerst neemt hij buiten bij de ingang voor de leveranciers de eerste doos van een lading van honderdduizenden mondkapjes in ontvangst die door de Chinese telecomgigant Huawei aan de Nederlandse overheid zijn geschonken. De vrachtwagen is net aan komen rijden. 'Dit is fantastisch,' zegt de minister. 'Zo halen we telkens meer binnen om de totale voorraad weer op orde te brengen.'

In de eerste weken van de crisis werden er felle debatten gevoerd in de Tweede Kamer, maar sprak zelfs de oppositie herhaaldelijk steun uit aan het kabinetsbeleid in deze bange dagen. Al snel beginnen de politieke spanningen toe te nemen. In zijn eerste grote coronadebat op 26 maart wordt Hugo de Jonge onder druk gezet door Lodewijk Asscher, fractievoorzitter van de PvdA, en Geert Wilders van de PVV. Twee weken eerder hebben ze samen een motie opgesteld om de ic-capaciteit flink uit te breiden, omdat het aantal ziekenhuisopnames snel toeneemt. Een dag voor het debat heeft Diederik Gommers, voorzitter van de Nederlandse Vereniging voor Intensive Care, in een technische briefing in de Tweede Kamer alarm geslagen. Aan de hand van verontrustende grafieken liet hij zien dat het aantal ic-bedden binnen een week moet worden uitgebreid van 1150 naar 1600 om te voorkomen dat de ziekenhuizen de druk niet meer aankunnen. Het is de vraag of dat gaat lukken, zegt hij. 'We missen landelijke regie.' Wat gaat de minister doen om de ic-capaciteit op niveau te brengen, willen Asscher en Wilders weten.

Als het tijd is voor de beantwoording van de vragen uit de Kamer zegt Kamervoorzitter Khadija Arib, ter introductie van de immer breedsprakige Hugo de Jonge: 'Dan is nu het woord aan de minister van Volksgezondheid, die altijd kort en bondig is.' 'Zo is dat, voorzitter,' zegt De Jonge met een grijns. 'Misschien moet u mij vandaag nog een beetje coachen.' Waarna hij omstandig begint uit te leggen dat er 'met man en macht' wordt gewerkt aan voldoende ic-capaciteit: Defensie heeft beademingsapparaten ter beschikking gesteld, er zijn er duizenden besteld, en er wordt zelfs overwogen desnoods twee patiënten aan een apparaat te leggen – 'Al is dat niet ideaal'.

Een week later wordt Hugo de Jonge opnieuw op de grill gelegd in de Tweede Kamer. Inmiddels heeft Diederik Gommers wéér alarm geslagen bij een technische briefing. Er zijn inmiddels 1600 ic-bedden beschikbaar, maar hij betwijfelt of het gaat lukken de benodigde 2400 bedden voor het komende weekend voor elkaar te krijgen.

Aan het einde van een moeizaam debat wordt een motie met algemene stemmen aangenomen waarin Asscher en Wilders aandringen op het opschalen van de ic-capaciteit, 'bijvoorbeeld tot drieduizend bedden'. Van tevoren hebben Van Rijn en De Jonge er bij Asscher op aangedrongen de motie niet in te dienen, om de sector niet op te zadelen met onmogelijke eisen. Asscher negeert het verzoek.

Laat in de avond vertrekt Hugo de Jonge met een ongemakkelijk gevoel van het Binnenhof: hij zit klem tussen de onmogelijke eisen van de Kamer en de weerbarstige praktijk op zijn ministerie en in de zorg, waar duizenden mensen zich zes slagen in de rondte werken om de crisis het hoofd te bieden.

De volgende ochtend aan de keukentafel op Katendrecht slaat De Jonge *De Telegraaf* open en ziet hij zijn gelijk bevestigd. Naar aanleiding van het Kamerdebat legt Gerton Heyne, voorzitter van de V&NV, de beroepsvereniging van ruim honderdduizend verpleegkundigen, geagiteerd uit dat wat nu van de zorg gevraagd wordt, 'op het randje' is. Hij hekelt de manier waarop politieke partijen tegen elkaar opbieden om nóg meer ic-bedden te regelen. 'Je kunt niet zomaar even een blik ic-verpleegkundigen opentrekken.' Elke wens om meer dan 2400 bedden te organiseren, zegt hij, is 'spelen met vuur, een illusie'.

Op dat moment dringt pas echt tot Hugo de Jonge door hoe zwaar de maanden zullen zijn die hij tegemoetgaat.

11

Een land waar niemand de baas is

Vanwege de lockdown is Feike Sijbesma in de derde week van maart thuis aan het werk als hij gebeld wordt door Hugo de Jonge, die net de taken van Bruno Bruins heeft overgenomen. 'Feike,' klinkt het, 'je moet me helpen.' Na drieëndertig jaar bij DSM heeft Sijbesma net afscheid genomen als bestuursvoorzitter van het chemieconcern. Op verzoek van Bruins heeft hij sinds begin maart informeel geholpen met de levering van gratis desinfecterende middelen tegen corona. Nu vraagt De Jonge hem of hij niet méér kan doen, want het is alle hens aan dek. De ervaring en het netwerk van de oud-bestuursvoorzitter kunnen het kabinet goed van pas komen. Onder leiding van Sijbesma, die afstudeerde in de moleculaire en medische biologie én in bedrijfskunde, is DSM getransformeerd van een bulkchemiebedrijf naar een multinational gericht op voedingsmiddelen, groene materialen en gezondheid. In 2018 werd hij door *de Volkskrant* uitgeroepen tot invloedrijkste Nederlander, binnen en buiten het bedrijfsleven staat hij al jaren bekend om zijn maatschappelijke betrokkenheid en zijn inzet voor duurzame ontwikkeling over de hele wereld.

Sijbesma legt uit dat hij het sinds zijn vertrek alweer erg druk heeft, maar dat hij best wil helpen. *Maar alleen als vrijwilliger, ik wil er niks voor hebben.* Prima, zegt De Jonge. Ze spreken af dat Sijbesma zal worden bijgepraat door de topambtenaren van het ministerie. De ambtelijke top blijkt moeilijk met de term 'vrijwilliger' uit de voeten te kunnen – dat past niet in de ambtelijke hiërarchie – en stelt voor hem Speciaal Gezant Corona te noemen: zo'n titel geeft zijn bezigheden de benodigde statuur. Sijbesma gaat akkoord, onder voorwaarde dat hij er geen vergoeding voor krijgt, zelfs niet voor de onkosten, dat hij ermee mag ophouden als zijn andere werkzaamheden het niet meer toelaten, en dat de 'aanstelling' – die eigenlijk geen aanstelling is – niet langer dan een aantal maanden zal duren. Op televisie zal hij zich al die tijd 'vrijwilliger' blijven noemen.

Al op de dag van zijn benoeming als coronagezant wordt Sijbesma geconfronteerd met een nationale rel. Tijdens het Kamerdebat waar Hugo de Jonge onder vuur wordt genomen over de ic-capaciteit, richt de oppositie haar pijlen ook op de Zwitserse farmaceut Roche, fabrikant van de meeste coronatesten en testapparaten in Nederland, die weigert de receptuur van een onmisbare testvloeistof vrij te geven. In de Kamer roepen Lodewijk Asscher en Jesse Klaver in koor dat het kabinet het concern, met zijn schandelijke winstbejag, er desnoods toe moet dwingen. Tijdens het debat houdt Hugo de Jonge die mogelijkheid open. 'Maar de snelste weg,' zegt hij, 'is denk ik via de telefoon.'

Die avond zit Lodewijk Asscher bij *Jinek* tegenover Esther de Rooij, directeur van Roche in Nederland. Met ingehouden woede trekt de PvdA-leider tegen haar van leer, over de cruciale informatie die het bedrijf de Nederlandse overheid heeft onthouden, in een gezondheidscrisis zoals we die nog nooit hebben meegemaakt: 'Ik had het mooi gevonden als u die informatie drie weken geleden had verstrekt. Dat kan nu niet meer. Vanaf morgen reken ik u en uw bedrijf erop af of u alles doet om zo veel mogelijk te produceren.'

Dezelfde nacht wordt de vestiging van Roche in Almere beklad. Onbekenden spuiten grote, boze letters op de gevel: HOEVEEL DODEN?

Terwijl de eerste werknemers van Roche de volgende ochtend ontzet naar de dreigende kreet staan te staren, pakt Sijbesma de telefoon. Hij kent Roche goed, omdat hij enige jaren eerder betrokken was bij de overname van de fijnchemiedivisie van de Zwitserse multinational door DSM. Eerst belt hij arts-microbioloog Ann Vossen, hoofd van de Taskforce Diagnostiek die net door de minister is opgericht, om de technische details goed op een rij te krijgen, vervolgens met Esther de Rooij, de verguisde Roche-directeur, en ten slotte met de top van het concern in Bazel. Sijbesma legt uit dat hij alle begrip heeft voor de moeilijke situatie en de overspannen markt in de crisis, dat de politiek onder grote druk staat van het maatschappelijk sentiment, dat hij het bedrijf natuurlijk nergens toe kan dwingen. Maar hij zegt ook dat het niet onverstandig zou zijn de receptuur van de buffervloeistof te delen als er onverhoopt onvoldoende geleverd kan worden. Die toezegging komt vrijwel per direct, waarna Sijbesma aan Hugo de Jonge en de media laat weten dat Roche zelf tot dat inzicht is gekomen, dat het niet behulpzaam is zulke bedrijven te bekritiseren, en dat het probleem verre van opgelost is, want er is nog een groot tekort aan testmateriaal en de benodigde plastic plaatjes. *Ik heb alleen een beetje geholpen.*

Zo weet Sijbesma de eerste rel die hij als coronagezant meemaakt al te bezweren voor hij goed en wel begonnen is. Maar als hij dezelfde dag voor het eerst in zijn nieuwe hoedanigheid de wereld van het departement, de testlabs en de GGD'en binnenstapt voor oriënterende gesprekken, onder andere met de zojuist opgerichte Taskforce Diagnostiek op het ministerie, tuimelt hij van de ene verbazing in de andere. Als de kersverse coronagezant vraagt wat hij eigenlijk moet doen, is het antwoord: nou, meer testen. Als hij wil weten hoeveel er nu getest wordt: goede vraag. En als hij vraagt hoeveel testen er dan moeten komen: ja, goede vraag.

Als topman van het miljardenconcern, met meer dan 23 000 werknemers en meer dan tweehonderd vestigingen over de hele wereld, was Sijbesma eraan gewend snel de cijfers op tafel te krijgen. Zonder 'dashboard', weet hij, kan je niet sturen. Maar in de wereld van de gezondheidszorg – het departement, het RIVM, de GGD'en, de ziekenhuizen en de testlabs – duurt het vele weken voordat hij erachter komt wie eigenlijk waarvoor verantwoordelijk is, hoeveel er getest zou moeten worden, wat het verbruik is of zou moeten zijn, en hoe het ervoor staat met voorraden en leveranties.

Sijbesma wist al dat de zorg in Nederland de afgelopen decennia decentraal is georganiseerd, en dat zorginstellingen zelf verantwoordelijk zijn voor het inkopen van hun medische materiaal – en dus ook de coronatesten. Maar dat hij terecht zou komen in zo'n ondoordringbaar woud van decentrale bevoegdheden, waarvan ook in de top van het ministerie het overzicht ontbreekt, had hij niet verwacht. Aan de inzet van individuele ambtenaren is dat niet te wijten: Sijbesma ziet in die eerste weken dat er verschrikkelijk hard wordt gewerkt. Het probleem is vooral dat het ministerie volstrekt werd overvallen door de pandemie, dat het departement vooral gericht is op beleid, niet op het aanpakken van een crisis, en dat de minister van Volksgezondheid niet over de bevoegdheden beschikt om stevig in te grijpen. De gezondheidszorg in Nederland is vooral berekend op goede tijden. Als het misgaat, zoals nu, begint het systeem aan alle kanten te kraken. Dat geldt niet alleen voor de zorg, maar voor het land als geheel: Nederland is een land waar niemand de baas is. En in crisistijd wordt dat pijnlijk zichtbaar.

12

Wen er maar aan

In dezelfde weken spreekt Erik Gerritsen, secretaris-generaal van VWS, binnen de muren van het ministerie over corona als een 'ongetemd probleem'. Het virus blijkt zo besmettelijk dat de scenario's die klaarliggen niet werken. Hoe het wél moet, kan alleen stap voor stap worden ontdekt. Van de ene dag op de andere moeten beleidsambtenaren worden ingezet om beademingsapparatuur en mondkapjes in te kopen, of de verdeling over ic-bedden te organiseren – waar ze nooit eerder voor verantwoordelijk zijn geweest. In de hectiek gaan bestaande regels en protocollen overboord. Vanaf het begin zegt Gerritsen tegen zijn ambtenaren: *Alles wat jullie doen heeft mijn rugdekking, en die van de minister, ook als de regels niet worden gevolgd* – een ongekende omslag voor ambtenaren die getraind zijn in het volgen van zorgvuldige procedures.

Het blijkt een taai gevecht. Dat heeft Gerritsen al een paar jaar eerder ervaren toen hij in opdracht van Hugo de Jonge aan het werk ging om de 'vijfminutenregel' af te schaffen: het zeer omstreden voorschrift dat mensen in de thuiszorg iedere vijf minuten van hun tijd moesten verantwoorden in eindeloze formulieren. De voorgangers van De Jonge – Martin van Rijn en Jet Bussemaker – meldden dat ze het omstreden voorschrift al hadden afschaft, maar in de zorg was de regel nog springlevend: talloze werkenden in de thuiszorg hielden zich eraan, uit angst gedonder te krijgen met hun baas. Het leerde Gerritsen een belangrijke les over de taaiheid van de bureaucratie: het is zelfs heel moeilijk om een regel af te schaffen die al afgeschaft is.

Nog een hardnekkig probleem dat tijdens de crisis aan het licht komt: de zorg in Nederland is zo decentraal georganiseerd, dat niemand de baas is. En zeker de minister niet, zegt Gerritsen wel eens. *Hij is geen generaal zonder leger, er is een generaal, én er is een leger. En die hebben verdomd weinig over elkaar te zeggen. We kúnnen vanuit het departement niet regeren per decreet.*

Maar intussen wordt het ministerie wel verantwoordelijk gehouden voor alles wat er misgaat.

Terwijl honderden ambtenaren zich dag in, dag uit kapot werken, blijft de kritiek komen. Bijvoorbeeld van zorgorganisaties die zich niet gehoord voelen en in de media aan de bel trekken. Is het probleem niet lang daarna opgelost, krijgt VWS de kritiek te zwichten voor de druk van de pers. In het begin trekt Gerritsen zich zulke kritiek nog aan, maar na een tijdje denkt hij: *Kennelijk is het ministerie de nationale kop-van-jut voor alle coronachagrijn. Dat moet dan maar zo zijn.*

Als coronagezant Feike Sijbesma de topambtenaren van het ministerie ervan heeft overtuigd dat hij, maar ook zijzelf, zonder data hun werk niet kunnen doen, huurt VWS het prestigieuze adviesbureau McKinsey in om de testcapaciteit in Nederland in kaart te brengen. Er blijken meer dan dertig verschillende testapparaten gebruikt te worden, door vele tientallen verschillende laboratoria, die allemaal verschillend testmateriaal nodig hebben, van evenzoveel leveranciers. En ieder laboratorium komt weer met andere beweringen over zijn capaciteit. Als ze zeggen: tien keer zoveel als nu, vraagt Sijbesma: maar hoeveel kun je écht draaien dan? Dan blijkt het opeens weer veel minder te zijn, vanwege gebrek aan personeel of het draaien van andere tests op dezelfde machines. Sommige laboratoria willen niet met machine A maar wel met machine B, maar volgende maand ligt het misschien weer anders. En ze blijken allemaal weer andere contracten te hebben: verschillende laboratoria willen alleen met bepaalde leveranciers samenwerken, waardoor maar een deel van de laboratoria aan centrale inkoop wil deelnemen. En ze moeten ook nog eens samenwerken met vijfentwintig zelfstandige GGD'en, waar ook al niet één persoon het voor het zeggen heeft.

Het tweede probleem waar Sijbesma tegenaan loopt is de argumentatie voor het testen. De Taskforce Diagnostiek houdt zich op advies van het OMT vooral bezig met de medische diagnostiek, terwijl Sijbesma het testen ook wil inzetten voor het economische en maatschappelijke belang: naar zijn overtuiging kan de maatschappij door grootschalig testen weer open worden gegooid. Achter de schermen leidt dat tot hevige discussies.

In de loop van de weken lukt het Sijbesma, in samenwerking met het ministerie en de Taskforce Diagnostiek, met eindeloos polderoverleg om het aantal laboratoria onder contract uit te breiden van drie naar dertig naar vijftig naar vijfenzeventig, met opties op commerciële en buitenlandse laboratoria. Aanvankelijk werden er niet meer dan tweeduizend tests per dag gedaan, eind mei zijn het er dertigduizend, het aantal dat De Jonge aan de Tweede Kamer heeft beloofd. Maar Sijbesma wil meer. De enige manier om tempo te maken in crisissituaties, weet de voormalige DSM-topman, is als je top-down beslissingen kunt nemen, en als niet iederéén continu zijn zegje hoeft te doen. Maar als coronagezant heeft hij geregeld het gevoel dat hij moet waden door de stroop. Op de zeldzame momenten dat Sijbesma zijn beklag doet over de gekmakende traagheid proberen topambtenaren van VWS hem bemoedigend toe te spreken. Dan zeggen ze: *Wen er maar aan. Het is en blijft polderen. Dit is nu eenmaal hoe het werkt.*

13

Vasthouden aan één waarheid

Door de koude oostenwind is de gevoelstemperatuur iets boven het vriespunt, maar aan de diepblauwe hemel is op zondag 22 maart geen wolk te bekennen. In de stralende zon trekken honderdduizenden Nederlanders eropuit naar de parken, de bossen en de stranden. En in lange files staan ze voor de bouwmarkt, vijf dagen nadat Mark Rutte in zijn toespraak tot de natie zijn landgenoten heeft opgeroepen vooral thuis te blijven. Om 11.29 uur verschijnt op miljoenen mobiele telefoons in het hele land een NL-Alert: 'Volg instructies Rijksoverheid op: houd 1,5 meter afstand! Bent u ziek of verkouden? Blijf thuis. Bescherm uzelf en de mensen om u heen. Samen tegen corona.'

Afzender, zonder dat iemand het weet: Pieter-Jaap Aalbersberg, Nationaal Coördinator Terrorismebestrijding en Veiligheid. Een dag eerder heeft de topambtenaar het tekstje al klaar laten zetten, in het hoofdkwartier van de NCTV op de zwaarbeveiligde zesde verdieping van het ministerie van Justitie en Veiligheid in Den Haag, waar sinds de laatste week van februari een kleine zestig ambtenaren in ploegendiensten vierentwintig uur per dag bezig zijn met de coronacrisis.

In een onooglijk zaaltje op de zevende verdieping, zonder ramen en met grote videoschermen aan de wanden, heeft Aalbersberg op 26 februari de topambtenaren van de Interdepartementale Commissie Crisisbeheersing voor het eerst bijeengeroepen om scenario's voor de dreigende crisis door te nemen, want de NCTV moet op alles voorbereid zijn: hoe wordt er opgeschaald als het tot een echte pandemie komt? Welke overlegstructuren liggen er klaar? Wie draagt de verantwoordelijkheid voor de crisiscommunicatie? In hetzelfde deprimerende zaaltje vond begin maart op zijn initiatief ook de eerste Ministeriële Commissie Crisisbeheersing plaats, met premier Rutte, de ministers Grapperhaus en Bruins, en een aantal topambtenaren. Een paar weken later moest het gezelschap vanwege de anderhalve meter afstand al uitwijken naar de kantine van het ministerie op de derde verdieping, waarvan een deel met kamerschermen werd afgezet voor het vertrouwelijke beraad.

En nu is het zondag 22 maart. In de ochtend heeft Aalbersberg meevergaderd met de meest verantwoordelijke ministers in de tuinzaal van het Catshuis. Nadat hij daarvandaan opdracht heeft gegeven het NL-Alert te versturen, spoort hij Ferdinand Grapperhaus aan om die avond op televisie de Nederlanders te waarschuwen. Om kwart over zes spreekt de minister van Justitie live vanuit de studio van *EenVandaag* in Hilversum op barse toon de natie toe. Hij zegt dingen als: 'Dit is helemaal verkeerd', 'Het gaat erom dat we mensen die kwetsbaar zijn in deze samenleving beschermen tegen te snelle verspreiding van het virus, want die kan voor hen fataal zijn', en: 'Ga zo min mogelijk je huis uit.' Aalbersberg volgt het televisieprogramma op het scherm in zijn werkkamer. Hij denkt: *Nu hopen dat de boodschap aankomt.*

Voor Pieter-Jaap Aalbersberg in 2019 aantrad als Nationaal Coördinator Terrorismebestrijding en Veiligheid werkte hij vier decennia lang bij de politie, de laatste jaren als korpschef in Amsterdam, en leidde hij het team dat de lichamen van de slachtoffers van de MH17-ramp in Oekraïne moest repatriëren. Als Nationaal Coördinator is het zijn taak voorbereid te zijn op alle mogelijke crisissituaties, en als het toch misgaat, rust te scheppen in de chaos. Vanaf januari organiseerde hij al een reeks samenkomsten van het Interdepartementaal Afstemmingsoverleg met topambtenaren van verschillende ministeries over het repatriëren van Nederlanders uit Wuhan en van de cruiseschepen in Azië. Op 9 februari trad Aalbersberg op in *WNL op Zondag*, waar hij stelde dat Nederland goed was voorbereid op de komst van het coronavirus. Het ministerie van VWS en het RIVM zijn *in control*, er zijn draaiboeken ontwikkeld, er is geoefend en de informatievoorziening door het RIVM loopt 'als een machine'. Dat laatste is cruciaal, zegt hij, 'want soms is de grootste crisis nog de paniek óm de crisis, en niet de crisis zelf'.

Sinds er begin maart werd opgeschaald naar de crisisstructuur, waarvan de Ministeriële Commissie Crisisbeheersing het hart vormt, is Aalbersberg de sleutelfiguur in de crisisaanpak: hij is verantwoordelijk voor de coördinatie van het ambtelijke overleg, laat scenario's ontwikkelen, ziet toe op de naleving van protocollen en zorgt ervoor dat de informatiestroom tussen het RIVM en de verschillende ministeries op orde is. Vrijwel dagelijks overlegt hij met Ferdinand Grapperhaus, Mark Rutte, Hugo de Jonge en Martin van Rijn. Bij alle cruciale vergaderingen in het Torentje, de Trêveszaal en het Catshuis is hij aanwezig. Het is ook Aalbersberg die bepaalt wie er aanschuiven bij het interdepartementale overleg en bij de Ministeriële Commissie Crisisbeheersing. En de teksten voor alle persconferenties belanden eerst op zijn bureau voor ze worden uitgesproken.

Het credo van de oud-politiechef: rust, reinheid en regelmaat. Terwijl de politiek de neiging heeft zich van de wijs te laten brengen door politieke en maatschappelijke ophef, ziet hij het als zijn belangrijkste taak de crisisbestrijding op koers te houden. Daarbij moeten de adviezen van het Outbreak Management Team onder leiding van Jaap van Dissel nauwgezet worden gevolgd, is zijn overtuiging, want soms is een verkeerde beslissing beter dan geen beslissing. 'Single point of truth' noemt Aalbersberg dat. In een crisissituatie moet je consequent vasthouden aan één waarheid: de lijn die je op grond van alle beschikbare informatie hebt gekozen, houdt hij de bewindslieden keer op keer voor, *anders ga je zwalken.*

14

De verzinfabriek van Wiebes

Onder het motto 'Tijdens een nationale crisis moet je niet in de weg lopen' laat de ministersploeg in de eerste weken van maart het voortouw aan Mark Rutte, Hugo de Jonge en Ferdinand Grapperhaus: het aangewezen drietal om de crisis te bestrijden. Maar in de loop van de maand begint de toon van de gesprekken in de ministerraad en het crisisoverleg te veranderen. De pleidooien van Hugo de Jonge en Mark Rutte voor strengere maatregelen, zoals sluiting van scholen, bioscopen, musea en sportscholen, stuiten op groeiende weerstand van vooral Wopke Hoekstra, Wouter Koolmees en Eric Wiebes, die willen voorkomen dat de samenleving tot stilstand komt. Hoekstra begint vooral over de hoge kosten, financieel en maatschappelijk, Koolmees over de vrijheid die zijn sociaalliberale achterban zo dierbaar is. Zo loopt het overleg keer op keer vast. Minister van Economische Zaken en Klimaat Eric Wiebes, die als oud-consultant bij McKinsey gewend is te denken in haalbare, praktische oplossingen, begint steeds gefrustreerder te raken. Hij denkt: *De discussie gaat alleen maar over open en dicht. Dat getuigt van een schrijnend gebrek aan verbeeldingskracht. Zo komen we geen steek verder.*

Bij zijn secretaresse vraagt hij een call van een uur te plannen voor tactisch overleg met Koolmees en Hoekstra, die hij vrijwel dagelijks spreekt over de steunpakketten. 'Ons trojkaatje loopt heerlijk,' zegt hij. 'Maar we moeten nu echt ophouden met alleen maar zeggen wat er niet kan. Ieder kind kan zien dat de reproductiefactor ver boven de één is, dat het aantal besmettingen per week verdubbelt. Als we eindeloos blijven zeggen wat er allemaal níét moet, zijn we inhoudelijk volkomen belachelijk en doen we ook niet meer mee aan de discussie. Dan wil niemand nog met ons praten.' Hij stelt voor om een afspraak te maken: 'Elke keer als we zeggen dat iets niet moet, vertellen we wat in plaats daarvan wél kan, met een even groot effect op de reproductiefactor.' Allereerst, zegt hij, moeten ze zich richten op een plan om de supermarkten coronabestendig in te richten: een idee waar de rest van het kabinet het onmogelijk mee oneens kan zijn. 'Dan bewijzen we onze meerwaarde en blijven we in contact met het medische kamp. En dan hebben we een ticket om andere voorstellen te doen. Want de basisregels zijn zo simpel, dat daar in allerlei sectoren wat van te maken is.' Al snel is de trojka het eens.

Thuis op de bank bedenkt Wiebes die dagen een reeks plannen om allerlei sectoren op een slimme manier coronaproof te maken. Waarom zou je leerlingen op scholen bijvoorbeeld telkens van lokaal laten wisselen? Dat heeft hij altijd al idioot gevonden. Als je alleen de leraren van lokaal naar lokaal laat lopen, heb je al veel minder contactmomenten. Binnen de kortste keren heeft hij een blocnote vol ideetjes.

Op maandagmorgen 30 maart verschijnt Wiebes, gekleed in spijkerbroek en ruitjeshemd, in restaurant Mama Licia in de Rotterdamse wijk Kralingen, begeleid door een cameraploeg: hij wil zelf meemaken én aan het grote publiek laten zien hoe creatieve ondernemers hun best doen verstandige coronamaatregelen te nemen. Voor de camera zegt hij: 'De komende tijd staat gezondheid op één. En dat betekent dat ondernemers zich daaraan aanpassen, op vaak hele praktische en handige manieren.' Hij gebaart om zich heen in het zaakje dat tot afhaalrestaurant is omgebouwd. 'Kijk eens: op een heel beperkt oppervlak, keurig strepen waar je moet lopen. Anderhalve meter afstand. Dit is het kleinste, maar een heel aansprekend voorbeeld van de anderhalvemetereconomie.'

Als Wiebes na een kort gesprek met eigenaar Piero Bianculli weer in de auto stapt is hij licht geëmotioneerd. Hij denkt: *Wat is het mooi, zo'n ondernemer die met zijn Italiaanse familie probeert de crisis door te komen. Het zijn de nieuwe Italiaanse Nederlanders die zandzakken doorgeven naar de dijk.*

Diezelfde middag roept hij op het ministerie een speciaal team van slimme, creatieve ambtenaren bij elkaar in de Blauwe Zaal, de mooiste vergaderzaal van het ministerie, om de plannen uit zijn 'verzinfabriek' tegen het licht te houden en uit te werken en vooral: nieuwe praktische ideeën te bedenken. Aan het eind van de week, als er een stapeltje uitgewerkte plannen voor verschillende sectoren ligt, is het tijd de plannen onder de aandacht te brengen van zijn collega's. Wiebes weet: de reguliere ministerraad is niet een gremium waarin je een crisis kan managen, hij moet toegang zien te krijgen tot het overleg waar de echte beslissingen worden voorgekookt. Hij belt Mark Rutte en zegt: 'Mark, ik heb een *slot* van je nodig in het Catshuis.'

Op zondag 5 april stapt Wiebes vastbesloten de tuinzaal van het Catshuis binnen, een stapeltje kopieën van een soort handgeschreven powerpointpresentatie onder de arm. Dat heeft hij wel vaker gedaan als hij het gesprek in de ministerraad op gang wilde brengen: een handgeschreven, persoonlijke notitie kunnen de collega's niet zomaar terzijde schuiven als het zoveelste ambtelijke stuk, nu moeten ze zich er wel in verdiepen. De notitie heet: 'Samen werken aan de anderhalvemetersamenleving'. De strekking van het in bulletpoints vervatte pleidooi: virusbeheersing blijft het uitgangspunt, maar daarnaast zijn overzichtelijke aanpassingen met grote effecten mogelijk, gericht op 'maximaal behoud van vitaliteit, economie en welbevinden'. Daartoe moeten voor iedere sociaaleconomische sector, zoals de detailhandel, de bioscopen, de sportscholen, het onderwijs en het vervoer protocollen worden ontwikkeld om veilig te werken en te leven. Voor verschillende sectoren, zoals de sportscholen, de bioscopen en het middelbaar onderwijs, heeft Wiebes alvast wat maatregelen op een rij gezet: vaste looproutes, toezicht, kuchschermen, gespreide aankomst- en vertrektijden, leraren in plaats van leerlingen die wisselen van lokaal. Op die manier is het alleen al op scholen mogelijk het aantal contactmomenten met 95 procent te verlagen, stelt hij. Zodra er voldoende capaciteit is moet grootschalig testen het 'normaliseren' van het economisch en maatschappelijk verkeer mogelijk maken.

Het geestdriftige pleidooi van Wiebes wordt in het Catshuis met welwillend geknik ontvangen: hij kan met zijn protocollen aan de slag. In de volgende weken wordt, onder aansturing van Economische Zaken en ondernemersorganisatie MKB Nederland, door vijftig verschillende sectoren koortsachtig aan de protocollen gewerkt. Zo stuurt Wiebes een delegatie van ambtenaren en vertegenwoordigers van de brancheorganisatie van bioscopen, gewapend met meetlint en notitieblok, naar een Haags filmtheater om eigenhandig te onderzoeken wat er mogelijk is.

Op zondag 19 april mag Wiebes zijn protocollen voor het 'nieuwe normaal' in het Catshuis presenteren. Hij hoopt dat ten minste één sector – de sportscholen, de bioscopen of de vakantieparken – open mag en met het protocol aan de slag kan gaan. Maar hij krijgt tot zijn teleurstelling nul op het rekest. De besmettingscijfers lopen zo snel op dat Rutte, De Jonge en Grapperhaus zich genoodzaakt voelen het nieuwe, alarmerende OMT-advies te volgen. Een paar dagen later maakt het kabinet bekend dat de in maart afgekondigde lockdownmaatregelen grotendeels worden verlengd tot 19 mei, vergunningsplichtige evenementen blijven zelfs verboden tot 1 september.

Alleen het protocol voor de detailhandel komt in het voorjaar van de grond, al zijn ook daar stevige discussies voor nodig. Tijdens verschillende videoconferenties begin april houdt Wiebes de CEO's van de grote ketens voor dat een stickertje op de deur met ANDERHALVE METER AFSTAND en WINKELKAR VERPLICHT niet genoeg is. Vooral over het toezicht in de winkel moet flink worden gebakkeleid. Als de CEO's opmerken dat de filiaalmanager dat wel kan doen, zegt Wiebes: 'Ja, maar die zit achter in een hok. Ik wil van jullie horen dat er iemand in de winkel loopt die er een beetje officieel uitziet, en die zegt: mevrouw, mag ik u erop wijzen dat dit eenrichtingsverkeer is? Dames, heren, wilt u afstand houden? En dat dan de héle dag.' Uiteindelijk gaan de winkelbazen morrend akkoord. Die slag heeft Wiebes met zijn verzinfabriek tenminste gewonnen.

15

Chickies in het Vondelpark

Als het grootste deel van Nederland op maandag 23 maart weer thuis zit, lekker uitgewaaid op het strand of in de bossen, besluit het kabinet de coronamaatregelen aan te scherpen. Thuis mogen maximaal drie mensen op bezoek komen, bijeenkomsten worden aan banden gelegd, kappers en schoonheidsspecialisten mogen tot 6 april niet werken, burgemeesters kunnen gebieden zoals parken en stranden aanwijzen waar groepsvorming verboden is en krijgen de mogelijkheid via een noodverordening in te grijpen, en de politie kan boetes uitdelen bij overtreding van de regels. Op aandrang van de premier en Pieter-Jaap Aalbersberg verschijnt ook Ferdinand Grapperhaus eind van de middag bij de persconferentie waar de maatregelen bekend worden gemaakt, naast Rutte zelf, De Jonge en Van Rijn, om met de vuist op tafel te slaan.

Grapperhaus vindt het zelf ook geen slecht moment om zich even te laten gelden, want in het weekend heeft hij een enorme wandeling gemaakt door zijn woonplaats Amsterdam, van het ene stadsdeel naar het andere, waar hij overal grote groepen mensen op straat zag, alsof er geen regels bestonden. Tussendoor had hij meer dan vijftien burgemeesters aan de lijn, die vanuit hun eigen steden dezelfde verhalen vertelden: overal in het land werden de regels massaal genegeerd. Als Grapperhaus bij de persconferentie het woord krijgt, verklaart hij op barse toon dat de politie er in het weekend aan te pas moest komen, omdat veel mensen in te grote groepen buitenshuis waren. 'En dat is een – ik zeg het keihard – dat is een slordige, laconieke en daarmee asociale manier van omgaan met maatregelen. Het kost levens. Onnodig.' De belangrijkste maatregel die Grapperhaus moet toelichten is het verbod op bijeenkomsten. 'Dat betekent dat alle samenkomsten, bijeenkomsten en evenementen worden verboden,' zegt hij. 'En dat is tot 1 juno van dit jaar.'

Na afloop krijgt hij vragen van journalisten over het verbod: voor welke bijeenkomsten geldt dat precies, en tot wanneer? Eigenlijk is besloten dat alleen 'vergunningsplichtige' evenementen zoals grote concerten tot 1 juni verboden zijn, maar Grapperhaus raakt de kluts kwijt. Tussen het kabinetsbesluit in de Ministeriële Commissie Crisisbeheersing en de persconferentie zat minder dan een uur, en daarna moest ook nog het Veiligheidsberaad van de burgemeesters worden ingelicht. Na de pijnlijke exercitie wordt besloten nooit meer een persconferentie met vier ministers te houden en meer tijd te nemen voor de voorbereiding van de 'persco's', om verdere verwarring te voorkomen.

Maar het voorval blijft niet echt aan Grapperhaus kleven. Een week later fietst hij met een paar politieagenten door het Vondelpark vlak bij zijn huis om zelf polshoogte te nemen, gekleed in jack en spijkerbroek. 'Kijk daar, deze drie chickies,' zegt hij, en hij maakt een praatje met drie meiden die keurig op een kleedje in het gras zitten. 'Goed hoor, samen picknicken, maar wel die anderhalve meter!', waarna hij gemoedelijk verder fietst. Het filmpje van de minister gaat dezelfde avond viraal, net als het fragment van '1 juno' uit de persconferentie van een week eerder, en een filmpje dat hij opneemt voor een jongerencampagne: 'Slimmer chillen, dat is corona killen.' Op de sociale media verwerft 'The Ferd' in die weken bijna een cultstatus.

Aan het eind van de kabinetsformatie van 2017 verscheen Ferdinand Grapperhaus als een grote belofte op het toneel. Eerder was hij partner bij het bekende advocatenkantoor Loeff Claeys Verbeke en bestuursvoorzitter van het internationale kantoor Allen & Overy. Hij schreef tegendraadse columns in *Het Financieele Dagblad* over de politiek en de rechtsstaat, was kroonlid van de SER en werkte in 2010 mee aan het verkiezingsprogramma van het CDA. Op de dag van de beëdiging van het nieuwe kabinet stond hij bij de kennismakingsborrel met de parlementaire pers omringd door een groepje journalisten honderduit te vertellen over zijn liefde voor klassieke auto's, Kuifje, Marten Toonder en de Beatles. En op het ministerie van Justitie en Veiligheid, dat al jaren in de kreukels lag door de nasleep van de bonnetjesaffaire en het falen van de verantwoordelijke VVD-bewindslieden Ivo Opstelten, Fred Teeven en hun opvolger Ard van der Steur, die alle drie ten val kwamen, werd hij met grote verwachtingen verwelkomd: eindelijk weer een echte jurist aan het roer. Op zijn eerste dag als minister droeg hij grinnikend een schaalmodel van de beroemde raket van Kuifje naar binnen in zijn werkkamer.

Als minister van Justitie en Veiligheid speelt Ferd Grapperhaus een centrale rol in de crisisbestrijding. Dagelijks spreekt hij met Mark Rutte, Hugo de Jonge, Pieter-Jaap Aalbersberg en Jaap van Dissel, die hij ook iedere zondag treft bij het Catshuisberaad. Hij voert namens het kabinet overleg met de burgemeesters in het Veiligheidsberaad en is verantwoordelijk voor de rechtsstatelijke principes waar de noodverordeningen, de handhaving en andere maatregelen in de crisis aan moeten voldoen. Binnen het kabinet is hij, met zijn massieve gestalte, zijn bonhomie en zijn studentikoze kwinkslagen, een bindende figuur. Als een collega-minister even in de knoop zit is het Grapperhaus die hem of haar bemoedigend toespreekt in de gang bij de Trêveszaal.

In de eerste maanden van de crisis wordt in de wandelgangen gezegd dat Grapperhaus een gepantserd driemanschap vormt met Mark Rutte en Hugo de Jonge, dat ze met zijn drieën wel héél kritiekloos de adviezen volgen van het OMT van Jaap van Dissel, en dat ook hij te weinig oog zou hebben voor de desastreuze economische en maatschappelijke gevolgen van de coronamaatregelen. Maar als Grapperhaus met die kritiek wordt geconfronteerd, zegt hij: *Dat is geroddel en gelul.* Naar zijn eigen idee heeft hij steeds geprobeerd onafhankelijk te blijven denken, onder het motto dat hij aan zijn geliefde auteur Marten Toonder ontleent: 'Zoals heer Bommel zei: ik volg mijn eigen eenzame weg.'

In december heeft Grapperhaus zijn vriendin Liesbeth Wytzes, redacteur bij *EW Magazine*, thuis in Amsterdam ten huwelijk gevraagd, heel ouderwets met een ring. Aanvankelijk hebben ze bedacht op 8 augustus te gaan trouwen: een speelse verwijzing naar 2-2-2002, de datum van het huwelijk van Willem Alexander en Máxima, die Grapperhaus zelf eigenlijk ook een beetje flauw vindt. Vanwege een ander huwelijk in de vriendenkring wordt het 22 augustus. De feestelijkheden moeten plaatsvinden in een fijn visrestaurant op het strand, met honderdzestig genodigden.

Als in de loop van maart de lockdownmaatregelen worden aangescherpt en bijeenkomsten van meer dan honderd personen worden verboden, besluiten Grapperhaus en zijn verloofde de genodigden en het restaurant af te zeggen. Ze kunnen op 22 augustus altijd nog in kleine kring trouwen, met alleen de getuigen en de naaste familie. *Tegen die tijd*, denkt Grapperhaus, *zal de pandemie wel onder controle zijn.*

16

Was je handen stuk

Tijdens zijn persconferenties in de eerste maanden van de crisis spreekt Mark Rutte steevast over 'je handen stuk wassen' – op zichzelf al een tamelijk onsmakelijke beeldspraak – totdat bij het Nationaal Kernteam Crisiscommunicatie steeds meer berichten binnenkomen over mensen met een lichte beperking, een dwangstoornis of autisme die létterlijk hun handen wassen tot ze kapot zijn, omdat Rutte zegt dat het moet. Zo komt er een e-mail binnen aan de hooggeachte heer Rutte zelf: 'Een punt van taalkritiek wil ik onder uw aandacht brengen: het herhaaldelijke advies "was je handen stuk" is voor de tweehonderdvijftigduizend Nederlanders die een dwangstoornis hebben, m.n. voor het aanzienlijke deel daarvan dat smetvrees heeft, een lastige uitspraak. Voor hen die daadwerkelijk hun handen stuk wassen, is zo'n uitspraak niet "handig" om kapotwassen aangemoedigd te krijgen.'

Bij het Kernteam gaan de alarmbellen af. Via zijn woordvoerder op Algemene Zaken, die regelmatig vergadert met het Kernteam, krijgt Rutte te horen dat hij zich voortaan beter kan beperken tot 'We wassen onze handen' – om verdere ellende te voorkomen.

Het lijkt een klein, wrang voorval, maar raakt aan een groot maatschappelijk probleem dat door de coronacrisis aan de oppervlakte is gekomen: grote groepen Nederlanders –

niet alleen mensen met een verstandelijke beperking of een dwangstoornis, maar ook miljoenen mensen in achterstandswijken, vaak laagopgeleid, al dan niet met een migratieachtergrond – kunnen moeilijk hun weg vinden in de informatie die hun – ook tijdens de coronacrisis – door de overheid wordt geboden. Dat is extra wrang, nu bovendien uit onderzoek is gebleken dat lager opgeleiden gemiddeld twee keer zoveel kans maken om te sterven aan corona als hoger opgeleiden. Het is het onvermogen van de goede bedoelingen: de vanzelfsprekende gedachte dat anderen ook wel zullen begrijpen wat je zelf begrijpt. In een van zijn persconferenties begint Rutte uit zichzelf over het treurige misverstand van het handen wassen: 'We zullen steeds kijken of we dingen kunnen bijsturen.'

Het Nationaal Kernteam Crisiscommunicatie heeft er meer dan een dagtaak aan. Het team is vast onderdeel van de NCTV van Pieter-Jaap Aalbersberg, en werd aan het begin van de crisis uitgebreid met ambtenaren van andere direct betrokken departementen. Al toen in januari 2020 de eerste signalen uit Wuhan kwamen van een mogelijke pandemie, werd er warmgedraaid. Toch bleken flinke missers in de communicatie in de eerste maanden niet te voorkomen: het handen schudden van Mark Rutte en Jaap van Dissel toen ze net hadden aangekondigd dat dat níét meer de bedoeling was, de beruchte persconferentie met vier ministers op 23 maart waarbij Ferdinand '1 juno' Grapperhaus zich vergiste. Sindsdien wordt er – op aandrang van het Kernteam – meer tijd genomen tussen het definitieve besluit van de Ministeriële Commissie Crisisbeheersing over nieuwe maatregelen en de persconferentie waarin ze bekend worden gemaakt, namelijk: twee uur in plaats van een halfuur. Dan kunnen niet alleen de bewindslieden zich iets grondiger voorbereiden, maar kan ook de publiekscommunicatie direct uit de startblokken, want na de persconferenties wordt het callcenter overstelpt met duizenden telefoontjes en regent het vragen van ongeruste burgers via de e-mail: Wat betekent dit besluit voor mijn bedrijf? Kan ik nog wel bij mijn moeder op bezoek in het verpleeghuis? Zit het virus ook op dozen uit China afkomstig?

Na de eerste missers in maart haalde het Kernteam er ook externe experts bij, zoals Reint Jan Renes, gedragswetenschapper bij de Hogeschool van Amsterdam en lid van de Corona Gedragsunit van het RIVM, die werd uitgebreid toen tijdens de eerste weken van de crisis de kritiek aanzwol op de eenzijdige virologische adviezen waar het OMT van Jaap van Dissel mee kwam. Zijn advies voor de latere persconferenties van Mark Rutte en Hugo de Jonge: wees specifiek, spreek niet in algemeenheden. Vergeet niet te benadrukken wat goed gaat, en te laten zien dat anderen het ook doen.

Vanuit Algemene Zaken is het communicatieadviseur Guido Rijnja die vanaf het begin van de crisis hamert op 'dilemmalogica' in de communicatie: dat je bij het uitleggen van een moeilijke beslissing altijd het dilemma moet benoemen, om mensen te helpen de consequenties te overzien en begrip te kweken voor het gemeenschappelijke belang. Zo ziet televisiekijkend Nederland vanaf eind maart bij de persconferenties een steeds meer begripvolle minister-president, die dingen zegt als: 'We realiseren ons dat we veel van mensen vragen, maar het is echt nodig', 'Het verloop van het aantal besmettingen en de capaciteit op de intensivecareafdelingen laten geen ander besluit toe. Ik hoop dat iedereen dat ook begrijpt' en 'Ik zeg het maar ronduit: we staan daarbij voor duizend dilemma's. En daar heb ik ook zelf de afgelopen dagen enorm mee geworsteld.'

Zo krijgen de communicatieadviseurs in de loop van de maanden steeds meer te zeggen over het coronabeleid. In een van de evaluaties die het Kernteam organiseert om zichzelf een spiegel voor te houden, laat Jan Walravens, speechschrijver van de minister-president, zich ontvallen dat communiceren en formuleren 'gelijk opgaan' met besluitvorming. 'Je kunt niet wachten met je verhaal tot alles rond is. Dat accepteer je – en je luistert en structureert voortdurend mee. Je vangt zinnetjes, woorden en ideeën op, schrijft en onderhandelt totdat iedereen het eens is. Het is soms letterlijk *management by speech*.'

Het is een van de rode draden in de zoekende, aarzelende bestrijding van de crisis door Rutte en zijn kabinet: sinds de eerste maanden worden beleidsvoornemens steeds intensiever getoetst aan wat 'uitlegbaar' is, met één oog op het voortdurende opinieonderzoek. Het is een uiting van wat de historicus Maarten Brands ooit de 'zwakstroomdemocratie' noemde: Nederlandse kabinetten zijn nauwelijks in staat tot grote besluiten, steeds moeten bezorgde burgers en belangengroepen worden 'meegenomen'.

De invloed van de communicatieadviseurs gaat zo ver dat het Nationaal Kernteam Crisiscommunicatie vanaf maart coördineert welke bewindslieden naar welke talkshow of welk actualiteitenprogramma gaan. Politieke redacties – ook die van *Op1* – merken dat ze steeds harder moeten touwtrekken om een minister naar keuze in de uitzending te krijgen, om vervolgens te ontdekken dat niet de minister zelf daarover beslist, maar dat alle lijntjes lopen via Anna Sophia Posthumus, woordvoerder bij de NCTV en het Kernteam Crisiscommunicatie. In een van de interne evaluaties van het Kernteam legt ze uit hoe dat werkt: 'Dit is geen tijd voor profilering van je bewindspersoon. Op de dag dat de opening van de scholen hét nieuws is, willen we de minister van Onderwijs primetime in de media, niet een andere bewindspersoon.' Want: 'We gaan echt voor een gezamenlijk doel. Daarbij was het fijn dat mijn collega's en ik intern het mandaat hadden om de lijnen uit te zetten; dat is wel zo duidelijk.'

Ook de voortdurende opiniepeilingen en de signalen vanuit publieksvoorlichting spelen een rol: als er grote maatschappelijke ophef is over bijvoorbeeld de maatregelen voor het primair onderwijs, wordt minister Arie Slob op instructie van het Kernteam naar voren geschoven. Karin van Eerde, directeur communicatie van het ministerie van Justitie, die samen met haar VWS-collega Mark van der Roer aan het hoofd staat van het Nationaal Kernteam Crisiscommunicatie, vindt het 'onze taak om in die informatiebehoefte te voorzien'.

Dat alles tot frustratie van bewindslieden die vanwege de bemoeienis van het Kernteam nauwelijks meer op televisie komen en listen verzinnen om de strenge centrale regie te omzeilen. Bijvoorbeeld minister Raymond Knops van Binnenlandse Zaken, tijdelijk vervanger van de door ziekte gevelde Kajsa Ollongren, die zich op 26 maart bij *Op1* laat uitnodigen over corona op de Antillen – waar het Kernteam niet tegen kan zijn – maar éígenlijk komt praten over zijn brief aan de burgemeesters hier in Nederland over de coronamaatregelen: zo kan hij zijn boodschap toch nog kwijt.

De communicatieadviseurs in het Kernteam zien het als een van hun belangrijkste taken goede aansluiting te vinden bij het 'maatschappelijk sentiment'. Dat streven wringt regelmatig met de inzet van de top van VWS, waar Hugo de Jonge en zijn ambtenaren op advies van de virologen steeds op strengere maatregelen aandringen: zozeer zelfs, dat Hugo en zijn ambtenaren in de wandelgangen op andere ministeries 'de sekte' worden genoemd.

17

Zonder doden kom ik niet binnen

Vier dagen nadat Mark Rutte zijn toespraak tot de natie heeft gehouden, krijgt hij van Hugo de Jonge te horen dat de verpleeghuizen zo snel mogelijk gesloten moeten worden voor bezoek. Ondanks de eerder ingestelde regel van één bezoeker per dag zijn er zoveel besmettingen onder de kwetsbare ouderen dat Verenso, de beroepsorganisatie van artsen in de ouderengeneeskunde, op de maatregel heeft aangedrongen. 'Logisch,' zegt Rutte. Maar dan voelt hij lichte paniek opkomen: zijn moeder, die 96 is en steeds breekbaarder wordt, verblijft in een verzorgingstehuis bij hem in buurt in het Benoordenhout. Hij denkt: *Misschien ga ik haar nu nooit meer zien.*

Twee weken later heft Hugo de Jonge getergd zijn handen ten hemel en roept: 'Zeg me wat ik meer moet doen, en ik doe het!' Urenlang is de minister van Volksgezondheid in de Tweede Kamer aangevallen op de schrijnende situatie in de verpleeghuizen, waar de afgelopen weken honderden bewoners aan corona zijn bezweken. Verenso heeft opnieuw alarm geslagen: volgens een eigen inventarisatie van de beroepsvereniging gaan er in de verpleeghuizen veel meer mensen dood aan corona dan in de officiële cijfers van het RIVM wordt weergegeven, omdat de oorzaak van het overlijden niet in laboratoria is vastgesteld. Volgens de eigen telling zouden er in drie weken tijd al bijna tweehonderd bewoners aan corona zijn overleden. Het personeel in de verpleeghuizen heeft bovendien te kampen met een schrijnend gebrek aan beschermingsmiddelen. Bij de verdeling van de schaarse mondkapjes, beschermende brillen en overalls gaan steeds de ziekenhuizen voor.

Het RIVM houdt intussen koppig vol dat mondkapjes, schorten en handschoenen 'bij vluchtig contact' in de verpleeghuizen helemaal niet nodig zijn: volgens de officiële richtlijn biedt afstand houden en handen wassen voldoende bescherming. Maar het regent verontrustende verhalen over stijgende besmettingen in de verpleeghuizen: het kan niet anders of het virus is met het onbeschermde personeel mee naar binnen geslopen. Op de dag van het debat verschijnt nog een onthutsend verhaal in *NRC Handelsblad* waarin wordt beschreven dat de helft van de afdeling voor mensen met dementie in het Rotterdamse verpleeghuis De Leeuwenhoek aan corona is overleden. En iedere dag vallen er nieuwe doden.

In het Kamerdebat spuugt Geert Wilders vuur. 'Het is misschien wel de grootste schande van dit moment dat het kabinet de medewerkers in de zorg onbeschermd laat werken,' zegt hij. 'Dit is onverantwoord en levensgevaarlijk.' Als er op één afdeling één bewoner met corona besmet is, wordt vaak de hele afdeling afgesloten van de rest. 'Dan is het afwachten of Magere Hein ze komt halen.' Lilian Marijnissen wijst erop dat de SP al sinds het uitbreken van de crisis heeft gehamerd op het belang van meer beschermingsmateriaal, en het verruimen van de regels van het RIVM: 'Kunt u zich voorstellen dat zorgverleners daar gewoon gek van worden? Hoezo raak je niet besmet op die manier? Hoezo denk je dat je die anderhalve meter afstand kunt houden als je in de zorg werkt?'

Keer op keer probeert Hugo de Jonge uit te leggen dat hij zich alleen maar houdt aan de richtlijnen van het RIVM, en dat hij zijn uiterste best doet meer beschermingsmateriaal te bestellen. Totdat hij dus in wanhoop uitroept dat hij het ook niet meer weet.

Nienke Nieuwenhuizen, voorzitter van Verenso, maakt de crisis in de verpleeghuizen van nabij mee. Op 10 maart worden al de eerste besmettingen vastgesteld in de verpleeghuizen van Hilverzorg in Hilversum, waar ze zelf werkt. En uit verpleeg- en verzorghuizen uit het hele land stromen de alarmerende berichten over coronagevallen binnen. Maar als Nieuwenhuizen begin maart meermaals aan de bel trekt bij het ministerie van VWS duurt het nog ruim een week voor ze aan mag schuiven voor overleg en wordt uitgenodigd voor het OMT. Zo laat de hardnekkige hiërarchie in de zorg zich weer gelden: bovenaan de piramide staan al jaren de specialisten in de academische ziekenhuizen, helemaal onderaan de stille werkers in de ouderenzorg en de thuiszorg.

Ook in de media krijgt Nieuwenhuizen in die eerste weken van maart geen voet tussen de deur, omdat het aantal doden nog meevalt. Het is een treurige vaststelling: *Zonder doden kom ik niet binnen.*

Als Nieuwenhuizen eindelijk in gesprek is met het ministerie, wordt ze voor de beschermingsmiddelen verwezen naar de netwerken van het Regionaal Overleg Acute Zorgketen, die zijn opgezet vanuit de ziekenhuizen. Vijfentwintig coördinatoren, verspreid over het hele land, verdelen de beschermingsmiddelen op basis van een verdeellijst. Maar de coördinatoren zijn allemaal overdonderd door de crisis en verwijzen naar elkaar, centrale regie blijkt te ontbreken.

'Misschien moet je zelf even bellen,' krijgt ze keer op keer te horen. Het kost drie weken voor Nieuwenhuizen de lijst boven water weet te krijgen op grond waarvan wordt bepaald welke zorginstellingen beschermingsmiddelen krijgen – en hoeveel.

Tot haar verbijstering blijken de verpleeghuizen niet op de verdeellijst te staan. Pas als ze aandringt op een verdeelmodel op grond van het aantal mogelijk besmette mensen zorgt minister Martin ervoor dat de verpleeghuizen half april op de lijst worden geplaatst. Tegen die tijd zijn er in de ouderenzorg al meer dan zeshonderd kwetsbare ouderen overleden.

Over het testen moet Nieuwenhuizen in dezelfde weken net zo'n bureaucratisch gevecht voeren. Ook bij de verdeling van testcapaciteit blijken de verpleeghuizen en hun personeel helemaal onderaan de lijst te bungelen, zodat zieke bewoners niet getest kunnen worden en quarantainemaatregelen en het bron- en contactonderzoek niet van de grond kunnen komen. De aandacht van de zorgbestuurders, op het ministerie en bij het RIVM, ontdekt ze keer op keer, is vooral gericht op de ic's in de ziekenhuizen, als het eigenlijk al te laat is, en niet op de plekken waar de kwetsbaarste mensen door het virus worden getroffen.

De hele zomer en het hele najaar houden Jaap van Dissel en Hugo de Jonge nog vol dat er niets mis is met de richtlijn voor het gebruik van beschermingsmiddelen in de verpleeghuizen en de wijkverpleging, die voorschrijft dat mondneusmaskers bij 'vluchtig contact' niet hoeven te worden gebruikt. Pas begin november wordt de richtlijn stilletjes aangepast. Vanaf dat moment moeten bij contact met coronapatiënten altijd beschermingsmiddelen worden gedragen, en in dezelfde ruimte altijd mondneusmaskers.

Op 16 april, als Nienke Nieuwenhuizen in de Tweede Kamer verschijnt om tijdens een technische briefing de Kamerleden op de hoogte te brengen van de situatie in de ouderenzorg, zijn de verpleeghuizen net toegevoegd aan de lijst voor de verdeling van beschermingsmiddelen.

De volgende dag worden er drie coronagevallen vastgesteld in het verpleeghuis in het Benoordenhout waar de moeder van Mark Rutte verblijft. Op 13 mei komt ze te overlijden – niet aan corona. Maar de premier heeft zijn moeder na bijna twee maanden van afzondering pas in haar laatste nacht kunnen zien, toen ze al niet meer aanspreekbaar was.

Op de dag van haar overlijden heeft Rutte een crisisberaad met de bewindslieden over de voorgenomen versoepelingen op 1 juni. Na afloop verklaart hij voor de pers dat we 'vertrouwen mogen hebben, maar waakzaam moeten blijven'. Hij noemt het 'goed nieuws' dat de heropening van de basisscholen goed lijkt te verlopen. 'Mijn complimenten.' De premier probeert er opgewekt bij te kijken, maar zijn naaste medewerkers weten hoe zwaar hij het op dat moment heeft.

Het liefst had Rutte helemaal geen ruchtbaarheid aan het overlijden van zijn moeder gegeven. Maar op 25 mei laat hij op aandringen van zijn adviseurs toch een verklaring uitbrengen door de RVD: 'Op woensdag 13 mei overleed onze en mijn lieve moeder Mieke Rutte-Dilling op 96-jarige leeftijd. Naast het grote verdriet en alle dierbare herinneringen overheerst bij mijn familie en mij ook een gevoel van dankbaarheid dat wij haar zo lang bij ons mochten hebben. Wij hebben inmiddels in familiekring afscheid van haar genomen en hopen dit grote gemis de komende tijd in alle rust met elkaar te kunnen verwerken.'

18

Het nieuwe goud

Het Landelijk Consortium Hulpmiddelen is net drie dagen koortsachtig aan het werk in een kantoorpand in Leusden – miljoenenorders plaatsen voor mondkapjes over de hele wereld, landingsrechten organiseren, distributie regelen – als Rob van der Kolk van het Amsterdam UMC, die de dagelijkse leiding van de nieuwe organisatie op zich heeft genomen, op maandagmiddag 23 maart van een medewerker te horen krijgt dat ene Sywert van Lienden door het pand loopt. *Wie heeft daar toestemming voor gegeven?* Al op donderdag is bij de constituerende vergadering in het Van der Valk-hotel in Nieuwegein besloten dat de locatie van het LCH geheim moet blijven, om te voorkomen dat gevoelige informatie over prijzen en orders op straat komt te liggen. En nu loopt er zomaar een mediapersoonlijkheid door het pand.

Van der Kolk weet niet dat Sywert van Lienden via sms contact heeft gehad met Bart van den Brink, politiek adviseur van Hugo de Jonge, over zijn plan om een eigen import- en distributiekanaal van mondkapjes op te zetten. Een dag eerder is hij door een ambtenaar gebeld en doorverwezen naar Gerwin Meijer, inkoopmanager van de grote ziekenhuizen, die aan het werk is gegaan bij het LCH. Via de secretaresse van Gerwin Meijer is hij die ochtend uitgenodigd om in Leusden langs te komen. En daar zit Van Lienden nu in de gang te wachten, terwijl tientallen medewerkers gehaast door het enorme kantoorpand lopen en met whiteboards en laptops in de weer zijn. In de hectiek heeft Meijer geen gelegenheid hem te woord te staan, zodat Van Lienden uren de tijd heeft om zijn plan verder uit te denken. Hij heeft zijn zinnen gezet op het organiseren van een hele *supply chain*: van de fabriek in China tot de distributie in Nederland. Daar heeft hij zelf al contact over met Coolblue, KLM en een aantal mogelijke geldschieters. Aan het begin van de avond komt het eindelijk tot een gesprek met Gerwin Meijer. Samen gaan ze aan de slag met een flip-over.

De volgende ochtend verschijnt Van Lienden opnieuw in het pand om verder te praten, samen met zijn twee partners Bernd Damme en Camille van Gestel, ondernemers die voorheen onder meer handelden in lampen op zonne-energie, synthetische diamanten en stropdassen.

Die middag krijgen Van Lienden en zijn kompanen een tijdelijke werkplek toegewezen in het kantoortje van Skyteam, waar ze gesprekken voeren over de luchtbrug naar China. Maar al snel blijkt het drietal het niet eens te kunnen worden met het LCH over de samenwerking: de kopstukken van het consortium vinden dat ze zich volledig moeten aansluiten, want het LCH is al een hele supply chain aan het opbouwen: in het team zitten mensen die al tien jaar beschermingsmiddelen in China inkopen, in samenwerking met KLM en Skyteam wordt een luchtbrug met China opgezet, en Mediq, de medische groothandel, zorgt voor distributie in Nederland. Maar Sywert en zijn partners willen vasthouden aan hun idee van eigen transport en eigen distributie, al dan niet in samenwerking met Coolblue, hun latere grote geldschieter. Bovendien willen ze zich op de kleinere zorgverleners richten, zoals verpleeghuizen en de wijkverpleging, en niet op de ziekenhuizen die al door het LCH worden bevoorraad.

Bij de inkopers en de logistieke experts van het LCH wekte het al enige bevreemding dat Van Lienden, die landelijk bekend werd als vaste commentator van *De Wereld Draait Door*, eerder in maart met veel bravoure via Twitter aankondigde dat hij op grote schaal mondkapjes voor heel Nederland zou gaan regelen door ze desnoods zelf op te halen. Hoe wil hij dat voor elkaar krijgen, zonder enige kennis van de markt in medische hulpmiddelen? En nu zoemt in de wandelgangen al snel rond dat Van Lienden en zijn kompanen niet volwaardig willen meedoen onder de paraplu van het LCH, maar wel komen kijken hoe het werkt.

Als het drietal aan het eind van de middag in het Atrium een colaatje drinkt met medewerkers van Skyteam, vertelt een coördinator over de enorme lading mondkapjes van Huawei die Hugo de Jonge de dag ervoor in ontvangst heeft genomen in Rotterdam: het transport naar het beveiligde depot werd bewaakt door een gewapend escorte van de Brigade Speciale Beveiligingsopdrachten, waarop Van Lienden uitroept: 'Mondkapjes zijn net het nieuwe goud!'

De berichten leiden tot ongemak in de top van het LCH: *Zijn die jongens bezig voor de goede zaak, of voor zichzelf?* Die avond vraagt Rob van der Kolk in het voorbijgaan in de gang aan Van Lienden en zijn partners of ze zich als buitenstaanders wel aan de vertrouwelijkheid binnen het LCH willen houden, waarop Van Lienden antwoordt: *Natuurlijk kan je daarvan op aan.*

Op de vroege woensdagmorgen krijgen Van Lienden en zijn partners van Alex van der Putten, directeur Inkoop van het Radboud UMC en mede-initiatiefnemer van het LCH, via WhatsApp te horen dat ze het pand in Leusden moeten verlaten en er geen kantoor kunnen houden: vanwege de gezondheidsrisico's moet de bezetting tot een minimum worden teruggebracht. De drie hemelbestormers mogen alleen nog hun spullen uit het kantoortje halen. Een heel ontspannen vertrek wordt het niet: met enig machtsvertoon haalt de beveiliging de auto van Bernd Damme binnenstebuiten, op zoek naar een keycord dat hij zou hebben meegenomen. De toegangspas blijkt gewoon binnen te liggen.

Wekenlang wordt in Leusden met man en macht doorgewerkt door honderden medewerkers om beschermingsmiddelen in te kopen, naar Nederland te halen en te distribueren onder de zorginstellingen. Ook komen er duizenden aanbiedingen binnen, maar die blijken grotendeels onbruikbaar: er worden woekerprijzen gevraagd, hele partijen mondkapjes blijken ondeugdelijk, documentatie blijkt niet te kloppen. Er melden zich zoveel goedbedoelende BN'ers die hun contacten willen inzetten – van rapper Ali B tot ondernemer Nina Brink tot oud-staatssecretaris Fred Teeven – dat door het LCH een speciaal 'vipteam' van vijf mensen wordt ingezet om de meer dan tweehonderd BN'ers en grote ondernemers die zich aandienen extra aandacht te geven, want er kúnnen goede deals bij zitten. Bovendien: voor je het weet gaan ze klagen in de media als het LCH niet snel genoeg reageert.

Zulke kritiek krijgt de organisatie toch al voortdurend over zich heen: in de media roept de ene na de andere na grondig onderzoek afgewezen aanbieder dat het LCH de deur dichthoudt en gouden kansen laat lopen. Ook vanuit de Tweede Kamer wordt het consortium onder vuur genomen, onder meer door Thierry Baudet en Theo Hiddema, die afgewezen ondernemers in hun omgeving een handje willen helpen. Ook Sywert van Lienden, die met zijn vrienden uit het pand in Leusden moest vertrekken, beklaagt zich via de sociale media over de overheidsbureaucratie bij de uitvoering van het mondkapjesbeleid, onder andere bij het instellen van een nationaal mondkapjestestpunt. Op 3 april twittert hij aan zijn bijna zestigduizend volgers: 'De overheid gaat dit gewoon niet fiksen, denk ik' – waarna Hulptroepen, zoals zijn nieuwe organisatie is gaan heten, voor enkele tienduizenden euro's aan testapparatuur ter beschikking stelt aan onderzoekers van de TU Delft, waar zo'n testpunt wordt opgezet. En niet lang daarna schrijft hij via Twitter aan prins Constantijn: 'Het is vechten voor elke centimeter om te mógen helpen. Je verzint het niet.'

Om de moed erin te houden bij medewerkers van het LCH verklaart Mark Frequin, die als projectdirecteur-generaal op het ministerie van VWS verantwoordelijk is voor de ambtelijke leiding van het consortium, tijdens een van de dagelijkse stand-ups in de hal: 'Hebben jullie nou ook dat er 's ochtends mensen bij de ingang staan met bossen bloemen om jullie te bedanken? Nee? Nou, dat is de korte samenvatting van werken bij de overheid!'

19

Chef mondkapjes

Half april wordt Rob van der Kolk gebeld door Mark Frequin. De ambtelijke chef van het LCH is op zijn beurt benaderd door Bas van den Dungen, secretaris-generaal op het ministerie van Financiën, die tijdens de crisis tijdelijk door Wopke Hoekstra is uitgeleend aan het ministerie van VWS waar hij voorheen directeur-generaal curatieve zorg was. De boodschap: of hij toch nog een keer met Sywert van Lienden wil gaan praten over een grote mondkapjesdeal. Van der Kolk werpt tegen dat zo'n grote deal helemaal niet meer nodig is: het LCH heeft al contracten met twaalf grote fabrieken voor vele tientallen miljoenen mondkapjes, de leveranties zijn op gang gekomen, er kan altijd worden bijbesteld. Maar Frequin zegt: *Het is een politieke opdracht meer te kopen.*

Vier dagen eerder, op 10 april, is Van Lienden benaderd door Bart van den Brink, de politiek adviseur van Hugo de Jonge, naar aanleiding van het bericht dat zijn nieuwe organisatie Stichting Hulptroepen Alliantie mondkapjes van medische kwaliteit heeft geleverd aan Buurtzorg Nederland, terwijl de schaarse FFP2-maskers volgens de richtlijnen bestemd zijn voor het ziekenhuispersoneel. Tijdens de sms-conversatie informeerde Sywert of zijn initiatief de inkoop door het ministerie niet in de weg zou zitten.

Tijdens een daaropvolgend telefoongesprek met Bas van

den Dungen kreeg Van Lienden het verzoek om met spoed een presentatie te maken voor minister Martin van Rijn. In een mail aan Van den Dungen schreef hij vervolgens: 'Na de afwijzing bij het LCH hebben we de afgelopen weken een onderbouwd plan verder ontwikkeld, getest en in de praktijk gebracht. Met een samenwerking tussen overheid en vertrouwde Nederlandse kampioenen uit het bedrijfsleven kunnen we dit snel opschalen. Dat doen we met hart voor de mensen in de zorg, zonder winstoogmerk, vrij van belangen en zonder direct geld te vragen aan de Rijksoverheid.' Tijdens een call met Van Rijn en Van den Dungen op 13 april heeft Van Lienden eindelijk een opening gekregen.

Tijdens het gesprek bleek het ministerie niet geïnteresseerd in de complete supply chain die door Van Lienden werd aangeboden, maar alleen in een flinke leverantie van mondkapjes. Op het ministerie is het motto nog steeds: kopen, kopen, kopen. Martin van Rijn is er – onder druk van de Tweede Kamer – op gebrand een flinke buffer van mondkapjes aan te leggen. Als hij echt met een goede deal kan komen, heeft Sywert van de minister en de topambtenaar te horen gekregen, moet hij praten met het LCH. Van den Dungen liet tijdens de call ook weten dat Van Lienden en zijn partners 'ondernemersrisico' in de prijs moeten 'verdisconteren'.

'We moeten even over dat ongemakkelijke gevoel van die eerste dagen heen stappen,' zegt Frequin tegen Van der Kolk. 'Sywert heeft geen vrienden gemaakt. Maar als hij zich houdt aan de afspraken, dan is er geen reden om hem niet toe te laten tot de samenwerking.'

Op 14 april rijdt Rob van der Kolk met een medewerker van het consortium naar Driebergen, waar Stichting Hulptroepen Alliantie inmiddels een kantoortje gehuurd heeft op het landgoed Bloemenheuvel. Daar komen pizza's op tafel en zet Van Lienden uiteen wat hij kan bieden, geïllustreerd met een aantal powerpointsheets.

Op een van de sheets staat vermeld, onder de 'voorwaarden om met het LCH samen te kunnen werken': 'Inkoop voor het LCH vindt plaats via nieuw op te richten entiteit: Relief Goods Alliance B.V., welke separaat gefinancierd zal worden.'

Daarnaast wordt in de presentatie ook het bestaan van Hulptroepen Alliantie B.V. vermeld, die als werkmaatschappij wel volledig onder de stichting valt, in tegenstelling tot Relief Goods Alliance.

De laatste voorwaarde in het uiteindelijke en gezamenlijke voorstel: 'De inhoud van onze overeenkomst is vertrouwelijk' – een eis die het LCH stelt aan alle leveranciers vanwege concurrentiegevoelige informatie.

Van Lienden zegt dat hij contracten kan sluiten met twaalf fabrieken, voor de levering van honderdtwintig miljoen mondkapjes, en dat ze door een soort competitie tussen de fabrieken de beste aanbieders willen kiezen. De mondkapjes zijn al grondig getest, en goed bevonden. De voorgestelde prijzen – tussen de 1,37 en de 2,88 euro per mondkapje, gebaseerd op open calculaties – komen overeen met de gangbare inkoopsprijs per mondkapje die het LCH voor die week heeft vastgesteld: tussen de twee en drie euro.

Na afloop heeft de LCH-baas een ongemakkelijk gevoel over het gesprek in Driebergen, want verschillende van zijn medewerkers blijken grote twijfels te hebben over het aanbod: *Het kan niet zo zijn dat mensen die het hardst schreeuwen een goede deal krijgen, alleen maar uit angst voor negatieve publi-*

citeit. Aan het ministerie laat hij weten welke bedenkingen hij heeft bij de deal met Van Lienden en zijn kompanen: onvoldoende duidelijkheid over de financiën, onvoldoende productkennis, geen goed verhaal. Maar op instructie van Mark Frequin worden de gesprekken over de deal voortgezet.

De volgende ochtend zitten Van der Kolk en Mark Frequin aan tafel met Van Lienden en zijn partners, om te praten over de details van de mogelijke opdracht. Van der Kolk meldt nogmaals dat er al voldoende mondkapjes zijn besteld, maar Frequin benadrukt dat er een voorraad moet worden aangelegd. Ter plekke krijgt Van Lienden te horen dat de overheid veertig miljoen mondkapjes bij hem wil bestellen van twee verschillende fabrikanten in China waar het LCH nog geen contracten mee heeft, om het risico te spreiden.

Een week later, op 22 april, wordt de deal definitief beklonken door Van der Kolk en de ambtelijk secretaris van Frequin, ondanks de twijfels van de experts van het LCH: Relief Goods Alliance zal de veertig miljoen mondkapjes leveren. Mediq, de groothandel in medische hulpmiddelen die participeert in het consortium, zal namens de overheid afnemer van de mondkapjes zijn, en een forse aanbetaling per leverantie doen.

Onder de medewerkers van het LCH wordt de transactie met Sywert van Lienden niet met gejuich ontvangen. Om de gemoederen tot bedaren te brengen stuurt Van der Kolk een eerder e-mailtje van Mark Frequin rond, met een beroemd citaat dat aan Lyndon B. Johnson wordt toegeschreven: 'Better to have your enemies inside the tent pissing out, than outside the tent pissing in.'

In dezelfde dagen laat Mark Frequin zelf aan Van Lienden weten dat hij wel de toon in zijn publieke commentaren op de overheid moet aanpassen, nu de deal toch nog tot stand is gekomen: *Wil je alleen kritisch zijn, of wil je ook komen helpen met de oplossing?*

In de loop van mei en juni zullen de veertig miljoen mondkapjes in verschillende partijen worden geleverd. Omdat er geen haast meer is, besluit het LCH al snel dat de zendingen per schip kunnen worden vervoerd.

Vanaf 24 april komen de aanbetalingen binnen op de rekening van Relief Goods Alliance B.V., oplopend naar bijna dertien miljoen op 13 mei.

Kort na het sluiten van de deal dreigen Van Lienden en zijn zakenpartners het schip in te gaan, doordat de inkoopsprijzen van mondkapjes in één van de fabrieken in China aanvankelijk nog stijgen, terwijl ze een vaste verkoopprijs in hun contract met Mediq hebben vastgelegd. Even is Van Lienden bang dat hij zijn huis zal moeten verkopen, want als enige bestuurder van Relief Goods Alliance is hij aansprakelijk. Maar daarna zet een gestage daling van de inkoopsprijs in, omdat de mondkapjesschaarste op de wereldmarkt langzamerhand oplost. Bovendien blijkt het in de daaropvolgende weken een reusachtig voordeel dat Relief Goods Alliance op suggestie van een slimme adviseur geen verzekering heeft afgesloten om valutaschommelingen op te vangen. VWS en het LCH blijken niet over een rekening in China te beschikken, waardoor Relief Goods Alliance volgens contract in euro's wordt betaald voor de veertig miljoen mondkapjes, maar zelf in dollars bij de fabrikanten in China moet afrekenen. Nadat eind april de prijs van een vat ruwe Amerikaanse olie negatief wordt vanwege de enorme overschotten op de oliemarkt, daalt de dollarkoers naar een historisch dieptepunt – precies als er grote betalingen voor de verschillende orders in China moeten worden gedaan. Bovendien zien de oprichters van Relief Goods Alliance uit angst voor verliezen zo streng toe op de kwaliteit bij de productie in China, dat ze er in de loop van de weken achter komen dat ze een paar procenten hebben weten te besparen en gevreesde risico's uitblijven. Geleidelijk begint het Van Lienden en kompanen te dagen dat ze misschien wel tientallen miljoenen aan hun deal kunnen overhouden – als alles goed gaat.

Maar op 3 mei schrijft Van Lienden nog op Twitter, in antwoord op een ondernemer die hem verwijt voor eigen gewin bezig te zijn: 'Er is nul eigen gewin in deze – doe het om niet en heb m'n werk opzij gezet.'

Intussen bemoeit ook Pieter Omtzigt zich met de kwestie. In april regelt hij in de Tweede Kamer op verzoek van Van Lienden, met wie hij in de programmacommissie van het CDA zit, een btw-vrijstelling voor persoonlijke beschermingsmiddelen: goed nieuws voor de zorg, want daardoor gaan de kosten van alle leveranties omlaag. En eind april dringt Omtzigt bij Mark Rutte aan op de levering van nog eens tachtig miljoen mondkapjes door Van Lienden en zijn partners aan de overheid – de tachtig miljoen die het LCH niet wilde afnemen. In het stuk van Van Lienden dat Omtzigt naar die ontmoeting meeneemt, ondertekend met 'Team #Hulptroepen' en gedateerd op 29 april – 'Geachte minister-president, beste Mark' – wordt vermeld dat de overheid van de honderdtwintig miljoen mondkapjes die Van Lienden aan Martin van Rijn heeft aangeboden, er maar veertig miljoen heeft afgenomen. 'We hopen dat Nederland vroeg of laat toch die fabriekscontracten gaat gebruiken.' Later pleit Omtzigt nog verschillende keren bij de raadsadviseur van Rutte en bij Martin van Rijn tevergeefs voor een nieuwe levering door Van Lienden en zijn nieuwe organisatie. In de ambtelijke en politieke top in Den Haag is inmiddels bekend dat Van Lienden naast zijn non-profitactiviteiten een grote commerciële deal heeft gesloten met de overheid, maar de buitenwereld heeft nog geen idee.

Op 11 mei stuurt Sywert van Lienden per mail een nieuw aanbod aan Rob van der Kolk van het LCH, nadat Martin van Rijn hem in een telefoongesprek heeft gezegd dat er nog steeds maximaal moet worden ingekocht: hij kan een miljard mondkapjes leveren voor een 'strategische voorraad', ook voor bijvoorbeeld reizigers in het ov, die van de overheid nog steeds geen gecertificeerde mondkapjes mogen dragen. Van der Kolk houdt de boot af: hij antwoordt dat er geen schaarste meer is, dat de voorraad in Nederland voldoende is om aan de huidige vraag te voldoen, en dat ook het leveren aan het ov snel tot de mogelijkheden zal behoren.

Vijf dagen nadat op de rekening van Relief Goods Alliance al bijna dertien miljoen euro is bijschreven, zit Sywert van Lienden bij *Op1*, waar hij door presentator Erik Dijkstra als 'chef mondkapjes' wordt aangekondigd. Daar wil hij vrijwel niets kwijt over de deal van honderd miljoen euro die hij al heeft gesloten, en begint hij geërgerd over het verbod van de overheid op het dragen van gecertificeerde mondkapjes in het openbaar vervoer, omdat die nodig zouden zijn in de zorg. 'Ik heb er toevallig een paar weken geleden een miljard aangeboden aan de overheid, alleen maar om een statement te maken met twintig fabrieken: er is geen schaarste. Niets meer op gehoord, behalve dat er genoeg is. Alleen een paar regels op de mail.' Hij zegt te hopen dat de Kamer ook minimumnormen voor de kwaliteit van mondkapjes in het ov gaat instellen, dan kan hij ze leveren. Zelf begint hij langzamerhand te denken aan burgerlijke ongehoorzaamheid: 'Weet je wat: ik koop er drie miljoen in, dan kan iedere Nederlander die gewoon bestellen, zonder winstoogmerk, om die markt op gang te trekken.'

Terwijl het schip met het 'nieuwe goud' op weg is naar Nederland, is het voor Sywert nog niet genoeg. De pallets met mondkapjes die hij voor honderd miljoen euro aan de overheid heeft geleverd, blijven nog vele maanden als 'ijzeren voorraad' ongebruikt in een loods staan.

Een jaar later onthult Follow the Money dat Sywert van Lienden en zijn partners ten minste twintig miljoen euro aan de deal hebben verdiend, en dat Van Lienden zijn deel van de winst – negen miljoen – heeft gestald in een commanditaire vennootschap. Terwijl de oprichter van Relief Goods Alliance B.V. de hoon van de natie over zich heen krijgt, probeert hij keer op keer uit te leggen dat hij vanwege een contractuele geheimhoudingsplicht helaas niets over de deal kan zeggen.

Intussen blokkeert het ministerie van VWS Wob-verzoeken van journalisten naar de contacten tussen Van Lienden en Bas van den Dungen, de topambtenaar van Financiën die door CDA-leider Wopke Hoekstra aan VWS werd uitgeleend, en die er persoonlijk bij Van Lienden op aandrong dat hij het 'ondernemersrisico' in zijn aanbod aan de overheid moest 'verdisconteren'.

20

‘Ik sta hier met een drol in mijn handen’

Als wethouder in Rotterdam had Hugo de Jonge al de onbedwingbare neiging om in de openbaarheid heel veel te beloven, vanuit de overtuiging dat je nergens komt als je geen ambitieuze doelen stelt: op die manier kan je ook het ambtenarenkorps tot grotere prestaties aanzetten, want als het is aangekondigd, moeten ze wel. Zelf noemt hij dat de ‘Genesis 1-strategie’: *Zeg: ‘Er zij licht’, en er is licht.* Zo gaat hij ook als coronaminister te werk. Tegen het einde van een persconferentie op 7 april begint De Jonge opeens honderduit te vertellen over twee corona-apps die het ministerie aan het onderzoeken is. Van tevoren is afgesproken dat hij er alleen in grote lijnen over zal spreken, omdat het OMT net heeft geadviseerd de mogelijkheden van ondersteuning van bron- en contactonderzoek met behulp van ‘mobiele applicaties’ te onderzoeken. Maar bij de beantwoording van de vragen vertelt De Jonge uitgebreid hoe hij denkt dat zulke apps eruit kunnen zien: ‘Een die je vertelt of je in de buurt bent geweest van een andere gebruiker die besmet blijkt te zijn, je krijgt dan het advies om binnen te blijven, en je krijgt het verzoek om een tweede app te gebruiken waarmee je makkelijk contact kunt houden met een dokter in de buurt.’ Daarbij zou bluetooth-technologie gebruikt kunnen worden. En het is de bedoeling dat ‘heel veel mensen’ de apps gaan gebruiken. ‘Of het daarvoor nodig is dat je dat ook verplicht, dat is iets om de komende tijd te verkennen.'

Rutte kijkt verbaasd toe als hij De Jonge over de app hoort uitweiden, en hij is niet de enige. De ambtenaren op VWS weten: nu is het spel op de wagen, en moet het tempo omhoog. Kort daarna maakt De Jonge binnen het ministerie bekend dat hij eind april al resultaten wil zien. Tien dagen later organiseert het ministerie een 'Appaton', waar zeven deelnemers – geselecteerd uit zevenhonderd inzendingen – hun ideeën mogen presenteren. Onder de hoge tijdsdruk wordt het een fiasco: geen van de apps blijkt te voldoen. Uiteindelijk komt de corona-app er pas in oktober, mede door vertraging in de Tweede Kamer. Maar de zaak is wel in beweging gezet. Zelfs secretaris-generaal Erik Gerritsen, die zelf ook graag de lat hoog legt op het ministerie, denkt in de loop van de maanden geregeld bij persconferenties van Hugo de Jonge: *Wat zegt hij nou?* Herhaaldelijk houdt hij de minister voor: *Beloof nou niet zoveel, want we kunnen het helemaal niet nakomen.* Maar als de ambtenaren zich weer zes slagen in de rondte hebben gewerkt en het wél lukt, krijgt hij van De Jonge te horen: *Zie je wel, het kan toch.*

Als Hugo de Jonge op Bevrijdingsdag net een kan verse jus heeft geperst voor het hele gezin en aan de keukentafel op Katendrecht de ochtendbladen openslaat, valt zijn oog op een opiniestuk van Kajsa Ollongren in *de Volkskrant.* Na een ziekbed van een halfjaar heeft de D66-politica net haar taken als minister van Binnenlandse Zaken weer op zich genomen. 'Veel coronamaatregelen zijn bij noodverordening vastgesteld en vergen een nieuwe wettelijke basis,' leest hij – gevolgd door een pleidooi voor het ontwikkelen van een speciale, tijdelijke coronawet waar de Kamer om heeft gevraagd, om de grondrechten van burgers te garanderen. *Wat krijgen we nou?* denkt De Jonge. *Dit pleidooi kan worden gebruikt in elke juridische procedure tegen de maatregelen. Nu moeten we als een dolle die wet gaan ontwikkelen, terwijl iedereen zich hier al uit de naad werkt.* De afgelopen maanden werkt het juist prima, vindt hij: op basis van de Wet Publieke Gezondheid kan hij aanwijzingen geven aan de burgemeesters, zoals voor het sluiten van winkels per noodverordening, die direct moeten worden opgevolgd. Maar nu dreigt zijn collega de zaak nodeloos ingewikkeld te maken.

De Jonge voelt zich in zijn kuif gepikt, grijpt de mobiele telefoon en belt Ollongren, die thuis aan het werk is. *Wat maak je me nou? Waarom wist ik hier niet van?* Waarna de bewindsvrouw hem rustig uitlegt dat de grondrechten haar terrein zijn, dat ze overleg heeft gehad met Ferd, en dat de nieuwe wet er toch echt moet komen: noodverordeningen kunnen alleen maar tijdelijk worden ingezet, volgens juristen op haar eigen ministerie en op Justitie ontbreekt de wettelijke basis om er eindeloos mee door te gaan. De sluiting van scholen staat op gespannen voet met het recht op onderwijs, het bezoek aan verpleeghuizen kan niet met een pennenstreek maandenlang worden beperkt, en voor een mogelijke mondkapjesplicht is geen langdurige wettelijke basis. Als activistische clubs als Viruswaanzin naar de rechter stappen, zegt Ollongren, is er een reële kans dat ze in het gelijk worden gesteld. De Kamer dringt ook al aan op wettelijke verankering van de tijdelijke maatregelen. Daarom werken ambtenaren van Binnenlandse Zaken en Justitie al enige weken aan een wetsvoorstel. *Laten we het er binnenkort nog een keer rustig over hebben.*

Na enig tegensputteren geeft De Jonge toe. Maar terwijl ambtenaren van Binnenlandse Zaken, Justitie en vws het wetsvoorstel uitwerken, laat hij weten als hoofdverantwoordelijke vaart te willen maken met de wet, want de Wet Publieke Gezondheid valt onder zijn bevoegdheid. Bovendien kan hij zo proberen de vaart erin te houden. De Jonge denkt: *Als de Kamer het dan zo graag wil, zet ik de bestaande regelingen copy-paste in de wet, en klaar is Kees.*

Op de ministeries van Justitie en Binnenlandse Zaken wordt achter de schermen geginnegapt over De Jonges dadendrang: *Als Hugo die wet dan zo graag zelf wil doen: succes ermee.*

Op 1 juni is het wetsontwerp gereed voor consultatie. Maar dan begint het gelazer voor De Jonge pas echt. Omdat hij vanwege de tijdsdruk niet – zoals gebruikelijk – kiest voor openbare consultatie maar voor gerichte consultatie bij een beperkt aantal gezaghebbende instellingen krijgt hij meteen al de kritiek dat hij er stilletjes een draconische wet doorheen wil duwen. Volgens critici in de media eigent het kabinet zich veel te veel macht toe: bewindslieden kunnen straks ongehinderd samenscholingen verbieden, scholen sluiten en het openbaar vervoer platleggen, zonder tussenkomst van de Kamer. 'Daarmee gaan we terug naar de tijd van koning Willem I,' zegt hoogleraar staatsrecht Wim Voermans in *de Volkskrant*. 'Die maakte ook regels per decreet en stuurde ze achteraf netjes naar het parlement.' Ook de Nationale Ombudsman en de Nederlandse Orde van Advocaten menen dat de grondrechten van burgers door de wet worden aangetast. SGP-leider en staatsrechtelijk geweten van de Kamer Kees van der Staaij, die samen met Rob Jetten van D66 op de wet heeft aangedrongen, is over het wetsontwerp bepaald niet enthousiast. 'Als die wet weer te veel bevoegdheden bij ministers legt, zodat ze allerlei maatregelen nemen zonder dat het parlement erover wordt geraadpleegd, word ik er ook niet gelukkig van.' Half juni stuurt de Raad van State het wetsontwerp zonder pardon terug naar de tekentafel: de werkingsduur van één jaar is te lang, de parlementaire controle te beperkt, de ministers moeten hun huiswerk overdoen.

Ook de justitiewoordvoerders in het coalitieoverleg maken gehakt van het wetsvoorstel. Maarten Groothuizen van D66, Hayke Veltman van de VVD, Stieneke van der Graaf van de ChristenUnie en Chris van Dam van De Jonges eigen CDA leggen de minister het vuur aan de schenen. Op twintig punten moet de wet ingrijpend worden gewijzigd. De wet mag niet langer dan zes maanden van kracht zijn, de hoogste coronaboete van 390 euro moet omlaag om te voorkomen dat overtreders een strafblad krijgen, er komt geen landelijk bezoekverbod voor verpleeghuizen en de Tweede Kamer krijgt meer zeggenschap: als het kabinet een coronamaatregel naar de Kamer heeft gestuurd, kan het parlement binnen een week bezwaar maken. Tijdens een coalitieoverleg met de fractiespecialisten op 17 juni komt de ene na de andere aanpassing op tafel. De Jonge stribbelt tegen en zegt keer op keer dat hij in de beeldvorming al 'met tien-nul' achterstaat. De aanwezige Kamerleden denken: *Ja, dat heeft hij dan aan zichzelf te wijten.* Uiteindelijk gaat de minister tandenknarsend akkoord met de gewenste aanpassingen, en roept hij getergd: 'Júllie willen die wet en uiteindelijk sta ik hier met een drol in mijn handen!'

Als De Jonge op 19 juni Mark Rutte vervangt bij het wekelijkse gesprek met de minister-president en door Ron Fresen wordt geconfronteerd met de kritiek dat het kabinet 'per decreet' zou willen regeren, zegt hij: 'Integendeel! De maatregelen zijn ook niet van het kabinet om de mensen te pesten of zo, het komt niet door ons, het komt door het virus. Het virus houdt geen rekening met de economie, geen rekening met grenzen, het virus kent ook de Grondwet niet, het virus wil gewoon zichzelf verspreiden. Dat is het punt! Als iedereen zegt: we hebben eigenlijk geen zin meer in de anderhalve meter, dan zeg ik: bel met het virus, en als je het kan regelen, moet je het doen!'

Zo gaat het de hele crisis door, zal de geplaagde minister er later over zeggen tegenover een paar journalisten. *Eerst roepen ze wat. Vervolgens ga je het uitvoeren. Maar dan komt er shit van, zoals er van álles shit komt in deze tijd, omdat iedereen zijn eigen ongenoegen op alles projecteert. Vervolgens gaat iedereen die medeverantwoordelijk is naar het plafond zitten kijken. En wie staat er dan met een drol in zijn handen? Nou, dat ben ik.*

21

Wopke moest het worden

Eigenlijk heeft CDA-voorzitter Rutger Ploum er begin juni helemaal niet zo'n zin in om met zijn Volvo Cabrio door het land te gaan rijden met een grote bordkartonnen één, gevolgd door een videoploeg. In het campagneteam is bedacht dat hij het manshoge cijfer moet gaan neerzetten voor de deur van het ministerie van Financiën van Wopke Hoekstra, in de haven van Volendam waar Mona Keijzer vandaan komt, en aan de Maas in Rotterdam, de stad van Hugo de Jonge, voor een ludiek filmpje op internet als aftrap van de lijsttrekkersstrijd. Maar na enig aandringen laat Ploum zijn reserves varen. Zo'n webvideo kan helpen, bedenkt hij, om het CDA te presenteren als een frisse, moderne partij – een van zijn ambities als partijvoorzitter. Bovendien kan hij met het filmpje Wopke Hoekstra onder druk zetten om zich eindelijk kandidaat te stellen voor het lijsttrekkerschap van het CDA.

Al op Prinsjesdag heeft de voorzitter tijdens een feestelijk samenzijn in het partijbureau verklaard dat het CDA in een luxepositie verkeert, met maar liefst twee kroonprinsen: Wopke en Hugo, en een kroonprinses natuurlijk, haastte hij zich te zeggen, want ook staatssecretaris Mona Keijzer had zich gemeld. Sindsdien geldt Hoekstra binnen de partij als de duidelijke favoriet. Tientallen partijprominenten, onder wie de oud-ministers Onno Ruding, Elco Brinkman en Hans

Hillen, en enkele vrienden uit zijn tijd bij McKinsey sporen Hoekstra aan zich beschikbaar te stellen: alleen hij zal in staat zijn de oppermachtige Mark Rutte te verslaan.

Intussen lopen Jeroen de Graaf en Jack de Vries, die jarenlang als politiek assistent en spindoctor behoorden tot de inner circle van premier Jan Peter Balkenende, zich warm om de favoriete kroonprins bij te staan als hij zich opwerpt voor het lijsttrekkerschap. Al in de late zomer van 2019 namen ze in het diepste geheim deel aan een brainstormsessie met Hoekstra zelf, thuis bij De Graaf in Den Haag.

In december werd Jack de Vries door het partijbestuur gevraagd om als kwartiermaker en campagneleider ad interim de verkiezingscampagne van 2021 op poten te zetten. Sindsdien is er een aantal keren na het wekelijkse bewindspersonenoverleg van het CDA op donderdagavond op het ministerie van Financiën overleg over de komende campagne, met Rutger Ploum, Hugo de Jonge, fractievoorzitter Pieter Heerma en Jack de Vries. In dit gezelschap ontstaat in de loop van de maanden de stilzwijgende verwachting dat De Jonge een stap opzij zal doen als zijn populaire partijgenoot bereid is het lijsttrekkerschap op zich te nemen, vanuit de gedachte: we doen wat het beste is voor het CDA.

Keer op keer dringt Ploum er in die maanden bij Hoekstra op aan om eindelijk duidelijkheid te bieden, maar de beoogde partijleider laat zelfs zijn kleine groepje adviseurs in het duister tasten. Zelf wil hij eigenlijk in de zomer pas beslissen wat hij gaat doen, want het lijsttrekkerschap zal een nóg zwaarder beslag leggen op zijn jonge gezin dan zijn ministerschap. Het partijbestuur, Pieter Heerma en Jack de Vries gaan ervan uit dat Hoekstra en De Jonge samen zullen bespreken wat ze willen. Dan kan er een afgewogen keuze worden gemaakt, want inmiddels begint Hugo de Jonge door zijn bezigheden als coronaminister steeds bekender te worden: misschien is Hoekstra toch niet de beste kandidaat voor de komende campagne. Maar tot een beslissend gesprek tussen de twee kroonprinsen komt het niet. Hoekstra ziet geen enkele noodzaak voor zo'n overleg: hij wil de beslissing pas nemen als hij er zelf aan toe is.

Maar begin juni beginnen de besmettingscijfers voor het eerst duidelijk te dalen, kunnen de coronamaatregelen worden versoepeld en vindt Ploum dat het moment is gekomen om Hoekstra kleur te laten bekennen, voordat een tweede golf roet in het eten kan gooien. Daarnaast zal Hoekstra's tijd in de zomer weer in beslag worden genomen door de begroting die op Prinsjesdag moet worden gepresenteerd. En bovendien: als de lijsttrekker snel bekend is, kan de partij de zomer gebruiken voor de voorbereiding van de campagne, en zich in september presenteren met een stevig eigen verhaal.

Tot dan toe gaat het partijbestuur ervan uit dat er geen lijsttrekkersverkiezing hoeft te komen: als Hoekstra zich beschikbaar stelt, kan hij als enige kandidaat feestelijk worden gepresenteerd. Maar Jack de Vries denkt er anders over. Volgens de gehaaide campagneman zal een lijsttrekkersstrijd extra aandacht in de media genereren, zal Hoekstra uiteindelijk met grote meerderheid worden gekozen, en kan hij dan aan de slag met een breed mandaat in de partij. Eind mei geeft Ploum zich gewonnen: een lijsttrekkersverkiezing hoort ook bij de moderne, frisse partij die hem voor ogen staat. Tijdens een vergadering op het partijbureau wordt de procedure voor de lijsttrekkersverkiezing in de steigers gezet, en het plan voor het ludieke filmpje gelanceerd, dat als startschot moet dienen.

Zoals gebruikelijk parkeert Jack de Vries op donderdagavond 9 juni zijn auto in de parkeergarage van het ministerie van Financiën, voor de vergadering over de komende verkiezingen, na het bewindspersonenoverleg, met Hoekstra, De Jonge, Heerma en Ploum. In de werkkamer van de minister wordt de procedure van de lijsttrekkersverkiezing tot in detail besproken. De stemming zal digitaal geschieden, kandidaten kunnen zich in de openbaarheid melden. Ook de lancering met het ludieke filmpje komt ter tafel. Hoekstra sputtert tegen, maar De Jonge maakt geen bezwaar. Jack de Vries denkt: *Eindelijk kunnen we aan de slag.* En Rutger Ploum denkt: *Mooi, dan haal ik de Volvo nog even door de wasstraat.*

Op zaterdagmorgen gaat de partijvoorzitter op pad in de cabrio. Na een weekendje filmen en monteren wordt de video van zijn rondreis op YouTube geplaatst, compleet met een vrolijk muziekje en aan het eind de wervende tekst: #kiesdenummer1.

Maandagmiddag op het ministerie ziet Wopke Hoekstra het uiteindelijke filmpje voor het eerst. Opnieuw slaat de twijfel toe. Diezelfde avond praat hij uitvoerig met zijn vrouw Liselot, thuis in Bussum, en komt hij tot de conclusie: dit voelt niet goed.

Zonder overleg met Ploum, Heerma, De Jonge en De Vries geeft hij de volgende dag een interview aan Wouter de Winther, politiek commentator van *De Telegraaf*, dat de volgende ochtend zal verschijnen. Dan pas belt hij Rutger Ploum met de boodschap dat hij hem dringend moet spreken.

Ploum denkt: *Dit is foute boel*, en rijdt meteen naar het ministerie in Den Haag, waar Hoekstra hem vertelt dat hij de avond ervoor heeft besloten dat hij het niet gaat doen – en dat hij net heeft gesproken met Wouter de Winther: 'Je begrijpt wat ik tegen hem gezegd heb.' Ploum is zwaar teleurgesteld – niet alleen door de beslissing zelf, maar ook door de manier waarop, en laat dat weten ook. *Had dan eerder de knoop doorgehakt, want nu is het spel al op de wagen. En waarom moest* De Telegraaf *het eerder te horen krijgen dan de partijvoorzitter?*

Hoekstra zegt wat hij ook al aan Wouter de Winther heeft uitgelegd: dat hij uiteindelijk toch meer een bestuurder dan een politicus is, en dat hij 'dicht bij zichzelf' wil blijven – wat dat ook moge betekenen. Maar Ploum, de door de wol geverfde advocaat, ziet de onzekerheid in Hoekstra's lichaamshouding: *Hij is bang dat hij niet van Rutte gaat winnen.*

Vervolgens belt Hoekstra met Hugo de Jonge om hem van zijn beslissing op de hoogte te brengen. Ook De Jonge heeft de plotselinge weigering van Wopke niet zien aankomen. Hij denkt: *Niet oké dat hij hier nu opeens mee komt. Nu moet ik het wel doen.*

's Avonds stuurt Hoekstra een reeks appjes aan tientallen getrouwen die hem de afgelopen maanden hebben geadviseerd, onder wie Onno Ruding, Jack de Vries, Jeroen de Graaf en Hans Hillen. De reacties zijn diep teleurgesteld: vooral De Graaf heeft al veel tijd gestoken in het ontwikkelen van ideeen voor de campagne, die hij nu in rook ziet opgaan. De volgende ochtend verschijnt het artikel in *De Telegraaf*, onder de titel: 'Wopke Hoekstra gaat niet voor lijsttrekkerschap CDA'.

Op donderdagmiddag staat De Jonge aan de Maas in Rotterdam, vlak bij zijn huis op Katendrecht: een fijne achtergrond voor iemand die wil laten zien dat hij van aanpakken weet. Tegenover de camera van de NOS verklaart hij dat het CDA in een lange traditie staat van 'bereid zijn verantwoordelijkheid te dragen als het moeilijk is. In die traditie ben ik ook grootgebracht. En daarom wil ik graag lijsttrekker zijn van het CDA.'

Ook Mona Keijzer werpt zich in de strijd. Op zondagochtend hakt de ambitieuze Volendamse de knoop door, aan de ontbijttafel met haar man en vijf zoons. Ze besluit haar kandidatuur niet bekend te maken in haar dierbare Volendam, maar in het Brabantse Veghel, het agrarische epicentrum waar veevoederfabrieken en familiebedrijven als Jumbo en Sligro gevestigd zijn. Met het ondernemerschap wil ze zich onderscheiden van Hugo de Jonge. Op het terras van een hip café aan de voet van oude veevoedersilo's krijgt de speciaal uitgenodigde verslaggever van *De Telegraaf* te horen: 'Ik vind dat het CDA wat te kiezen moet hebben en ik breng een gigantische hoeveelheid ervaring mee.' En tegen de vrouwen in het CDA zegt ze: 'Hugo is natuurlijk een ongelooflijke knapperd. Maar, lieve CDA-vrouwen, het is echt tijd dat onze dochters, kleindochters, schoondochters en vriendinnen zien dat ook een vrouw de leiding kan hebben over het CDA.'

Niet lang na de wekelijkse fractievergadering op 23 juni stapt het Limburgse CDA-Kamerlid Martijn van Helvert de werkkamer van Pieter Omtzigt binnen, om te vragen wat Pieter ervan vindt dat zich nu twee kandidaten uit het kabinet hebben gemeld en nog niemand uit de fractie, en of hij zelf nog van plan is zich kandidaat te stellen. Omtzigt voelt zich overvallen door de lijsttrekkersverkiezing en verklaart dat hij neigt naar nee. Waarop Van Helvert besluit zich als kandidaat namens 'de provincie' op te werpen. Hij heeft niet de illusie dat hij het kan winnen van Hugo de Jonge, maar het is in ieder geval een fijne manier om zich in de kijker te spelen in dit verkiezingsjaar. Een dag later om twee voor twaalf, vlak voor de sluiting van de termijn, mailt hij zijn verklaring naar de voorzitter. Weer een dag later ziet Van Helvert tot zijn stomme verbazing op de site van het *AD* en even later bij *RTL Nieuws* dat zijn fractiegenoot zich toch kandidaat heeft gesteld: 'Stemmenkanon Omtzigt wil óók CDA-lijsttrekker worden.' Eén minuut na Martijn van Helvert heeft Omtzigt zich bij de voorzitter aangemeld.

Op een geheime locatie vlak bij het Binnenhof – het kantoor van Jack de Vries bij lobbybureau Hill+Knowlton Strategies Nederland – heeft Omtzigt die avond een gesprek met de sollicitatiecommissie. Het is bloedheet. De Vries heeft de tafel in het vergaderzaaltje speciaal met doekjes schoongemaakt vanwege corona. Commissievoorzitter is oudgediende Jaap de Hoop Scheffer, die in 2001 aftrad als CDA-leider na een hevige machtsstrijd met toenmalig partijvoorzitter Marnix van Rij, en vervolgens minister van Buitenlandse Zaken onder Balkenende en secretaris-generaal van de NAVO werd.

Hij legt aan Omtzigt uit dat het fractievoorzitterschap voor hemzelf de zwaarste baan ooit was: *Weet je zeker dat je ermee om kunt gaan?* Het Kamerlid antwoordt dat hij zich daarvan bewust is, dat hij inderdaad weinig ervaring in leidinggeven heeft, en dat een actieve vicefractievoorzitter dat gebrek zou kunnen opvangen. Hij wil de stap tóch wagen, omdat hij de cultuur in Den Haag wil veranderen.

Onder normale omstandigheden zou zo'n bekentenis genoeg kunnen zijn om als kandidaat afgewezen te worden, maar omdat Hugo de Jonge en Mona Keijzer hun kandidatuur al bekend hebben gemaakt en precies tijdens het sollicitatiegesprek via RTL en het *AD* het nieuws wordt gebracht dat Omtzigt ook een gooi wil doen naar het lijsttrekkerschap, is er geen weg meer terug.

In die dagen denkt topadvocaat Rutger Ploum al: hadden

we maar besloten dat de kandidaten zich níét via de publiciteit mochten melden, dan hadden we tenminste nog regie gehad. *Dit was niet handig.*

Later die avond zit Omtzigt aan een tafeltje in de gastenruimte van *Op1* op het Westergasfabriekterrein over zijn iPad gebogen: via internet stromen tientallen nieuwsberichten over zijn kandidatuur en duizenden steunbetuigingen uit het hele land binnen. In de uitzending vertelt de Twentse volksvertegenwoordiger stralend over zijn beweegredenen: dat hij in het weekend na overleg met zijn vrouw en vier dochters besloten heeft zich te kandideren, dat hij zich al zeventien jaar 'met hart en ziel' heeft ingezet voor burgers die in de klem komen, dat de overheid voor de burgers niet functioneert, en dat hij zich als kandidaat sterk wil maken voor het herstel van de rechtsstaat.

Naast Omtzigt aan tafel luistert zijn partijgenoot Ank Bijleveld, minister van Defensie en voorheen burgemeester van Hof van Twente, aandachtig toe. Ze kent Omtzigt al jaren van nabij als onverzettelijk Kamerlid, maar ook als onverbeterlijke einzelgänger, en denkt: *Als dat maar goed gaat.*

Al voor het einde van de uitzending rent Omtzigt de studio uit om de laatste trein naar Enschede te halen. 'Waar is mijn taxi?' roept hij. 'Mijn trein gaat over zeven minuten!'

22

Een etentje met Wilders

Op zaterdag 20 juni nodigt Thierry Baudet zijn populistische rivaal Geert Wilders uit voor een etentje, thuis bij zijn fractiegenoot Theo Hiddema aan de Herengracht in Amsterdam. De PVV-leider heeft een fles Hongaarse likeur van het beste merk meegebracht: zijn vrouw is in Hongarije opgegroeid. Daar zitten de drie heren in lederen fauteuils in de salon met een glaasje. Baudet heeft Indisch laten bezorgen, al weet hij dat Hiddema, zijn gesoigneerde strijdmakker, er niet van houdt te eten waar anderen bij zijn: daar is hij te deftig voor. Hiddema is verkouden. Als de oud-advocaat zijn neus snuit, kijkt Wilders ongerust op.

Baudet en Wilders hebben nooit eerder met elkaar afgesproken in de ruim drie jaar die ze samen in de Kamer hebben doorgebracht. Verder dan een kort praatje nu en dan in de Haagse wandelgangen is het nooit gekomen. Maar in de vroege zomer zien ze voor het eerst een gezamenlijk probleem. Tot die tijd zijn hun partijen communicerende vaten: als de een verliest, wint de ander. Maar door de coronacrisis staat de VVD van Mark Rutte opeens rond de veertig zetels in de peilingen – in crisistijd schaart het bange volk zich achter de leider – terwijl de PVV en Forum voor Democratie allebei langzaam wegzakken. De grote thema's waarmee zij tot nu scoorden – de massa-immigratie, de dreiging van de islam, de omstreden maatregelen voor het klimaat, de bemoeizucht van Brussel – worden weggeduwd uit het politieke en maatschappelijke debat. De grote vraag: wat moet hun antwoord zijn op de coronacrisis?

Begin maart was het Thierry Baudet die als een van de eerste Kamerleden het kabinet laksheid verweet en pleitte voor harde maatregelen: zo moest er zo snel mogelijk een korte, draconische lockdown worden ingesteld om het virus eronder te krijgen. Op 8 april zat hij bij *Op1* aan tafel om aan Tijs van den Brink en Giovanca uit te leggen dat er meer moest worden geïnvesteerd in testcapaciteit, en dat het kabinet moest werken aan een 'intelligente kickstart' voor het herstel van de economie en heropening van de samenleving: 'De hamer en de dans, zoals het wordt genoemd. We zitten nu in de hamerfase: we slaan het plat. Daarna ga je dansen met het virus: als het ergens weer een beetje opkomt, hup, dan verscherpen we de maatregelen weer wat.'

Maar in de loop van het voorjaar is Baudet meer over corona gaan lezen, heeft hij allerlei tegendraadse studies op het internet geraadpleegd, en is hij geleidelijk aan tot het besef gekomen dat corona niet veel gevaarlijker is dan een zware griep, en dat het kabinet de angst voor het virus onder de bevolking aanjaagt om de greep van de overheid op de samenleving te versterken. Eigenlijk wil hij die boodschap al in mei en juni uitdragen, maar dat stuit op grote weerstand binnen zijn eigen partij, onder andere van FVD-senatoren Annabel Nanninga en Nicki Pauw-Verweij. Nanninga is lid van de Vereniging tegen Kwakzalverij en heeft grote weerzin tegen de alternatieve coronaverhalen die rondgaan op het internet. Pauw-Verweij is bezig met een promotieonderzoek aan het

VU Medisch Centrum in de reumatologie, en is bang dat haar promotie in het gedrang komt als Forum voor Democratie zich openlijk keert tegen de geldende medische voorschriften.

De spanningen in de partij zijn verder opgelopen door een onthulling in *HP/de Tijd* eind april over antisemitische en fascistische uitlatingen in appgroepen van de jongerenclub van Forum. Na intern onderzoek heeft het JFVD-bestuur zich genoodzaakt gezien drie leden te schorsen en er nog drie te royeren. Intussen heeft Baudet opgevangen dat Nanninga met Kevin Kreuger, haar fractiegenoot in de Amsterdamse gemeenteraad, bezig zou zijn met een coup: ze zouden een oproep vanuit de Provinciale Staten willen organiseren dat Baudet zich moet terugtrekken als kandidaat-lijsttrekker. In die gespannen situatie besluit Baudet dat het verstandig is als hij zich voorlopig wat omfloerst over corona uitdrukt, maar intussen broedt hij op een mogelijkheid om vol op het orgel te gaan.

Ook Geert Wilders heeft in mei zijn standpunt over corona bijgesteld. In februari heeft hij het kabinet nog in een motie opgeroepen tot daadkrachtig optreden tegen het dreigende virus. Uit de peilingen in het voorjaar bleek dat ook een groot deel van zijn achterban zich grote zorgen maakte over de pandemie. Maar nadat Donald Trump in mei opriep de strenge coronamaatregelen af te bouwen, keerde de PVV-leider zich tijdens een Kamerdebat op 20 mei fel tegen het coronabeleid van Rutte: de aangekondigde versoepelingen gingen hem lang niet ver genoeg, de mensen moesten hun vrijheid terugkrijgen. 'Het is hier bijna Noord-Korea!' Thierry Baudet viel hem bij – 'Wij willen geen anderhalvemetersamenleving!' – en hij prees, net als Trump, het malariamiddel hydroxychloroquine, dat 'verbluffend goed' tegen corona zou werken.

Nu de besmettingscijfers snel dalen en het kabinet de eerste aarzelende versoepelingen bekend heeft gemaakt – op 1 juli mogen de sauna's, de casino's en de sportscholen weer open, maar voor de horeca, de bioscopen en de culturele instellingen blijft een maximum gelden van dertig personen – groeit het maatschappelijk verzet tegen de strenge coronamaatregelen. De roep om vrijheid vraagt om een antwoord.

In de salon aan de gracht ontspint zich een gesprek over de advocatenpraktijk van Hiddema, het persoonlijke leven van Wilders – hoe is het om voortdurend beveiligd te moeten worden? – en de lusten en lasten van het Kamerwerk. Tijdens het eten stelt Wilders voor om in september een gezamenlijk optreden te doen bij een live-event: een unicum, want tot dan toe hebben Baudet en Wilders zich nog nooit samen op een podium laten zien. Baudet vindt het meteen een prachtig idee, en stelt voor er een vrolijk optreden van te maken, bijvoorbeeld met verkleedpartij: dan betreedt hij het podium als Geert Wilders, compleet met blonde pruik, en andersom.

Aan het eind van de avond nemen ze hartelijk afscheid. De fles Hongaarse likeur is leeg.

Dagen later informeert Wilders nog bij Baudet naar de verkoudheid van Hiddema: *Hoe is het met Theo? Is hij al getest? Ik hoop niet dat ik nu corona heb.* Baudet denkt: *Geert gelooft nog steeds dat corona heel gevaarlijk is, wat een dwaas!*

Het gezamenlijke optreden van Baudet en Wilders bij een live-event zal er niet van komen. Er zijn praktische complicaties, want in september zijn grote evenementen nog steeds verboden vanwege de dreigende tweede golf. Bovendien lopen de opvattingen van de twee leiders steeds verder uiteen.

Geert Wilders verzet zich tegen nieuwe maatregelen maar blijft beducht voor de gevaren van het virus, terwijl Baudet er steeds dieper van overtuigd raakt dat het niet meer is dan een zware griep.

Uiteindelijk geeft Wilders nog wel een laatste advies mee. Als Baudet vlak na het zomerreces langsgaat bij de PVV-leider op diens werkkamer in Den Haag en vraagt wat hij vindt van Joost Eerdmans, voormalig Kamerlid voor de LPF en oud-wethouder voor Leefbaar Nederland in Rotterdam, met wie hij in gesprek is over een hoge plek op de lijst van Forum voor Democratie, spoort Wilders hem aan vooral niet met Eerdmans in zee te gaan. 'Eén ding: die Eerdmans is niet te vertrouwen, doe het niet, doe het niet, doe het niet' – waarna het contact verwatert.

Na de waarschuwing van Wilders twijfelt Baudet nog maanden, maar na verschillende etentjes met Eerdmans – onder andere bij Café George aan de Leidsegracht – en een borrel bij Theo Hiddema thuis, neemt hij samen met Freek Janssen en Hiddema het besluit: *Oké, let's give him a chance.*

23

Wedden om een goede fles wijn

In opperbest humeur komt Mark Rutte op zondagavond 12 juli aan bij de studio van *Op1*. Na penibele maanden is de bestrijding van het coronavirus eindelijk in rustiger vaarwater gekomen. Het aantal besmettingen is drastisch gedaald – dezelfde dag zijn er niet meer dan honderd mensen positief getest –, de coronamaatregelen zijn versoepeld, Nederland lijkt een tamelijk onbekommerde zomer tegemoet te gaan. Als de premier nog even buiten voor de deur staat te praten, wordt hij spontaan gegroet door passerende fietsers en wandelaars. Rutte zwaait hartelijk terug: 'Hoi!', 'Halloo!' Als hij even later bij de visagiste is geweest en de gastvrouw hem in zijn jasje helpt, zegt hij stralend: 'Oooh, dit gebeurt normaal nooit!' En terwijl hij zich naar de studio begeeft roept hij over zijn schouder: 'Wordt er na afloop nog een kaasstengeltje gegeten?'

Na de uitzending, waarin Rutte aan Jeroen Pauw en Fidan Ekiz vertelt over zijn bewogen jaar en over het licht dat is gaan schijnen aan het eind van de tunnel, komt hij monter de trap op naar de gastenruimte. 'Hoe was het?' roept hij. 'Heb ik niet veel te snel gepraat? Konden de mensen het nog een beetje volgen?' En als hij de schaal bittergarnituur met kaasstengels ziet staan: 'Oooh, wat goed! Hmmm, heerlijk.' Bij een glaasje rode wijn komt het gesprek al snel op de lijsttrekkersverkiezingen van het CDA die in volle gang zijn. De eerste stemming is de afgelopen week een puinhoop geworden, omdat de stemcodes in de digitale procedure zo lek bleken als een mandje. Bij de hernieuwde poging is Mona Keijzer afgevallen, nadat Martijn van Helvert al eerder is afgehaakt. Komende week gaat het in de tweede ronde tussen Pieter Omtzigt en Hugo de Jonge.

Binnen de VVD is de kandidatuur van Omtzigt met gejuich ontvangen: het begint bij het CDA waarachtig te lijken op de strijd tussen Mark Rutte en Rita Verdonk in 2006. *Weten ze ook een keer hoe dat voelt.* Maar daar wil Rutte het niet over hebben. En een voorkeur voor een van de kandidaten uitspreken wil hij evenmin: dat is natuurlijk aan het CDA. 'Maar ik ben een grote fan van Hugo,' zegt de VVD-leider. 'Hij neemt politieke risico's. Soms gaat dat niet goed, zoals met die app. Maar daarna doet-ie het gewoon wéér! Hij heeft politieke moed. Zó goed vind ik dat!'

Dezelfde middag heeft *De Telegraaf* het nieuws gebracht dat Wopke Hoekstra, die met zijn gezin op vakantie is in de Pyreneeën, bereid zou zijn kopman van Omtzigt te worden. 'Pieter Omtzigt doet nu een expliciet beroep op me, en ik ben uiteraard bereid hem te helpen.' De minister van Financiën heeft er nadrukkelijk bij gezegd dat hij hiermee geen steun uitspreekt voor een van de twee kandidaten. 'Als Hugo de Jonge mij iets soortgelijks zou vragen, zou ik hetzelfde antwoord geven.' Maar zo wordt het niet opgevat in de media. Er is al weken over gespeculeerd welke kandidaat de steun van Hoekstra zou krijgen. En nu blijkt dus dat hij best premier wil worden als Omtzigt wint. Rutte ziet het duo wel zitten. 'Dat wordt leuk tijdens de verkiezingsdebatten. Kan ik tegen Omtzigt zeggen: "Met wie praat ik hier eigenlijk? Moet ik niet met uw eerste man praten? Waar is meneer Hoekstra toch?"' Hij schatert het uit.

Nog geen vierentwintig uur later, op maandagavond 13 juli, zit Hugo de Jonge voor de spiegel in de redactieruimte van *Op1* zorgvuldig zijn kapsel te modelleren. 'Niet te veel haarlak,' grijnst hij tegen de visagiste. 'Anders word ik koningin Beatrix. Hahaha!' Intussen gaat zijn rivaal Pieter Omtzigt even verderop geërgerd in discussie. Hij voelt zich overvallen door de beslissing van de redactie dat 'zijn' hoofdonderwerp niet wordt aangekondigd als 'Een nieuw sociaal contract', maar als 'De onbetrouwbare overheid' – een aanduiding die begrijpelijker is voor de kijker. Bovendien is op het laatste moment besloten het gesprek over zijn onderwerp niet te laten beginnen met een pitch van Omtzigt zelf – zoals eerder met zijn campagneteam besproken – maar met een filmpje dat hij eerder heeft opgenomen, waar De Jonge op kan reageren. Met bewolkt gezicht begint hij even later aan het debat.

Live in de studio maakt De Jonge een afwezige indruk, alsof hij de lijsttrekkersstrijd als een hinderlijk intermezzo beschouwt. Hij is zichtbaar geïrriteerd door de speelse keuzes ('gympen of slangenleren laarzen?') die hij als opwarmertje krijgt voorgelegd. Tijdens het inhoudelijke debat neemt Pieter Omtzigt telkens het initiatief. Pas tegen het eind van het gesprek over de rechtsstaat en de betrouwbaarheid van de overheid krijg De Jonge meer energie, maar zijn laatste pleidooi loopt uit op complimenten voor zijn rivaal. Menig televisiekijker vraagt zich af: zou dit debat het laatste duwtje zijn dat de uitdager uit Enschede nodig heeft om de lijsttrekkersverkiezingen te winnen?

Maar na afloop klinkt De Jonge verrassend vastbesloten. Vrijdag, na afloop van de ministerraad, liet hij zich bij 'het touwtje' al verleiden tot een weddenschap met een van de verslaggevers: hij zette er 'een goede fles wijn' op dat hij al op zaterdag in de eerste ronde zou winnen. Nu is hij ervan overtuigd dat hij in de tweede ronde met grote voorsprong zal worden gekozen. Ook de steun van Hoekstra aan Omtzigt zal daar geen verandering in brengen, stelt hij: 'Geen spoor van twijfel. Ik heb hier een heel goed gevoel over. De afgelopen weken ben ik het halve land doorgereisd, ik heb met heel veel mensen gesproken. Ik ken het CDA heel goed, ik voel het aan mijn water.'

Intussen is ook Pieter Omtzigt ervan overtuigd dat hij zou kunnen winnen – of in ieder geval: zou móéten winnen. Een week eerder bekende hij nog in een gesprek met Haagse journalisten dat hij het ook prima vindt als hij geen lijsttrekker wordt. 'Ik hoef ook helemaal geen minister te worden. Dan ga ik gewoon door met wat ik doe: de macht controleren. Ik loop hier al zeventien jaar rond, maar ik ben nog steeds een outsider. Ik doe niet mee met al die clubjes van mensen die elkaar de bal toe willen spelen en zo snel mogelijk burgemeester willen worden. De links-liberale elite heeft nog steeds geen idee van de mensen in het land die moeten vechten om de maand door te komen, die bedrogen worden door de overheid en waar nog steeds niemand naar luistert. Dat zijn de mensen voor wie ik opkom, en dat blijf ik doen.' Deze strijd, zei hij, is ook gericht tegen de cultuur in Den Haag: de cultuur van mensen als oud-CDA-minister Piet-Hein Donner, de vleesgeworden regent. 'Het rapport van zijn commissie over de Toeslagenaffaire werd spijkerhard genoemd, maar was er eigenlijk op gericht iedereen uit de wind te houden. Als iedereen schuldig is, is niemand schuldig en kunnen we over tot de orde van de dag. Zulke mensen houden er helemaal niet van als ik door blijf gaan. Maar dat doe ik toch, of ik nou lijsttrekker word of niet.'

Maar inmiddels heeft Omtzigt al tienduizenden steunbetuigingen uit het hele land ontvangen, en wordt in de media bericht dat hij best eens voor een aardverschuiving kan zorgen. Hij begint er steeds meer in te geloven: zou het dan toch kunnen lukken?

24

Bedankt voor uw stem op Hugo de Jonge

'Nou beste Hugo, ik mag je van harte feliciteren!' Op woensdagochtend 15 juli wordt Hugo de Jonge op zijn werkkamer in het ministerie gebeld door Rutger Ploum: hij heeft nipt van Pieter Omtzigt gewonnen, met 50,7 tegen 49,3 procent van de stemmen. Voor De Jonge komt het als een totale verrassing dat zijn rivaal zoveel steun heeft gekregen. 'What the fuck!' zegt hij even later tegen zijn politiek assistent Bart van den Brink, die ook in de kamer is. 'Maar één ding: die gast wordt mijn running mate. Dat kan niet anders.'

Na het telefoontje met De Jonge krijgt ook Omtzigt de uitslag te horen van Ploum. Het Kamerlid uit Enschede is bitter teleurgesteld: een paar honderd stemmen meer en hij was lijsttrekker geweest. Bovendien heeft zijn echtgenote Ayfer Koç na het uitbrengen van haar stem via de laptop een verontrustend berichtje gekregen: 'Bedankt voor uw stem op Hugo de Jonge.' Het zal toch niet zo zijn dat de digitale stemming – na de mislukte eerste poging – opnieuw zo lek is als een mandje?

Gespannen vertrekt hij met zijn vrouw en kinderen naar de Remise in de Haagse Schilderswijk, waar de uitslag officieel bekend zal worden gemaakt. Bij binnenkomst houdt Pieter Omtzigt zich groot, maar het kost hem zichtbaar moeite zijn teleurstelling te verbijten. Op de vide van de Remise komt het tot een emotioneel gesprek tussen Omtzigt en Ploum. Omtzigt wil tot in detail weten hoe de digitale stemming is verlopen, en of er meer onregelmatigheden zijn geweest. Als Ploum hem het proces-verbaal van de stemming en de rapportage van de notaris laat zien, waar hij al lange tijd op heeft aangedrongen, wijst Omtzigt erop dat de notaris niet heeft gecontroleerd of het stemsysteem in orde was, terwijl dat nu juist zijn hoofdtaak was. Pas als de stemcommissie hem openheid belooft en bezweert dat er niets is voorgevallen, komt hij enigszins tot bedaren.

Als Hugo de Jonge zijn entree heeft gemaakt, vraagt hij Omtzigt of hij zijn 'running mate' wil worden. In die rol krijgt hij ook invloed op de kandidatenlijst, zal hij medeonderhandelaar worden bij de vorming van een nieuwe regering en kan hij wekelijks aanschuiven bij het bewindsliedenoverleg van het CDA op donderdagavond. Eerst informeert Omtzigt bij Rutger Ploum wat dat betekent, want niet de partijleider maar de partij gaat over de keuze voor de lijsttrekker: is hij dan naar Amerikaans gebruik de opvolger, mocht Hugo om wat voor reden dan ook terugtreden? Omtzigt ervaart het antwoord van Ploum als een harde toezegging.

Dan neemt Ploum de beide kandidaten apart en zegt hij: 'Dit is het moment dat ik jullie allebei één voor één vraag: accepteer je de uitslag? Ja? Dan gaan we nu naar beneden.'

Even later staan ze samen op het podium. Als Rutger Ploum de uitslag bekendmaakt – 'Beste leden, dan nu het moment suprême!' ...tromgeroffel... 'Hugo de Jonge!' – maakt de winnaar een theatrale, diepe buiging voor zijn rivaal, en steekt hij met een brede glimlach twee duimen omhoog. Omtzigt staat er verslagen bij.

Een dag later is de vakantie van Hugo de Jonge begonnen, en stapt hij binnen bij Berry's lunchroom vlak bij zijn huis aan de Kratonkade in Rotterdam, om een tosti te eten die speciaal naar hem is vernoemd. Een verslaggever van RTV Rijnmond heeft lucht gekregen van zijn bezoek en staat de minister op te wachten. 'Ik kan nauwelijks over de wallen onder mijn ogen heen kijken,' zegt De Jonge. Hij staat op het punt om met de auto naar Zuid-Frankrijk te vertrekken, met zijn gezin. 'Een eind rijden, de tent opzetten en verder heel weinig doen. Een beetje wielrennen en hardlopen.' En dan gaat hij breeduit lachend met Berry op de foto.

De ramen van het Safari Meeting Centre in Burgers' Zoo in Arnhem bieden een panoramisch uitzicht op de savanne en het tropisch regenwoud. Als de leden van de CDA-fractie er op 25 augustus binnendruppelen, gehuld in zomerse kledij, zien ze de zebra's en de giraffen rondscharrelen op de vlakte. Op het programma: de jaarlijkse poging tot teambuilding van de fractie, en de strategie voor de naderende verkiezingen. Ook aanwezig: partijvoorzitter Rutger Ploum, running mate Pieter Omtzigt, voor de gelegenheid in spijkerbroek en op gymschoenen, en lijsttrekker Hugo de Jonge, die zongebruind is teruggekomen van vakantie. Hij heeft de bovenste knoopjes van zijn overhemd losgeknoopt. Gedrieën poseren ze glimlachend voor de persfotografen, maar geheel ontspannen zijn ze niet. Terwijl Hugo de Jonge op de camping in Frankrijk zat, is bij Pieter Omtzigt de twijfel gaan knagen over de zuiverheid van de digitale stemming. Na het verontrustende berichtje aan zijn echtgenote Ayfer Koç – 'Bedankt voor uw stem op Hugo de Jonge' – zijn er nóg vijf van zulke meldingen binnengekomen op het partijbureau, die niet vermeld stonden in het proces-verbaal dat Omtzigt van de stemcommissie mocht inzien.

Terwijl Ploum op vakantie is in de Dolomieten wordt hij regelmatig geappt en gemaild door Omtzigt, die opheldering wil, nu ook het dagblad *Trouw* over de kwestie heeft geschreven. Zodra de partijvoorzitter weer in Nederland is, rijdt hij bij het Kamerlid in Enschede langs om onder bemiddeling van Ank Bijleveld, die als burgemeester van Hof van Twente en commissaris van de Koning in Overijssel Pieter Omtzigt al jaren van nabij kent, over de kwestie te praten. Er is al een rapport van de notaris, de externe IT-experts hebben de hele tijd meegekeken en niets onregelmatigs vastgesteld, maar Ploum zegt toe toch nog een onafhankelijk bureau in te schakelen: 'Ik ga dit voor jou voor eens en voor altijd ophelderen.' Terwijl de fractie in de Knoefzaal van Burgers' Zoo – zonder panoramisch uitzicht maar met een CDA-groen plafond – confereert over goede ideeën voor de verkiezingscampagne, brengt voorzitter Ploum een persverklaring naar buiten om de 'ruis' weg te nemen: er wordt al enkele dagen aanvullend onderzoek gedaan naar de digitale stemming. Maar één kanttekening van de voorzitter leidt tot groot rumoer in de pers en op de sociale media: de mededeling dat het onderzoek niets aan de verkiezingsuitslag zal veranderen, omdat de notaris al eerder geen onregelmatigheden heeft vastgesteld. Wat stelt zo'n onderzoek voor als de conclusie op voorhand al vaststaat?

De volgende dag komt IT-bureau CTGI met het onderzoeksrapport. De uitkomst: er zijn 'geen grove onregelmatigheden' vastgesteld die de uitslag hadden kunnen beïnvloeden, de codes van de zes betreffende bestanden bevatten geen fouten, de melding 'Bedankt voor uw stem…' kwam in alle gevallen overeen met de kandidaat op wie daadwerkelijk werd gestemd. Het heeft er alle schijn van dat Omtzigts echtgenote terecht is bedankt voor haar stem op Hugo de Jonge. Maar bij Omtzigt zelf blijft de twijfel knagen: waarom heeft Ploum niet eerder openheid gegeven? En waarom is de hele digitale stemomgeving vernietigd, zodat achteraf niet meer te controleren is wat er echt is gebeurd?

25

De brandweer is op vakantie

Bij de laatste persconferentie van Mark Rutte en Hugo de Jonge voor het zomerreces, op 24 juni, staan in de gang bij het vertrouwde zaaltje op het ministerie van Justitie bloemen klaar voor de tolken. De premier spreekt over de 'achtbaan' die we de afgelopen maanden hebben meegemaakt, over het verdriet, het verlies en het isolement waarmee veel mensen te kampen hebben gehad. Maar hij zegt ook dat we 'de ergste loopings en de scherpste bochten' achter de rug hebben. De besmettingscijfers zijn snel aan het dalen, vanaf 1 juli mag weer worden gesport, gereisd en gefeest. Ook de sekswerkers kunnen weer ongehinderd aan de slag, zolang we ons maar houden aan de hygiënische maatregelen: handen wassen, anderhalve meter afstand. 'Ik hoop dat iedereen van die vrijheid gaat genieten, maar zich verantwoordelijk blijft gedragen.' Zo stuurt Mark Rutte Nederland de zomer in.

Eigenlijk is het de bedoeling dat de tolken de bloemen buiten het zicht van de pers overhandigd zullen krijgen: de woordvoerders hebben bedacht dat ook de laatste coronapersconferentie er niet al te feestelijk uit moet zien. Maar Hugo de Jonge verkeert in een uitbundig humeur. Wekenlang heeft hij bij de persconferenties keurige blauwe schoenen gedragen, maar voor deze gelegenheid heeft hij weer een paar favoriete exuberante exemplaren aangetrokken: Delftsblauw

Lak van Mascolori. Als de minister na afloop het zaaltje uit stapt, grijpt hij de grote bossen bloemen meteen uit de vazen en overhandigt hij ze, voor de camera's van een legertje fotografen, met een zwierige buiging aan gebarentolk Irma Sluis en haar collega.

Niet lang daarna gaat Erik Gerritsen, secretaris-generaal van het ministerie van Volksgezondheid, op bezoek bij Bruno Bruins, die dan al maanden funkplaten zit te draaien op zijn zoldertje om van zijn burn-out bij te komen. De topambtenaar heeft zijn vroegere politieke chef lang met rust gelaten, maar nu waagt hij het zelfs een litho van het gebouw van VWS als cadeau mee te nemen. Nadat ze hebben bijgepraat weet Gerritsen de oud-minister mee te tronen naar de zomerborrel van het directoraat Publieke Gezondheid, die gaande is in een strandtent in Scheveningen. In de uitspanning zijn zo'n dertig ambtenaren bijeen die zich de afgelopen maanden in de crisisteams tien slagen in de rondte hebben gewerkt. Er wordt gedronken, er wordt gelachen, maar ook gehuild. Op de gezichten van de ambtenaren is dodelijke vermoeidheid te lezen. Het gevoel in het zaaltje: de ergste crisis is voorbij, eindelijk kan het leven weer zijn loop nemen, de vakantie lonkt.

Intussen is vrijwel het gehele kabinet al naar het buitenland vertrokken. Mark Rutte is naar de Alpen, Hugo de Jonge zit op de camping in Zuid-Frankrijk, Wopke Hoekstra is naar de Pyreneeën, Mona Keijzer naar Maastricht en Luxemburg. De eerste weken van het zomerreces blijven alleen Ferdinand Grapperhaus en Tamara van Ark, die de taken van Martin van Rijn na zijn vertrek in juli heeft overgenomen, op post in Den Haag om leiding te geven aan de coronabestrijding.

In de laatste week voor het reces heeft het kabinet besloten dat de crisisorganisatie zal worden 'afgeschaald': per 1 juli worden de Interdepartementale en de Ministeriële Commissie Crisisbeheersing opgeheven. Daarmee geeft het kabinet gehoor aan ministers als Kajsa Ollongren en Wopke Hoekstra, die al maanden betogen dat de crisisorganisatie voor een korte periode bedoeld is en te veel macht bij te weinig bewindslieden concentreert.

Op het ministerie van VWS krijgt het coronabeleid een aparte directie COVID-19. Alle coronazaken die niet direct met volksgezondheid te maken hebben worden ondergebracht in een nieuw directoraat-generaal Covid op het ministerie van Justitie, onder leiding van topambtenaar Niels Obbink, afkomstig van het ministerie van Financiën, die zich bezig moet houden met de effecten van de crisis op de langere termijn. Daardoor is het gedaan met het compacte beraad in de Ministeriële Commissie Crisisbeheersing. Nu de crisisorganisatie wordt afgeschaald is ook de centrale rol van de Nationaal Coördinator Terrorismebestrijding en Veiligheid voorbij: op aandringen van Pieter-Jaap Aalbersberg krijgt de NCTV weer de ruimte zich te richten op zijn andere zorgen, zoals de aanhoudende droogte die tot een watercrisis kan leiden. Nu de pandemie bedwongen lijkt, vragen de economische crisis en de langdurige crisis in de zorg om een brede aanpak, waar alle departementen bij betrokken moeten worden. Zo gaat het landsbestuur stapsgewijs terug naar normaal.

Maar in juli beginnen de besmettingscijfers weer op te lopen. Aan het begin van de maand zijn het er tweehonderd per week, aan het eind al vierduizend. Begin augustus roept PvdA-leider Lodewijk Asscher met steun van GroenLinks en de SP de Kamer op om terug te komen voor een Kamerdebat, waar hij Mark Rutte en Hugo de Jonge aan de tand wil voelen over de 'onnavolgbare zigzagkoers', de vrijblijvende maatregelen en het gebrek aan regie van het kabinet.

Al sinds april dringt Asscher bij het kabinet aan op een evaluatie van het coronabeleid tot dan toe: welke lessen zijn er te trekken? En welke visie kunnen we ontwikkelen om de pandemie het hoofd te bieden? Maar zijn verzoek stuit op verzet in de top van het ministerie van VWS. Secretaris-generaal Erik Gerritsen meent dat Asscher een politiek nummertje probeert te maken, terwijl er binnen het ministerie al op verschillende manieren wordt geëvalueerd: de Onderzoeksraad voor Veiligheid doet onderzoek, de Raad voor het Openbaar Bestuur loopt mee voor een continue evaluatie, en er is bovendien een '*lessons learned*-traject' in gang gezet waarvoor experts van buiten het departement worden uitgenodigd om hun kritiek te delen. Nog een externe evaluatie op dit moment zou het toch al overbelaste ministerie dwingen om terug te kijken, terwijl de blik juist naar voren moet worden gericht. In *EenVandaag* verklaart Hugo de Jonge: 'Je kunt de brandweer niet halverwege de brand vragen: hoe vind je zelf dat het blussen nu gaat?'

Maar volgens Asscher hebben al die interne evaluaties tot weinig geleid: nu de besmettingscijfers weer oplopen komt het kabinet nog steeds niet met een consistente aanpak. Zelf is hij net in Toscane op vakantie geweest. In Italië zijn mondkapjes verplicht gesteld in het hele openbare leven en werkt het prima. Waarom gebeurt dat in Nederland niet, terwijl burgemeesters er wel mee mogen experimenteren? Waarom komt het contactonderzoek naar besmette gevallen nog steeds niet van de grond? En waarom worden vakantiegangers die terugkomen uit coronabrandhaarden als Barcelona niet verplicht getest?

Uiteindelijk wordt de Kamer teruggeroepen van reces voor een extra coronadebat op 12 augustus met Mark Rutte, Hugo de Jonge en Tamara van Ark. Asscher verwijt het kabinet onzichtbaar te zijn: ingrijpen kan niet wachten tot na het reces. Later zal hij het nog kernachtiger uitdrukken: het land staat in brand, maar de brandweer is op vakantie. In Vak K betrekken de gezichten. Rutte heeft op de camping in Oostenrijk non-stop zitten telefoneren, Hugo de Jonge is in Frankrijk door de voortdurende conferencecalls nauwelijks aan fietsen toegekomen. Zelfs op de terugweg naar Nederland moest zijn vrouw het hele eind rijden, omdat De Jonge voortdurend moest bellen. En Ferdinand Grapperhaus, die het debat op afstand volgt, heeft op zijn telefoon opgezocht dat hij de eerste twee weken van het reces zo'n *vijfentachtig uur* heeft zitten telefoneren. Bovendien, denken ze: Asscher heeft makkelijk praten, want hij is zelf net lekker op vakantie geweest. Maar op de meest indringende vragen van de PvdA-leider – Waar is de consistente visie? Hoe heeft het kabinet zich voorbereid op de tweede golf van de pandemie die er onherroepelijk aankomt? – komen de bewindslieden met zulke omslachtige antwoorden dat Asscher alleen maar kan denken: *Wat een geweifel, wat een gepruts.*

Terwijl de pandemie in september opnieuw om zich heen grijpt, begint het niet alleen Hugo de Jonge, maar ook Pieter-Jaap Aalbersberg te dagen dat Asscher wel degelijk een punt heeft: de crisisorganisatie is veel te snel afgeschaald. Na de zomer blijkt het gloednieuwe directoraat-generaal Covid, dat zich nog moet bewijzen als schakel tussen de verschillende ministeries, slecht te functioneren. Directeur-generaal Niels Obbink, voormalig ambtenaar op Financiën, heeft nog niet de statuur '*to speak truth to power*'. In het vroege najaar wordt de NCTV van Aalbersberg toch weer ingeschakeld als oliemannetje om het 'interdepartementale voorwerk' te doen, scenario's te ontwikkelen en het Catshuisoverleg, het Torentjesoverleg en de besluitvorming in de ministerraad voor te bereiden. Maar de Ministeriële Commissie Crisisbeheersing met haar verregaande bevoegdheden wordt niet in ere hersteld. Zo gaat Nederland de herfst in zonder stevige crisisorganisatie om de tweede golf van de pandemie het hoofd te bieden.

26

De opstand van de burgemeesters

Als het zomerreces net is begonnen belt de Amsterdamse burgemeester Femke Halsema met haar Rotterdamse collega Ahmed Aboutaleb. Ze maken zich zorgen over het stijgende aantal besmettingen. Vooral in de grote steden is het tijdens de eerste golf in maart, april en mei tot grote uitbraken gekomen, vooral in de armere wijken. Allebei zijn ze op werkbezoek geweest, bij verpleeghuizen waar eenzame ouderen achter het glas alleen nog maar konden zwaaien naar hun geliefden buiten op het gazon. In de overvolle ziekenhuizen, waar dagelijks mensen stierven. Bij horecaondernemers, die dolblij zijn dat de terrassen eindelijk weer open kunnen, maar bang zijn dat de herfst nieuwe ellende brengt. Maar nu er een tweede golf dreigt – vrijwel dagelijks wordt er op televisie voor gewaarschuwd door virologen als Marion Koopmans en Ab Osterhaus – zien ze vooral besluiteloosheid bij het kabinet. Een mondkapjesplicht in het hele openbare leven is duidelijk voor iedereen, zegt Halsema, en is ook door de politie in de grote steden veel beter te handhaven.

Op 22 juli verschijnt Aboutaleb in de studio van *Nieuwsuur*, in een zomers mosterdkleurig jasje met een groen-wit Rotterdams speldje op de borst. De Rotterdamse burgemeester stelt vast dat mensen zich veel te weinig aantrekken van de anderhalve meter en van de quarantaineplicht. Het ontbreekt de burgemeesters aan een wettelijke basis om effectief te handhaven. Als alternatief zou het kabinet een extra maatregel achter de hand moeten hebben: een mondkapjesplicht, waar het RIVM onderzoek naar zou moeten doen. 'Ik mag dat ook namens burgemeester Halsema van Amsterdam hier zeggen.'

Vlak voor zijn optreden heeft hij Mark Rutte en Hugo de Jonge gemeld welk pleidooi hij gaat houden.

Maar het kabinet durft een algehele mondkapjesplicht niet aan. Uit het wekelijks draagvlakonderzoek van het RIVM blijkt dat de Nederlanders na de benauwende maatregelen in het voorjaar coronamoe zijn. Bovendien houdt Jaap van Dissel van het RIVM koppig vast aan zijn overtuiging dat mondkapjes nauwelijks helpen, zelfs al zijn ze in andere landen over de hele wereld wel verplicht. Een week later besluit het kabinet, onder zware druk van de twee burgemeesters, om experimenten met mondkapjes in Amsterdam en Rotterdam toe te staan. Per 1 augustus worden mondkapjes verplicht in drukke winkelstraten in beide steden.

De lokale maatregelen passen in het nieuwe beleid dat het kabinet in mei heeft bedacht. Om een tweede golf van besmettingen te voorkomen, moeten regionale brandhaarden met regionale maatregelen worden uitgetrapt. Dan is een nieuwe landelijke lockdown niet nodig. En dat zou op zijn beurt goed zijn voor het draagvlak: waarom zou je harde maatregelen afkondigen in regio's waar dat helemaal niet nodig is?

Noodzakelijke bouwstenen voor lokale maatregelen zijn het testbeleid en het bron- en contactonderzoek van de GGD. Alleen als besmettingshaarden heel secuur in kaart worden gebracht, kunnen ze met precieze maatregelen worden bestreden. Probleem is alleen dat de GGD'en er niet in slagen het grootschalig testen en het bron- en contactonderzoek van de grond te krijgen. Bovendien komt er weinig terecht van de 'gereedschapskist' met lokale maatregelen die Hugo de Jonge aan de burgemeesters in het Veiligheidsberaad heeft toegezegd. Pas eind september komt het ministerie van Volksgezondheid met een 'regionaal dashboard' waarmee burgemeesters van de grootste vijftien steden de besmettingen in hun regio's in beeld kunnen krijgen.

Tijdens al die zomermaanden spelen de burgemeesters en het kabinet de bal heen en weer. De lokale bestuurders zijn huiverig om maatregelen af te kondigen zonder back-up van de rijksoverheid, het kabinet vindt dat de burgemeesters hun verantwoordelijkheid niet nemen.

Het bestuurlijke conflict tussen de burgemeesters en het kabinet over de coronamaatregelen stak al begin juni de kop op, toen op de Dam in de hoofdstad een demonstratie plaatsvond voor Black Lives Matter. Toen er in de loop van de middag veel meer demonstranten op af bleken te komen dan verwacht, zodat de anderhalve meter onmogelijk meer kon worden gehandhaafd, voelde Femke Halsema zich in de kou gezet door Ferdinand Grapperhaus. De minister van Justitie liet eerst in een appje weten dat hij het 'geheel eens' was met haar beslissing om de demonstratie niet te ontbinden, maar toen Halsema niet lang daarna de hoon van *De Telegraaf* en Geert Wilders over zich heen kreeg, ontkende hij opeens heel formeel dat er 'ruggenspraak' zou zijn geweest. Het conflict liep hoog op toen Halsema ter verantwoording werd geroepen in de gemeenteraad en Grapperhaus in de Tweede Kamer. 'Hoe ga jij dit goedmaken?' appte Halsema later die week. 'Hoe ga jíj dit goedmaken?' appte Grapperhaus terug.

Niet lang daarna aten ze samen een taartje.

In de zomer begint de wrevel bij het kabinet te groeien over het lokaal bestuur: de burgemeesters hebben al in het voorjaar aangedrongen op een lokale aanpak, maar als het erop aankomt doen ze veel te weinig aan handhaving, wijzen ze naar Den Haag en komen ze nog in opstand ook. Bij de burgemeesters op hun beurt groeit de ergernis over de houding van het kabinet. Ze krijgen steeds meer het gevoel dat Hugo de Jonge, Ferdinand Grapperhaus en Mark Rutte het coronabeleid afschuiven op het lokale bestuur, zonder idee waar het naartoe moet: terwijl de ene na de andere maatregel vanuit Den Haag over de schutting wordt gegooid, mogen de burgemeesters opdraaien voor de handhaving, die al onder zware druk staat. Zelf kunnen ze moeilijk nieuwe maatregelen aankondigen zonder landelijke steun: als een gemeente bijvoorbeeld zou aankondigen trouwlocaties te sluiten of evenementen te verbieden, wijken de feestgangers gewoon uit naar een buurgemeente.

Bovendien is de nationale crisisstructuur afgeschaald terwijl de veiligheidsregio's nog vasthouden aan crisisniveau Grip 4, waardoor er geen fatsoenlijk crisisoverleg meer mogelijk is.

Omdat het kabinet verzuimt met een gestructureerd plan te komen voor nieuwe maatregelen bij oplopende besmettingen, ontwikkelt Tijs van Lieshout, directeur van de Veiligheidsregio Amsterdam-Amstelland, als aansporing van de ministersploeg een 'lokale routeplanner' waarin op een rij wordt gezet welke maatregelen op welk moment zullen worden genomen als de cijfers verder oplopen. Nadat het plan in het Veiligheidsberaad is besproken gaat Halsema ermee op pad naar Den Haag, waar Hugo de Jonge en Ferdinand Grapperhaus de routeplanner ter kennisgeving aannemen.

Intussen begint de tijd te dringen, want in de eerste helft van augustus stijgt het aantal besmettingen vooral in Amsterdam snel: veertienhonderd nieuwe coronagevallen in een paar weken tijd.

Op de avond van 18 augustus wil Halsema haar lokale routeplanner presenteren in het gemeentehuis. Van tevoren drukt ze Hugo de Jonge en Ferdinand Grapperhaus nog op het hart om vooral niet naar buiten te brengen dat Amsterdam met strenge maatregelen gaat komen: de routeplanner is alleen bedoeld om de mensen in haar stad meer inzicht te geven in wat er gebeurt als de cijfers verder oplopen.

Die middag komt het kabinet in een persconferentie met een aantal halfhartige adviezen. Mark Rutte en Hugo de Jonge roepen de Nederlanders op om thuis niet meer dan zes mensen te ontvangen, en geen feestjes en borrels meer te organiseren. En als ze dat wel doen, bij voorkeur in een horecazaaltje, zodat mensen anderhalve meter van elkaar kunnen zitten. In volle ernst raadt de premier de Nederlanders aan om geen polonaise te doen, en elkaar te feliciteren op afstand.

Maar tot verbijstering van Halsema kondigt Rutte ook plompverloren aan dat Amsterdam 'later vanavond gerichte maatregelen presenteert om de risico's op drukke plekken in de stad terug te dringen'. Als Hugo de Jonge aan de beurt is hamert ook hij op het belang van de regionale aanpak, nu er in Amsterdam veertienhonderd besmettingen bij zijn gekomen, en in Assen maar twee. 'Anders sta je naast de brand te blussen.'

Zo kan het gebeuren dat Halsema een uur later wordt opgewacht door een menigte journalisten, die spoorslags naar Amsterdam zijn afgereisd – waarna ze de routeplanner presenteert: het toezicht op de horeca en zalencentra wordt verscherpt, horecazaken die de regels overtreden worden nog maar één keer gewaarschuwd, daarna volgt sluiting, er komt een meldplicht voor feesten van meer dan honderd mensen, en als het aantal besmettingen verder stijgt zal het bezoek van buiten de stad worden ontmoedigd. Blijken de maatregelen in Amsterdam te weinig effect te hebben, dan dreigt Halsema met de 'escalatieladder', en zullen bijvoorbeeld de sluitingstijden van de horeca worden vervroegd.

Maar de landelijke regie blijft uit. Als het 'regionale dashboard' van het kabinet op 18 september eindelijk af is, is het al te laat. Het aantal besmettingen stijgt zo snel, dat Hugo de Jonge en Mark Rutte zich alsnog gedwongen zien tot nieuwe landelijke maatregelen.

27

Een schitterend ongeluk in komkommertijd

In de eerste drie weken van augustus beleeft Nederland een hittegolf, waardoor die maand te boek komt te staan als de een na warmste ooit gemeten. Pas op 22 augustus daalt de gemiddelde temperatuur onder de 23 graden. De dag begint droog en zonnig, maar dan wakkert de zuidwestenwind aan. In de middag ontwikkelen zich stapelwolken, die in de avond uitgroeien tot plaatselijke buien. Door de wind voelt het frisser aan dan het in werkelijkheid is.

Zo begint de huwelijksdag van Ferdinand Grapperhaus: op de rand van een warme zomer en een kille herfst. Maar daar heeft de minister van Justitie en Veiligheid nog geen weet van als hij vol verwachting opstaat, thuis in Amsterdam, en zijn lichtgrijze zomerpak aantrekt dat hij al klaar heeft hangen voor zijn bruiloft met Liesbeth Wytzes, zijn nieuwe liefde sinds zijn eerste vrouw in 2016 aan kanker overleed.

Vanwege de coronaregels hebben ze niet meer dan 35 mensen uitgenodigd: hun beider gezinnen – ze hebben allebei kinderen en kleinkinderen uit een eerder huwelijk – de getuigen, en enkele trouwe vrienden. Het gezelschap komt die middag bijeen in het oude raadhuis van Bloemendaal, een statig landhuis, omgeven door een park met bruisende fonteinen. Het huwelijk wordt voltrokken door VVD-collega Ankie Broekers-Knol, die voor de gelegenheid een groen-zwarte toga met witte bef heeft aangetrokken. Ook vanwege corona zijn de gasten streng geïnstrueerd over de anderhalve meter, zijn ze geplaceerd in het zaaltje waar de plechtigheid plaatsvindt, en worden ze door ceremoniemeester Harold Hamersma – vermaard wijnkenner en boezemvriend van de bruidegom – luidkeels aangemoedigd zich vooral aan de regels te houden: 'Mensen, mensen, denk aan de anderhalve meter!' Aan de bruiloft is verder geen ruchtbaarheid gegeven, om extra toeloop te voorkomen. Na de feestelijke foto op het bordes begeeft het gezelschap zich naar een nabijgelegen restaurant, waar de feestelijkheden tot laat in de avond worden voortgezet. Die nacht valt Ferdinand Grapperhaus moe maar tevreden in slaap naast zijn bruid.

De huwelijksnacht zou misschien onrustiger zijn geweest als de bruidegom had geweten dat paparazzofotograaf Ferry de Kok de hele middag in de struiken rond het raadhuis heeft rondgestruind om de bruiloft met de telelens te fotograferen.

Dat blijkt pas de woensdag erna, als de minister een telefoontje krijgt van zijn woordvoerder Anna-Sophia Posthumus: 'Ferd, je staat in de *Privé*!' De cover is volledig uit de lucht gegrepen – 'Rutte haalt streep door bruiloft Grapperhaus' – maar met de tekst bij de foto's is weinig mis: 'De afgelopen maanden kwamen Grapperhaus en zijn kinderen geregeld bij elkaar over de vloer, liefst in de tuin op anderhalve meter afstand. Dat minister Grapperhaus de coronaregels ook bij zijn huwelijk afgelopen zaterdag heeft gerespecteerd, was voor zijn omgeving dan ook geen verrassing.' Het wordt al iets penibeler als *Shownieuws* diezelfde avond andere foto's van Ferry de Kok brengt, waarop te zien is dat het gezelschap zich niet op ieder moment aan de anderhalve meter heeft gehouden. In overleg met zijn woordvoerders twittert Grapperhaus de volgende dag: 'Ondanks de genomen maatregelen zijn er helaas momenten geweest waar de anderhalve meter niet in acht is genomen. Dat spijt me, juist een minister moet altijd het goede voorbeeld geven.'

Op vrijdag erkent Mark Rutte in zijn wekelijkse persconferentie dat er 'dingen fout zijn gegaan' bij het huwelijk van Grapperhaus, maar stelt hij ook dat de geloofwaardigheid van de minister niet op het spel staat. Hij meldt dat zijn collega de 390 euro coronaboete die hij eigenlijk voor de overtreding had moeten betalen, heeft overgemaakt aan het Rode Kruis. Maar in de pers gist de affaire door: was het niet Grapperhaus zelf die overtreders van de coronaregels 'laconiek, slordig en asociaal' noemde, en er in juli nog op hamerde dat hij wat betreft de anderhalve meter 'geen concessies' zou doen?

Als op maandag de beroepsvereniging van de boa's meldt dat er minder boetes worden uitgeschreven – 'Het is ingewikkeld om uit te leggen waarom mensen een coronaboete kunnen krijgen als de verantwoordelijk minister zich niet aan de regels houdt' – eist de Kamer dat Grapperhaus verantwoording komt afleggen bij een coronadebat op woensdag. De avond voor de parlementaire kastijding brengt *Shownieuws* wéér nieuwe foto's van Ferry de Kok, waarop duidelijk te zien is dat bij de bordesfoto helemaal geen afstand is gehouden, dat Grapperhaus zelf handen heeft geschud en zelfs heeft staan knuffelen met zijn schoonmoeder. 'Als ik alle foto's in één keer naar buiten gooi,' verklaart de societyfotograaf op Radio 538, 'verdien ik maar één keer wat.'

Dan zijn de rapen gaar in de Tweede Kamer. Jesse Klaver meldt: 'Handen schudden doe je gewoon niet, zeker niet als minister van Justitie.' Thierry Baudet roept dat Grapperhaus zich aan 'klassenjustitie' schuldig maakt, Geert Wilders noemt de minister 'met de minuut ongeloofwaardiger'.

Bij de ambtelijke voorbereiding van het debat in een somber zaaltje zonder ramen op het ministerie van Justitie, recht tegenover zijn werkkamer, besluit Grapperhaus de hamvraag te stellen aan zijn topambtenaren. 'Jongens, we moeten wel eerlijk tegen elkaar zijn. Als jullie vinden dat ik hier in de weg ga zitten, moeten jullie dat zeggen.' Secretaris-generaal Dick Schoof en NCTV-baas Pieter-Jaap Aalbersberg verklaren dat ze geen reden voor hem zien om op te stappen. Het hoofd Bestuursondersteuning en twee woordvoerders knikken instemmend. 'We vinden dat je door moet, want we hebben je nodig. Het gaat nu net goed. Als we hier met iemand komen te zitten die we moeten inwerken, zeker in deze tijd, daar hebben we niets aan.' Grapperhaus denkt, licht geroerd: *Ik hoor de vioolmuziek al bijna klinken.*

Als hij vervolgens overlegt met de fractievoorzitters van de coalitiepartijen en zijn eigen partijleider Hugo de Jonge krijgt hij hetzelfde verhaal te horen. Ook De Jonge, die de afgelopen maanden zwaar op hem heeft geleund, wil hem niet kwijt. Alleen Mark Rutte reageert behoedzamer. Hij zegt: 'Ferd, ik heb veel aan je, maar je moet het wel zelf doen.' Met andere woorden: Grapperhaus zal zelf overeind moeten zien te blijven in het debat, Rutte gaat hem niet uit de wind houden. Het is typerend voor de modus operandi van de premier die al bijna tien jaar aan de macht is: hij laat de vakministers hun eigen boontjes doppen.

Als Grapperhaus die avond laat thuiskomt zegt Liesbeth: 'Kom op, je moet wat mij betreft door, want als je dat niet doet blijf je er de rest van je leven mee zitten.'

Als de minister van Justitie de volgende dag met zijn ambtenaren in de ministerskamer bij de plenaire zaal het debat voorbereidt, komen Rutte en de Jonge binnen om hem succes te wensen. Grapperhaus denkt: *Dit is de sfeer in de kleedkamer voor een belangrijke sportwedstrijd. En dan is het: helpers weg.*

Even later opent de minister het debat. 'Voorzitter, tijdens mijn huwelijk is het misgegaan met de naleving van de coronamaatregelen. Ik heb daar mijn spijt over betuigd, en dat doe ik vandaag aan de leden van uw Kamer opnieuw.' Doorgaans is de oud-advocaat met de imposante gestalte de onverstoorbaarheid zelve, en probeert hij met corporale bravoure de toon te zetten in ieder gesprek. Maar als de geprangde minister heeft verklaard dat hij zich heeft laten meeslepen door de gebeurtenissen van de dag, schiet hij plotseling vol als hij de volgende zin wil uitspreken. Na veertien seconden stilte vervolgt hij met een brok in de keel: 'Voorzitter, we hebben er thuis over gesproken. We zeiden tegen elkaar: hadden we het maar met z'n tweeën gedaan. Dat wil ik nog gezegd hebben.'

Uiteindelijk overleeft de aangeslagen minister een motie van wantrouwen van Thierry Baudet en Wybren van Haga.

Maar Grapperhaus wordt de rest van het jaar nog door de affaire achtervolgd. Vrijwel wekelijks wordt hij in de media door de wringer gehaald. Nog lange tijd wordt hem aangewreven dat hij tijdens het debat dat hem de kop had kunnen kosten zijn verzet heeft gestaakt tegen de pogingen van de Kamer om coronaboetes niet langer tot een aantekening in een strafblad te laten leiden. Satirisch platform De Speld merkt fijntjes op: 'Maximumsnelheid afgeschaft nadat Grapperhaus te hard naar huis reed.' Dat vindt de minister al niet zo grappig. Maar tot zijn machteloze woede wordt ook zijn geliefde Liesbeth onder vuur genomen. Wouter de Winther suggereert in de rubriek 'Afhameren' op de website van *De Telegraaf* zelfs dat Grapperhaus zijn snik tijdens het Kamerdebat bewust heeft gebruikt om het vege lijf te redden: in de wandelgangen heeft de politiek commentator opgepikt dat de minister zulke emotionele momenten wel eens eerder zou hebben ingezet op momenten dat het lastig was. Die vileine suggestie raakt Grapperhaus persoonlijk, want op het moment van de veelbesproken snik dacht hij aan de zondag voor het debat, toen hij zich samen met Liesbeth vertwijfeld afvroeg waarom ze niet al in juni hadden besloten met z'n tweeën te gaan trouwen, zonder hun familie: dan hadden ze zich al deze ellende bespaard.

Nog maandenlang heeft Grapperhaus het gevoel dat zeker duizend mensen in zijn nabije omgeving hem een uilskuiken vinden. En al die tijd vermijdt de doorgaans zo sociale oud-advocaat grotere gezelschappen, omdat hij voortdurend op zijn stommiteit wordt aangesproken. In die lange, verloren weken troost hij zich met een cartoon van Peter van Straaten, van een oenige leraar voor een rumoerige klas die zegt: 'Jongens, als jullie me een lul vinden moet je het eerlijk zeggen.' En hij leest de Amerikaanse sociologe Brené Brown, die topmensen in het bedrijfsleven adviseert over hun mentale gezondheid in coronatijd, en die schreef dat iedere crisis nu eenmaal een zondebok nodig heeft. Hij denkt: *Dan moet ik dat maar zijn.*

Pas vele maanden later, als de mediastorm eindelijk is gaan liggen, heeft Grapperhaus langzamerhand zijn oude bravoure teruggevonden, heeft hij vastgesteld dat hij zichzelf niet veel te verwijten heeft, en zegt hij: 'Het was een schitterend ongeluk in komkommertijd.'

28

De teststraat die niemand kon vinden

Terwijl het vliegtuig van Transavia een ruime bocht inzet boven Schiphol en in de diepte de bloembollenvelden en de kaarsrechte Hollandse sloten verschijnen, tuurt interieurdesigner Haye Marks ongerust uit het raampje. Hij is met een groepje vrienden op de terugweg van een vakantie op Mallorca, dat een paar dagen eerder door het ministerie van Buitenlandse Zaken tot 'oranje gebied' is verklaard vanwege het hoge aantal coronabesmettingen. Haye en zijn vrienden zullen in quarantaine moeten, en willen zich zo snel mogelijk laten testen om hun familieleden niet te besmetten. Maar als ze geland zijn op de luchthaven en eindelijk de teststraat van de GGD gevonden hebben – ergens in een gang tussen aankomsthal drie en vier – blijkt de testlocatie gesloten. Het is halfzeven 's avonds, de teststraat is net een halfuur dicht. Zonder dat hun aankomst wordt geregistreerd door de GGD vertrekken ze naar huis, net als duizenden andere reizigers uit risicogebieden die dezelfde avond op Schiphol landen.

Als Haye Marks een week later via een videoverbinding vanaf zijn quarantaineadres in *Op1* verschijnt om zijn verhaal te doen, zit Sjaak de Gouw, directeur publieke gezondheid van de GGD, aan tafel in de studio om uit te leggen hoe het mogelijk is dat minister Hugo de Jonge begin augustus al riep dat álle reizigers uit risicogebieden getest moeten worden en dat de GGD'en 'waanzinnig opschalen', maar dat de teststraat op Schiphol iedere dag om zes uur dichtgaat. En dan zegt hij iets dat bijna niemand weet: het is helemaal niet de *bedoeling* dat alle reizigers uit risicogebieden worden getest. 'Het Outbreak Management Team heeft gezegd: we moeten als *proef* dit gaan doen, en we moeten nog vaststellen of het effectief is.' Bovendien, zegt De Gouw, laten steeds meer mensen zonder klachten zich testen, waardoor de laboratoriumcapaciteit onder druk komt te staan. 'Dus we moeten gewoon bewijzen of het effectief is, anders zijn we de hele tijd bezig met het gebruiken van testmateriaal waar het niet zinvol is.'

GroenLinks-leider Jesse Klaver, naast De Gouw aan tafel, weet niet wat hij hoort. Al weken beweert minister Hugo de Jonge dat er voldoende testcapaciteit is. Tijdens het spoeddebat in de Tweede Kamer op 13 augustus was zijn boodschap: gaat u maar rustig slapen. 'En vanavond krijgen we opeens te horen dat die testcapaciteit níét op orde is!'

Het tekort aan testcapaciteit leidt tot grote ophef in de media en de Tweede Kamer. Maar voor coronagezant Feike Sijbesma is het gebrek aan capaciteit geen verrassing. Begin augustus heeft hij het ministerie al gewaarschuwd dat er tijdens de gevreesde tweede golf een groot gebrek aan testmiddelen zal ontstaan. Op dat moment is hij al maanden aan het trekken en sleuren om de capaciteit te vergroten. In zijn eerste weken als gezant heeft hij het aantal laboratoria onder contract weten uit te breiden van 3 naar 75, waardoor het aantal testen per dag is verveelvoudigd. Maar contracten met buitenlandse laboratoria mag hij al die maanden van het ministerie van Volksgezondheid niet sluiten: het kabinet houdt vast aan het advies van het RIVM dat in de zomer niet meer dan dertigduizend testen per dag nodig zijn, een doel dat al op 1 juni wordt gehaald.

Het restrictieve testbeleid is een blok aan het been van Sijbesma: daardoor verdwijnt een groot deel van het schaarse testmateriaal naar andere landen waar wél op grote schaal wordt getest. In mei wierp hij al de vraag op of de capaciteit niet verder omhoog kon dan de door het RIVM geadviseerde beleidslijn: waarom zou je niet asymptomatisch testen – zonder dat mensen klachten hebben dus – om de economie en het sociale leven versneld op gang te brengen? Waarom zou je niet testen om toegang te krijgen tot cafés en restaurants? En waarom zou je niet álle reizigers testen die terugkomen uit risicogebieden?

Maar vooral de Taskforce Diagnostiek op het ministerie, die geleid wordt door medisch microbioloog en OMT-lid Ann Vossen, ligt dwars. Vossen houdt vast aan haar stelling dat grootschalig testen geen zin heeft, zoals ze in maart al in *Medisch Contact* verklaarde: 'Ik begrijp dat het een gevoel van controle kan geven, maar als je iedereen test, moet je ze daarna blijven testen.' En daarvoor ontbreekt dus de capaciteit.

In augustus ontdekt onderzoeksjournalist Jan-Hein Strop van Follow the Money bovendien dat een netwerk van kleinere ziekenhuislaboratoria contracten van de overheid met commerciële concurrenten probeert te frustreren: commerciële aanbieders, bijvoorbeeld uit Duitsland, zouden niet voldoen aan de hoge kwaliteitsstandaard van de ziekenhuislaboratoria. In juli komt het zelfs tot een kort geding van het Bussumse bedrijf U-Diagnostics met zijn Duitse partner Labor Dr. Wisplinghoff uit Keulen tegen de Nederlandse staat en de GGD'en. De commerciële alliantie heeft formeel al toestemming van het RIVM om testen aan te bieden op de Nederlandse markt, maar krijgt geen toegang tot het IT-systeem van de ziekenhuislaboratoria, zodat de Nederlands-Duitse aanbieder feitelijk wordt kaltgestellt. De voorzieningenrechter bepaalt dat er geen sprake is van ongelijke behandeling. Pas eind augustus keren de kansen, als Hugo de Jonge onder zware maatschappelijke druk besluit dat de testcapaciteit toch moet worden vergroot, en Feike Sijbesma alsnog op pad wordt gestuurd om de verstoorde verhoudingen te herstellen. Op 3 september maakt het ministerie bekend dat er alsnog een overeenkomst is gesloten met laboratoriumnetwerk U-Diagnostics/Labor Dr. Wisplinghoff. Vanaf die week zal de Duitse aanbieder vijfhonderd testen per dag uitvoeren, met het streven naar vijfduizend per dag. Fijntjes wordt in het persbericht vermeld: 'Deze overeenkomst is mede dankzij tussenkomst van de speciaal gezant corona Feike Sijbesma tot stand gekomen.'

Maar op dat moment heeft Sijbesma de lier al aan de wilgen gehangen. Half augustus heeft hij Hugo de Jonge laten weten dat zijn taak erop zit: op 1 juni heeft hij het doel van dertigduizend testen per dag al gehaald. En zijn talloze pogingen om grootschalig asymptomatisch testen op de agenda te krijgen, zijn op zoveel tegenwerking gestuit dat hij besluit dat 'doorploeteren met de handen op de rug' weinig zin heeft.

29

De dictatuur van de witte jassen

De jaarlijkse Prinsjesdagborrel van VNO-NCW in Nieuwspoort is gewoonlijk een van de drukst bezochte evenementen rond het Binnenhof. Na de troonrede verzamelen zich daar honderden captains of industry, lobbyisten en kopstukken uit het maatschappelijk middenveld voor een drankje en de barbecue, luidruchtig met elkaar keuvelend, in de hoop nog even een politicus de hand te schudden. Vaste gast is al jaren Mark Rutte, die met speels gemak vele tientallen bekenden in de menigte begroet: voor iedereen een lach, een hartelijk woordje of een duim in de lucht. Ook de ministers van Economische en Sociale Zaken laten er steevast hun gezicht zien, voor de goede contacten met het bedrijfsleven.

Maar dit jaar is Prinsjesdag anders dan ooit tevoren. De traditionele rijtoer van de koning is geschrapt om te voorkomen dat duizenden toeschouwers samendrommen langs de route. Als locatie voor de troonrede is niet de Ridderzaal gekozen maar de Grote Kerk, waar meer ruimte is om de anderhalve meter te handhaven. De boodschap van de koning – voorbereid door het kabinet – is dit jaar bedoeld om de Nederlanders tijdens de beproeving van de coronacrisis een hart onder de riem te steken, met een wervend verhaal over de 'veerkracht' in de samenleving en de opdracht 'voorbij de crisis de toekomst te blijven zien'.

Bovendien – misschien nog wel het onwennigst voor de ondernemers – is de borrel van VNO dit jaar digitaal. Een zaaltje in Nieuwspoort is ingericht met tientallen schermen waarop deelnemers aan de borrel uit het hele land te zien zijn. En de bewindslieden, die zich gewoonlijk in het borrelende gezelschap begeven, worden er een voor een ontvangen voor een vraaggesprekje met gastvrouw Ingrid Thijssen, de nieuwe voorzitter van VNO-NCW. Verder is Nieuwspoort bijna uitgestorven.

Vlak voor zijn optreden met de VNO-voorzitter staat Wouter Koolmees, minister van Sociale Zaken, op de binnenplaats van Nieuwspoort – netjes op anderhalve meter afstand een praatje te maken met een groepje journalisten. Zelf was hij niet bij de troonrede: dit jaar is hij – naar Amerikaans voorbeeld – als *designated survivor* aangewezen. Mocht het gehele kabinet tijdens de troonrede weggevaagd worden door een bomaanslag, dan is hij de man die het land moet leiden.

Dan steekt Hugo de Jonge zijn hoofd door de deur en vraagt met een brede glimlach: 'Praat jij ze even bij?'

Koolmees: 'Jazeker. Optimisme, veerkracht in de samenleving. En een stip op de horizon. Je kan het bíjna visie noemen.'

De Jonge: 'Maar net niet, want dat vindt Mark niet leuk. Even een vraag: *have you survived?*'

'Jazeker: in de stoel voor de tv, met pinda's! Ik heb nog een foto van je gemaakt. Je zat er een beetje somber bij. Wopke ook. Is er iets aan de hand bij het CDA?'

'Nee hoor, we zijn één team. En jij en ik, wij komen er samen ook wel uit. Maar over Mark, daar moeten we het nog maar eens over hebben.'

Ze schateren het uit.

De Jonge: 'Dus jij zat voor de tv? Het duurde wel lang, vond ik.'

Koolmees: 'Willem Alexander was wel een beetje laat, zag ik. Toen jullie allemaal al zaten kwam-ie pas uit het paleis.'

De Jonge: 'In die tijd had ik allemaal testcapaciteit kunnen regelen!'

Dan zegt de politiek adviseur van De Jonge dat hij over een paar minuten bij BNR wordt verwacht voor een radio-optreden. 'Heren, ik moet ervandoor. En denk eraan: optimisme, veerkracht...'

Koolmees: 'En een stip op de horizon voor de ondernemers!'

Maar een paar weken later is er van de opperbeste stemming in het kabinet en de 'stip op de horizon' voor de ondernemers weinig meer te bespeuren. Terwijl de besmettingscijfers oplopen, beraden het OMT, Hugo de Jonge, Mark Rutte en Ferdinand Grapperhaus zich achter de schermen op nieuwe maatregelen. Maar tijdens de eerste ministerraden na Prinsjesdag blijkt het kabinet diep verdeeld over de vraag hoe ver de maatregelen moeten gaan. Opeens vlammen oude irritaties weer op.

Sinds het begin van de zomer hebben Wouter Koolmees, Wopke Hoekstra en Eric Wiebes koortsachtig gewerkt aan de voortzetting van de steunpakketten voor het bedrijfsleven, en aan manieren om de economie en de samenleving zo veel mogelijk op gang te houden. Ze willen koste wat het kost voorkomen dat Nederland opnieuw in lockdown gaat.

Maar tot hun grote frustratie komen het bron- en contactonderzoek van de GGD en het grootschalig testen dat Hugo de Jonge heeft aangekondigd, in de zomermaanden veel te langzaam op gang. Vooral bij Wopke Hoekstra begint de irritatie het kookpunt te naderen. Al in de eerste maanden van de crisis drong hij er in de ministerraad en in het Catshuisoverleg op aan om grootschalig beschermingsmiddelen en testmateriaal in te kopen. Keer op keer verklaarde hij in het overleg dat geld in de crisisaanpak geen rol moest spelen: als later zou blijken dat er voor een miljard te veel aan mondkapjes of testmateriaal zou zijn uitgegeven, maar daarmee wel een tweede of derde golf zou zijn voorkomen, was hij graag bereid dat uit te leggen aan de Kamer en het grote publiek. Ook op ambtelijk niveau liet hij zich gelden, via zijn secretaris-generaal Bas van den Dungen, voorheen directeur-generaal curatieve zorg op het ministerie van Volksgezondheid, die het ministerie van VWS in de eerste maanden bijstond bij de inkoop van beschermingsmateriaal. De opdracht: kopen, kopen, kopen, geld speelt geen rol. Maar ondanks Hoekstra's herhaalde aansporingen kwam er in de zomermaanden dus veel te weinig terecht van het opbouwen van testcapaciteit voor het najaar.

En nu dreigt Hugo de Jonge, gesteund door Mark Rutte, opnieuw met maatregelen die de economie en de samenleving hard zullen raken. Hoekstra, Koolmees en Wiebes, maar ook de vicepremiers Kajsa Ollongren en Carola Schouten, krijgen opnieuw het ongemakkelijke gevoel dat Rutte, De Jonge en Grapperhaus, gesteund door Tamara van Ark, het beleid te veel laten bepalen door de eenzijdige blik van de 'witte jassen' – het bedwingen van het aantal besmettingen en ziekenhuisopnames – en te weinig oog hebben voor de economische en maatschappelijke schade van de maatregelen op de langere termijn.

Het is een oude frustratie, die al opspeelde in de eerste maanden van de crisis, toen Rutte, De Jonge en Grapperhaus als enigen altijd aanwezig waren bij het cruciale Catshuisberaad en bij de vergaderingen van de Ministeriële Commissie Crisisbeheersing. Andere ministers werden alleen bij gelegenheid uitgenodigd, waardoor ze zich steeds meer een stempelmachine begonnen te voelen voor drastische besluiten die eigenlijk al waren genomen: de dictatuur van de witte jassen.

En nu dreigen het driemanschap en Van Ark, gesteund door adviezen van het OMT, opnieuw een reeks harde maatregelen door te duwen – tot wrevel van de collega's. Eric Wiebes bijvoorbeeld verzet zich tijdens de eerste ministerraad na Prinsjesdag tegen het voorstel om de horeca te sluiten: juist in de horeca is al maanden gewerkt aan verstandige maatregelen om de anderhalve meter te handhaven, met buitenterrassen, spatschermen en controles bij de deur. Zulk gedrag moet niet worden afgestraft, stelt hij, onder bijval van Koolmees, Hoekstra, Ollongren en Schouten. Na uren vergaderen is het gezelschap geen millimeter verder gekomen.

30

Tegenspel

Een week later, tijdens de ministerraad van 25 september, lopen de gemoederen hoog op. Wopke Hoekstra brengt ter tafel dat er in de zomer veel te weinig is gedaan om een tweede golf te voorkomen. En dat mag het kabinet zich aanrekenen, nu de tweede golf over Nederland slaat. De kern van zijn boodschap: *We zijn te lief voor elkaar.* Vooral Hugo de Jonge voelt zich aangevallen. Hij krijgt het bij zijn collega's maar niet tussen de oren dat geen enkel land erin slaagt de tweede golf te voorkomen, ongeacht de beschikbare testcapaciteit. Misschien had hij inderdaad eerder contracten af moeten sluiten met laboratoria in Duitsland, maar daarmee was het wereldwijde tekort aan testmateriaal nog niet opgelost. En nu komt een hele reeks collega's al weken met kritiek: collega's die geen enkele verantwoordelijkheid dragen voor het coronabeleid. Voor hem betekent dat alleen maar zijwind, terwijl hij al hard genoeg moet trappen om verder te komen in de storm. De irritatie over en weer is voelbaar. De andere ministers aan tafel houden zich stil. Ook Ferdinand Grapperhaus, die voorheen nog wel eens een kritische noot wilde kraken, is opvallend zwijgzaam. Verschillende bewindslieden kunnen zich niet aan de indruk onttrekken dat de maatschappelijke ophef over zijn bruiloft in augustus daarbij een rol speelt. Na afloop krijgt Hoekstra van verschillende collega's berichtjes per app waarin ze hem prijzen: goed dat hij zich heeft uitgesproken en Rutte en De Jonge tegenspel heeft geboden.

De spanningen lopen verder op als blijkt dat niemand van de 'drie w's' – Wopke, Wouter en Wiebes – is uitgenodigd voor het eerste Catshuisberaad na de zomer, twee dagen later. Hoekstra besluit zichzelf dan maar aan te melden, en Wiebes en Koolmees mee te nemen naar het Catshuis. Daar brengt hij opnieuw zijn bezwaren tegen eenzijdige, door het OMT aangedragen maatregelen naar voren, en begint hij over ventilatie. Al voor de zomer heeft hij aangedrongen op het belang van flinke investeringen om ventilatie in openbare gebouwen op orde te brengen: er moest een deltaplan voor ventilatie komen. Maar toen hij tijdens eerdere sessies in het Catshuis verwees naar een protocol van de Duitse regering waarin het belang van goede ventilatie werd onderstreept, bleef Jaap van Dissel koppig tegenwerpen dat daar geen hard wetenschappelijk bewijs voor zou zijn, en dat goede ventilatie nooit als alternatief voor de anderhalve meter kan gelden. Voor Hoekstra's argument dat je in zulke gevallen beter het zekere voor het onzekere kan nemen – *Stel nou dat later blijkt dat ventilatie echt werkt, dan hebben we spijt als haren op ons hoofd als we er niets mee hebben gedaan* – bleek Van Dissel ongevoelig, en met hem Mark Rutte en Hugo de Jonge. Als Hoekstra tijdens het Catshuisberaad op 27 september naar voren brengt dat er de hele zomer nog steeds bijna niets aan ventilatie is gedaan, terwijl de tweede golf nu ongehinderd om zich heen grijpt, stuit zijn pleidooi opnieuw op onbegrip en toenemende irritatie aan de andere kant van de tafel.

Op 8 oktober heeft de harde kern van de kritische bewindslieden – Hoekstra, Koolmees, Wiebes, Ollongren en

Schouten – nog een digitaal overleg om te voorkomen dat er op aandrang van de 'witte jassen' ondoordachte, eenzijdige maatregelen worden genomen. Maar het aantal besmettingen blijft gestaag oplopen, zodat ze zich al snel gedwongen zien hun verzet te staken. Tijdens een persconferentie op 13 oktober kondigen Mark Rutte en Hugo de Jonge een nieuwe reeks maatregelen aan: de horeca gaat dicht, alle evenementen worden geschrapt, alcoholverkoop na acht uur 's avonds wordt verboden, het dragen van mondkapjes wordt verplicht in alle publieke ruimtes. Nederland gaat weer op slot.

Twee dagen na de persconferentie komt Wouter Koolmees een zaaltje op zijn ministerie binnen. De rest van het gebouw aan het Parnassusplein is uitgestorven: vrijwel alle ambtenaren werken thuis. Koolmees heeft sinds de vroege ochtend al tien vergaderingen via het scherm achter de rug. De doorgaans zo montere bewindsman oogt dodelijk vermoeid. 'We zijn al maanden keihard aan het werk om de crisis te bestrijden. En nu hebben we toch weer een lockdown moeten aankondigen, die gaat leiden tot oplopende werkloosheid en sociale polarisatie. Dat is een enorme terugslag, die we psychisch moeten verwerken. Binnen het kabinet leidt dat ook tot gedoe. Voor veel collega's is de rek eruit. Ik ben zelf ook kapot.'

Koolmees fleurt pas even op als de 'Koolmeesdoctrine' voorbijkomt: een begrip dat een dag eerder tijdens een Kamerdebat voor het eerst werd genoemd door Mark Rutte – tot verrassing van Koolmees zelf. Tijdens het debat kreeg de minister van Sociale Zaken opeens een appje van de premier: 'Ik hoop dat je nu kijkt, want de Koolmeesdoctrine ziet nu eindelijk het licht.' Waarna Koolmees Rutte achter het spreekgestoelte hoorde vertellen wat die doctrine betekent: dat het uiteindelijk niet gaat om de maatregelen, maar om het gedrag. En dat daarbij hoort dat je ruiterlijk de enorme impact benoemt die maatregelen hebben op de samenleving: op bedrijven, maar ook op mensen met een kwetsbare gezondheid, ouderen en jongeren die te maken hebben met grote psychische druk. 'Het benoemen daarvan is een van de lessen die ik er zelf uit getrokken heb. Ik voel dat ook zo, maar ik verwijt mezelf weleens een keer dat ik dat vaker had mogen zeggen. Ik probeer wat ik daarvan zie in de samenleving en wat mij ongelofelijk raakt veel meer te laten doorklinken in mijn persoonlijke communicatie.'

In het zaaltje op het ministerie verschijnt een glimlach op Koolmees' gezicht. 'Haha, zo had Mark het nog niet eerder genoemd. Maar het klopt wat hij zegt. Bij het RIVM zijn ze heel goed in modellen maken. Maar ik heb er in het overleg telkens op gewezen dat het bijvoorbeeld volgens de modellen een goed idee kan lijken om de cafés een uur eerder dicht te doen, maar of dat effectief is, valt of staat met het gedrag. Als mensen dan om tien uur 's avonds naar de supermarkt gaan om bier te halen, en dat op straat gaan opdrinken, werkt het averechts. Van zulke effecten moeten we ons veel meer bewust zijn.'

Maar met de ruiterlijke bekentenis van Rutte tijdens het Kamerdebat is de onenigheid in de ministerraad nog verre van opgelost.

31

Deloyaal

In de laatste weken van oktober begint Kajsa Ollongren, minister van Binnenlandse Zaken en vicepremier, zich steeds meer zorgen te maken over de coronamaatregelen die wél worden genomen. Al in het voorjaar vroeg ze keer op keer aan Jaap van Dissel of de pandemie echt onder controle te krijgen was als de Nederlanders zich zouden houden aan de instructies: handen wassen, anderhalve meter afstand houden, thuisblijven bij ziekteverschijnselen. Telkens weer beaamde de RIVM-directeur dat die maatregelen voldoende zouden moeten zijn. Maar al in april bleken steeds minder Nederlanders zich aan de dringende adviezen te houden, en moesten op advies van het OMT zwaardere maatregelen worden afgekondigd: sluiting van de horeca, sluiting van de scholen, beperkingen voor de winkels – terwijl het bewijs voor de effectiviteit van die nieuwe maatregelen tijdens het 'navigeren door de mist', zoals Rutte het noemde, vaak flinterdun was. Nu het kabinet half oktober opnieuw een serie maatregelen heeft afgekondigd, vraagt Ollongren zich tijdens verschillende gesprekken met collega's af hoe we over een paar jaar op deze periode zullen terugkijken. *We gaan behoorlijk ver. Misschien blijkt later dat de pandemie hier niet heel anders is verlopen dan in landen waar ze soepeler zijn geweest met de maatregelen.*

Tijdens het Catshuisberaad van 25 oktober, nog geen twee weken nadat de 'lockdown light' bekend werd gemaakt, presenteert Jaap van Dissel verschillende scenario's, waaronder een totale lockdown van zes of in ieder geval twee weken. Opnieuw botst het tussen de drie w's en Ollongren aan de ene kant, en Rutte en De Jonge aan de andere: hoe kunnen ze instemmen met een plan waarvan de effecten niet eens zijn doorgerekend?

Een week later komt in het Catshuis een aangepast, milder voorstel ter tafel, in de vorm een tijdelijke sluiting van winkels, scholen, musea, bibliotheken en sportscholen, mogelijk ook een avondklok, en de mogelijkheid om regionale maatregelen in te stellen. Na stevig verzet van Hoekstra, Wiebes, Koolmees en onderwijsminister Arie Slob, die ook is aangeschoven, is aan het eind van de middag de sluiting van de scholen en de winkels al van tafel. Maar de discussie over de avondklok woedt door. Vooral Kajsa Ollongren zet zich schrap. Als minister van Binnenlandse Zaken is ze verantwoordelijk voor de grondrechten. In een democratische rechtsstaat, stelt ze, komt een avondklok neer op 100 procent vrijheidsbeperking. Ze krijgt bijval van justitieminister Ferdinand Grapperhaus, die zich opwerpt als hoeder van de rechtsstaat. Een avondklok, zegt hij, brengt de oorlog in herinnering. Andere ministers, onder wie Eric Wiebes, zien vooral praktische bezwaren: hoe kan de vierentwintiguurseconomie blijven draaien met zo'n verregaande maatregel? De tegenstanders kunnen elkaar volledig vinden in het meest doorslaggevende argument: hoe *effectief* is zo'n avondklok? Rutte en De Jonge houden overeind dat een avondklok overwogen zou moeten worden, maar Jaap van Dissel moet het antwoord op de vraag naar de effectiviteit schuldig blijven:

dat hebben de modelleurs van het RIVM nog niet uitgezocht. In geagiteerde stemming verlaat het gezelschap aan het eind van de middag het Catshuis.

Tijdens een extra telefonisch overleg de volgende ochtend slaagt Wopke Hoekstra erin ook de sluiting van de sportscholen te laten schrappen. Maar over de avondklok is nog steeds geen beslissing gevallen.

Die avond tijdens een tweede call per telefoon botst het opnieuw tussen Mark Rutte en Hugo de Jonge aan de ene, en een aantal ministers aan de andere kant – deze keer zonder Wopke Hoekstra, want die is naar de Eurogroep. Vooral Kajsa Ollongren houdt voet bij stuk: zolang de effectiviteit van een avondklok niet bewezen is, moeten we er niet aan beginnen. Mark Rutte reageert met groeiende irritatie: eerst hebben de opstandige ministers het plan voor een lockdown zodanig verbouwd dat er weinig van overblijft, en nu willen ze ook de avondklok afschieten. Getergd roept hij uit dat de opstelling van zijn collega's 'deloyaal aan het kabinet' zou zijn – waarvoor hij even later zijn excuses aanbiedt. Dan kapt de premier het overleg af. De toehoorders blijven achter in lichte verbijstering: dat Rutte uitgerekend Kajsa Ollongren, zijn plichtsgetrouwe oud-secretaris-generaal op Algemene Zaken, van deloyaliteit beticht hebben ze nog niet eerder meegemaakt.

Die week wordt de stemming in het kabinet er niet beter op als in allerlei media de tweespalt in het kabinet breed wordt uitgemeten, waarbij anonieme bronnen uit het kabinet worden geciteerd. *RTL Nieuws* noteert dat het laatste Catshuisberaad in 'slaande ruzie' is geëindigd, en dat het kabinet het instellen van een avondklok en sluiting van de scholen 'niet zal overleven'. En in zijn veelgelezen column in *De Telegraaf* schrijft Wouter de Winther dat een van de bewindslieden zou hebben gezegd 'fysiek buikpijn' te krijgen van de 'hijgerigheid' waarmee Hugo de Jonge nieuwe maatregelen voorstelt, dat achter de coalitieschermen wordt gesproken van 'debiele' en 'feitenvrije waanideeën' van De Jonge om het virus te bestrijden, terwijl zijn testbeleid 'een rotzooi' is, en dat Mark Rutte zich wekelijks laat gaan in woede-uitbarstingen over de houding van zijn kritische collega's.

Hugo de Jonge en vooral Mark Rutte, die al jaren een bloedhekel heeft aan lekken uit de ministerraad en regelmatig zelfs onderwerpen van de agenda heeft gegooid als erover was gelekt, ergeren zich wild, want de vingerafdrukken van verschillende collega's zijn duidelijk te zien in de verslaggeving.

32

Een massale angstpsychose

Het werkvertrek van Thierry Baudet, gelegen aan een gang op de begane grond van het oude Kamergebouw, heeft meer weg van een deftige salon in de late negentiende eeuw dan van het kantoor van een eigentijdse politicus. Het staat er propvol weelderige kamerplanten, chesterfields, een fraaie concertvleugel en boekenkasten met werken van Franse en Duitse denkers en van Baudet zelf, zoals *De aanval op de natiestaat* en *Politiek van het gezond verstand*. Het is begin november. Binnenkort zal zijn nieuwste werk het licht zien: *De ravage van tien jaar Rutte*, waarin de leider van Forum voor Democratie de kachel aanmaakt met het beleid van de VVD-premier, dat geleid zou hebben tot massa-immigratie, meer macht naar Brussel en miljardenverslindend klimaatbeleid. Over zijn veranderende opvattingen over corona is in het werkje nog weinig te vinden. 'Het kabinet houdt ons gevangen in een massale angstpsychose,' zegt Baudet in zijn werkkamer. 'En iedereen doet mee: de medische wetenschap, de media. Ieder tegengeluid wordt gesmoord. Ik mag niet eens met kritische mensen als Willem Engel praten zonder dat ze roepen dat ik naar het kamp van de "wappies" ben overgelopen.'

Hoewel Baudet zich aan het begin van de zomer heeft voorgenomen zich omfloerst uit te drukken over corona om zijn kritische partijgenoten niet te zeer tegen zich in het harnas te jagen, kon hij het niet laten om eind juni in het *FVD Journaal* zijn steun te verklaren aan Willem Engel, de voormalige dansleraar die zich na de sluiting van zijn dansschool door de crisismaatregelen heeft vastgebeten in het verzet tegen het coronabeleid, en eind mei de actiebeweging 'Viruswaanzin' is begonnen, niet lang daarna omgedoopt tot 'Viruswaarheid': 'Willem Engel, een van de mensen die wij achter de schermen steunen, de mensen die in strijd zijn tegen die absurde lockdown.' Eind september verscheen rapper en coronascepticus Tisjeboy Jay samen met Wybren van Haga in het *FVD Journaal*, waarna Annabel Nanninga het in de Amsterdamse gemeenteraad 'niet handig' noemde om 'iemand die ongetwijfeld goed kan rappen en influencen, iets van corona te laten vinden'.

Op 7 oktober verscheen Baudet op het Plein voor de deur van het Kamergebouw bij een demonstratie van Viruswaarheid tegen de spoedwet van Hugo de Jonge. Hij kreeg een megafoon aangereikt en riep tegen de joelende menigte: 'Wat is het ongelooflijk moedig dat hier zoveel mensen zijn, en er steeds meer mensen zijn die een ander geluid durven te laten horen!' Waarna FVD-sympathisant en opiniemaker Rutger van den Noort zich op de website Opiniez openlijk afvroeg of Baudet nog wel de 'beste persoon' zou zijn om de partij te leiden en pleitte voor een snelle lijsttrekkersverkiezing, met bijvoorbeeld Annabel Nanninga en Joost Eerdmans als kandidaten.

Intussen bleek uit peilingen van I&O Research dat steeds meer kiezers bij Forum wegliepen naar onder andere de PVV, omdat het gros van de potentiële aanhang zich niet kon vinden in de radicale coronastandpunten van Baudet en zijn omarming van complotdenkers. En eind oktober, de dag van de presentatie van de top 10 van Forum voor Democratie in een vanwege de coronaregels leeg Ahoy, verklaarde Joost Eerdmans, de kersverse nummer 4, in *De Telegraaf*: 'Ik kan me zeker niet vinden in het gedachtegoed van Willem Engel. Ik wil niet met complotten geassocieerd worden. Mensen met complotten en waanideeën dat Bill Gates het virus in wil spuiten, daar verzet ik me tegen.' Zo begon de breuk in Forum voor Democratie zich af te tekenen.

Maar in zijn werkkamer verklaart Baudet begin november dat hij van geen wijken wil weten. 'Alsof ik verantwoordelijk ben voor de ideeën van iedereen met wie ik in gesprek ben. Er staat hier niets anders op het spel dan het vrije woord.'

Twee weken later, op vrijdag 20 november, barst de bom tijdens een kennismakingsetentje van de top 10 van de partij in Tiel. Daar is een zaaltje boven een bedrijfsruimte voor de komende maanden ingericht als hoofdkwartier van de campagne, geheel in stijl met een zware houten tafel, lederen stoelen en kamerplanten. De eerste uren klinkt er klassieke muziek uit de geluidsinstallatie. Maar halverwege het diner schalt opeens het stampende nummer 'Kings and Queens' uit de boxen: 'If all of the kings had their queens on the throne/ We would pop champagne and raise a toast.' Tot verbijstering van Baudet heeft Joost Eerdmans, die als Kamerlid al optrad als dj Jopie, een lekker nummertje opgezet om de stemming erin te brengen. Terwijl Baudet even wegliep heeft Eerdmans de telefoon van de FVD-leider gepakt en de bluetoothverbinding met de box overgenomen. De partijleider, die ooit nog concertpianist wilde worden, reageert geërgerd. Geert Wilders heeft hem in september al gewaarschuwd voor de tomeloze geldingsdrang van Eerdmans, en nu denkt de nieuwe nummer 4 dat hij wel even de toon kan zetten met zijn commerciële herrie. 'Je moet niet denken dat jij hier de muziek bepaalt,' bijt Baudet hem toe. 'Wij draaien bij onze partij klassieke muziek!'

Als Eerdmans later op de avond, nadat er vele flessen wijn over tafel zijn gegaan, uiteenzet wat naar zijn idee de speerpunten van de campagne zouden moeten zijn – het klimaat, de immigratie, de Europese Unie – betoogt Baudet dat de hele campagne gericht moet zijn op één thema: het herwinnen van de vrijheid op de kartelpolitici die corona aangrijpen om de samenleving aan banden te leggen. Hij vertelt over de gekooide panter uit het beroemde gedicht van Rainer Maria Rilke, waar hij tranen bij in de ogen kan krijgen: 'Zijn blik is door het lopen langs de tralies/ zo moe geworden dat hij niets meer ziet./ Het moeten hem wel duizend spijlen lijken/ en achter deze duizend bevindt zich – niets.' Geëmotioneerd roept hij uit: 'Een gekooide panter, zo voel ik mij ook!'

Vervolgens ontstaat een vinnige discussie over de prijs die je voor de vrijheid moet betalen: hoeveel doden moet je bereid zijn te accepteren als je de coronaregels overboord zet? Baudet betoogt dat invloedrijke figuren als de Amerikaans-Joodse filantroop George Soros de massapsychose over corona misbruiken om hun macht over gewone burgers te vergroten. Als Nicki Pouw-Verweij tegenwerpt dat Jodenhaat niet getolereerd moet worden, roept hij uit: 'Als kritiek op George Soros antisemitisch is, dan is bijna iedereen die ik ken antisemiet!' Dat Baudets vriendin Davide Heijmans een Joodse achtergrond heeft en veel van zijn vrienden ook, gaat in het rumoer verloren.

De volgende ochtend lijkt er nog weinig aan de hand, als de aspirant-Kamerleden na het verhitte avondje samenkomen voor een fotosessie. Maar dezelfde dag onthullen *Het Parool* en GeenStijl dat er wéér antisemitische teksten van FVD-jongeren zijn opgedoken. Een van hen citeerde nazikopstuk Heinrich Himmler op Instagram, een ander schreef in een appgroep dat 'Joden internationale pedonetwerken hebben en vrouwen massaal de pornografie in helpen'. Op zondag wordt besloten dat partijkopstukken Paul Cliteur, Olaf Ephraim en Wybren van Haga onderzoek zullen doen naar de nieuwe affaire; het JFVD-bestuur treedt tijdelijk terug.

Maar die avond circuleert opeens een brief waarin Joost Eerdmans, Nicki Pouw-Verweij, Annabel Nanninga, Eva Vlaardingerbroek én Theo Hiddema eisen dat Freek Janssen nu ook terugtreedt als kandidaat-Kamerlid. Hiddema laat direct aan Baudet weten dat hij zijn naam nooit aan de brief verbonden heeft, en is zo verbolgen dat hij de volgende ochtend uit de Tweede Kamer stapt. Als het bestuur zich vervolgens toch schaart achter het ultimatum van de briefschrijvers treedt Baudet aan het eind van de dag terug als partijleider.

Dezelfde avond organiseert hij een feestje, thuis aan de gracht in Amsterdam, met zijn geliefde Davide Heijmans, haar Joodse nichtje en een paar trouwe vrienden. Zijn ouders feliciteren hem per telefoon met zijn beslissing: kan hij eindelijk iets zinvols gaan doen met zijn leven. Hij krijgt appjes van vrienden: 'Goed gedaan!' Het voelt als een bevrijding: klaar met het gedoe. Samen maken ze uitgelaten grappen: 'Heeft het antisemitisme ons toch weer gered!' Baudet denkt nog: *Als ze me erelid voor het leven maken ga ik vrolijk iets anders doen.*

Maar als hij de volgende dag aan het eind van de middag met Paul Cliteur een glas wijn drinkt op de nieuwe toekomst verschijnt op ThePostOnline een venijnig stuk van Annabel Nanninga, die aandringt op zijn royement. Bovendien hoort hij dat in de top van de partij een plan rondgaat om alle medewerkers die aan hem rapporteerden te ontslaan, en om zelfs de naam van de partij te veranderen. Hij denkt: *Ze willen mijn erfenis kapotmaken.*

Die nacht kan Baudet de slaap niet vatten. Tijdens een lange wandeling door het doodstille centrum van Amsterdam besluit hij een laatste verzoeningspoging te wagen en de overgebleven bestuursleden om een schriftelijke verklaring te vragen dat hij geen racist of antisemiet is, dat ze altijd fijn hebben samengewerkt en in harmonie zullen zoeken naar de volgende stappen. Als het verzoek in de vroege ochtend wordt geweigerd, besluit hij zich terug te vechten als partijleider.

Zo breekt op woensdag 26 november de mediastorm pas echt los, als Baudet verklaart dat de leden moeten kunnen stemmen over de toekomst van FVD. Terwijl hij bij *Beau* zit lekt via *De Telegraaf* een brandbrief van Nicki Pouw-Verweij aan het partijbestuur uit. Volgens haar zou de gewezen lijsttrekker tijdens het avondje in Tiel onder meer antisemitische uitspraken hebben gedaan. De gewezen lijsttrekker verklaart dat hij aan de avond 'een heel andere herinnering' heeft, maar ontkent zijn uitspraken niet. De volgende ochtend, live in de studio bij *Goedemorgen Nederland*, belt Eva Vlaardingerbroek, de nummer 5 op de lijst en bovendien een ex van Baudet, in om steun te betuigen aan het kamp van Pouw-Verweij, Eerdmans en Nanninga. Het voorstel van Baudet voor een 'boedelscheiding' wuift ze weg als 'paniekvoetbal van iemand die aan het verliezen is'. Baudet is er zichtbaar door geraakt dat zelfs zijn ex-vriendin Eva hem in de steek laat.

In het weekend maakt Baudet de sprong voorwaarts. Met

steun van een aantal grote donateurs zet hij de overgebleven bestuursleden onder druk om in te stemmen met het uitschrijven van een bindend ledenreferendum, dat hij al technisch heeft laten voorbereiden. De vraag die voorligt: 'Wilt u dat Thierry Baudet de partijleider blijft van FVD? Ja of nee?' Op 4 december komt de uitslag van de digitale stemming binnen: driekwart van de stemmers kiest voor hem.

Eindelijk is de gekooide leeuw bevrijd. Nu vrijwel alle critici vertrokken zijn uit de partij heeft Baudet de handen vrij om vol op het orgel te gaan voor de vrijheid en tegen het coronabeleid. Meteen besluit hij dat de strijd voor de vrijheid zijn unique sellingpoint moet worden om concurrenten als Geert Wilders en JA21, de nieuwe partij van Joost Eerdmans en Annabel Nanninga, de pas af te snijden. Met zijn overgebleven vertrouwelingen smeedt hij het plan om *issue owner* van het onderwerp te worden en tijdens de verkiezingscampagne met een 'vrijheidskaravaan' het land door te trekken.

Zo verschijnt Baudet op 23 februari voor een bliksembezoek op Urk, het voormalige visserseiland, waar niet lang daarvoor nog een teststraat van de GGD in brand is gestoken. Als hij bij de haven aankomt drommen vele tientallen mensen om hem heen. Stralend laat hij selfies maken. 'We stemden altijd Wilders,' zegt een vrouw van middelbare leeftijd. 'Die was hier een paar jaar terug nog, maar wij gaan nu voor jou. Dat beloven we!' Baudet eet nog een haring, en verklaart vlak voor hij weer de auto in stapt dat de hele samenleving door corona kapotgaat. Maar: 'Urk is een fantastisch dorp. Mensen zijn verstandig, werken hard en zijn net als wij tegen de coronamaatregelen. Dit is de voorhoede van Nederland. Hier blijven mensen de vrijheid verdedigen!'

33

Een brisante vraag

Na de CDA-bijeenkomst in Burgers' Zoo in augustus lijkt de rust even weer te keren in het CDA. Pieter Omtzigt legt zich tandenknarsend neer bij de uitslag van de digitale stemming. Maar de hoop op het lijsttrekkerschap heeft hij nog niet opgegeven. In september laat hij dat blijken aan Rutger Ploum, als hij zegt dat híj de man is als Hugo wegvalt. Daar wil Ploum niets van weten. Naar zijn idee was de afspraak bij de lijsttrekkersverkiezing glashelder: *winner takes all*, aan de tweede positie viel geen enkel recht te ontlenen. Hij zegt: 'Hier praat ik niet over met je.'

Omtzigt: 'Dat hoeft ook niet, je moet er met ánderen over praten.'

'Nee Pieter, er is maar één optie: Hugo op één, jij op twee, zo gaan we het draaien.'

'Maar als Hugo wegvalt, ben ik jouw man.'

Daar geeft Ploum geen antwoord op.

Maar Omtzigt houdt een hele andere herinnering aan het gesprek over: Ploum heeft wel degelijk de harde toezegging gedaan dat hij als running mate automatisch de opvolger zal zijn.

Intussen mag Omtzigt als running mate wekelijks aanschuiven bij het bewindsliedenoverleg van het CDA op donderdagavond, zoals hem in de Remise is toegezegd. En de programmacommissie onder leiding van oud-staatssecretaris Ben Knapen, waar Omtzigt al maanden eerder op verzoek van partijvoorzitter Rutger Ploum lid van is geworden, neemt een aantal van zijn voorstellen over, waaronder aanpassing van het toeslagenstelsel en verhoging van het minimumloon met 10 procent.

Ondanks de wankele overwinning van Hugo de Jonge bij de lijsttrekkersverkiezingen begint het campagneteam er langzamerhand fiducie in te krijgen, al is het maar omdat de partij volgens de eigen peilingen in augustus en september meer kans maakt op verkiezingswinst met Hugo de Jonge dan met Wopke Hoekstra.

Maar begin oktober begint het weer te rommelen. Terwijl de besmettingscijfers oplopen, het kabinet verdeeld raakt over nieuwe maatregelen en het CDA blijft hangen op zo'n zes zetels verlies in de peilingen, komt Hugo de Jonge ook binnen de partij steeds meer onder vuur te liggen. Partijprominenten, afdelingsvoorzitters en andere actieve leden die aanvankelijk opgelucht ademhaalden toen Hugo de Jonge op het nippertje Pieter Omtzigt versloeg, twijfelen steeds meer aan de geschiktheid van de nieuwe lijsttrekker. In de pers dreigt De Jonge de grote kop-van-jut te worden voor alles wat er misgaat in het coronabeleid. Als de tweede coronagolf aanhoudt tot het voorjaar – en daar begint het inmiddels naar uit te zien – stevent het CDA onder leiding van De Jonge af op een dramatische nederlaag bij de verkiezingen in maart. Achter de schermen begint een groeiend aantal invloedrijke CDA'ers zich te roeren.

Ook Hans van der Wind, onbezoldigd voorzitter van de commissie fondsenwerving van de partij, begint zich in de eerste dagen van oktober grote zorgen te maken over de toekomst van de partij. Als vermogend ondernemer steunt hij het CDA al jaren met flinke donaties. Sinds 2017 is Van der Wind – op verzoek van toenmalig partijvoorzitter Ruth Peetoom – bezig de fondsenwerving te professionaliseren. Tijdens de komende verkiezingscampagne is hij de man die de partijkas moet zien aan te vullen met donaties van gulle partijleden en sympathisanten in het bedrijfsleven. Maar de oorlogskas vult zich niet zoals gepland. Tijdens gesprekken met mogelijke geldschieters blijkt keer op keer dat zij veel meer vertrouwen zouden stellen in oud-McKinsey-man Wopke Hoekstra als lijsttrekker dan in voormalig schoolleider Hugo de Jonge.

Nu De Jonge er in de media steeds harder van langs krijgt, besluit de ondernemer uit Loenen aan de Vecht zijn zorgen te delen. In de eerste week van oktober heeft Van der Wind een afspraak met Wopke Hoekstra, om over de haperende fondsenwerving van de partij te praten: de minister van Financiën heeft eerder in de zomer aan Hugo de Jonge aangeboden dat hij daar best een keer over mee wil denken.

Van der Wind besluit het gesprek met Hoekstra aan te grijpen voor een brisante vraag, die grote betekenis kan hebben voor de toekomst van de partij. Nadat ze uitvoerig met elkaar hebben doorgenomen hoe slecht het CDA ervoor staat – toenemende kritiek op Hugo de Jonge, hopeloze peilingen, een dreigende nederlaag in maart – zegt Van der Wind dat hij zich er best voor wil inzetten om te kijken of verandering mogelijk is, maar dat hij dan wel op Hoekstra wil kunnen rekenen. Hoekstra laat niet het achterste van zijn tong zien, maar Van der Wind, ervaren onderhandelaar in het zakenleven, leest in Wopkes *body language* dat hij als het erop aankomt deze keer geen nee zal zeggen.

De volgende dag maakt de 'suikeroom van het CDA' een lange wandeling met partijvoorzitter Rutger Ploum, in de polder bij Bergambacht, waar Ploum woont. Terwijl ze voortstappen over een landweggetje legt Van der Wind uitvoerig uit dat het CDA als het zo doorgaat zeven zetels zou kunnen verliezen ('Dit kan het einde worden van de partij'), en waarom hij denkt dat Hugo de Jonge het niet gaat redden als lijsttrekker: door de aanhoudende kritiek op zijn ministerschap, door zijn gebrek aan economische kennis, en doordat hij Mark Rutte tijdens de campagne nooit hard zal durven aanpakken, omdat hij zo close met hem is. Van der Wind legt uit dat zijn gutfeeling hem vertelt dat Wopke bereid is de fakkel over te nemen. Ploum luistert aandachtig, want Van der Wind is bepaald niet de enige in de partij die zich zorgen maakt. Ze bespreken de mogelijkheid om nader onderzoek te doen naar de kansen van Hugo en Wopke.

Dezelfde week zet Hans van der Wind op eigen kosten een professionele peiling op touw via No Ties, het bureau waar ook Maurice de Hond gebruik van maakt. Belangrijkste vraag: wie maakt als lijsttrekker de meeste kans tegen Mark Rutte: Hugo de Jonge, Pieter Omtzigt of Wopke Hoekstra? Drie weken later, als de kritiek op Hugo de Jonge in de partij en in de media alleen maar verder is aangezwollen, krijgt Van der Wind de uitkomst van het onderzoek via de mail, en ziet hij zijn intuïtie bevestigd. Volgens de peiling heeft alleen Hoekstra een kans: bijna de helft van de Nederlanders zou op hem stemmen als het alternatief Mark Rutte zou zijn. Het vertrouwen in Hugo de Jonge is sinds september snel gekelderd, en ook Pieter Omtzigt blijft ver bij Hoekstra achter. Nog een opsteker voor de CDA'ers die zich zorgen maken: met Hoekstra als lijsttrekker zouden *dertig* zetels niet ondenkbaar zijn. Een leiderschapswissel, kortom, zou de redding kunnen betekenen voor het CDA.

Prompt stuurt hij het rapport in vertrouwen door aan Wopke Hoekstra zelf en aan Rutger Ploum: nu is er een wapen om de partijvoorzitter in beweging te brengen. Ook biedt hij Hugo de Jonge aan de peiling in detail door te nemen, maar de lijsttrekker wil er niets van weten.

Ook Ploum trekt geen conclusies uit de peiling. Hij blijft Hugo de Jonge verdedigen tegen de critici. De voorzitter, is zijn overtuiging, moet koers houden. Maar het blijft broeien in de partij. In de nazomer voert Ploum gesprekken met vele bezorgde partijgenoten, onder wie oud-premier Jan Peter Balkenende, oud-partijleider Elco Brinkman, senator en voorzitter van de programmacommissie Ben Knapen, en Jaap de Hoop Scheffer. Ook Hugo de Jonge wordt bij voortduring bestookt met al dan niet goedbedoeld advies uit alle geledingen van de partij, maar de domineeszoon uit Zuid-Holland wil van geen wijken weten.

Dat merkt ook Hans van der Wind, als hij begin november zijn best doet Hugo de Jonge tijdens een gesprek onder vier ogen tot opstappen te bewegen. Ze kennen elkaar al vele jaren, uit de tijd dat Van der Wind als eigenaar en bestuursvoorzitter van schoolboekengigant Van Dijk tijdens het kabinet-Balkenende-Bos lobbyde in Den Haag om de nadelige effecten van een wetsontwerp voor gratis schoolboeken tegen te gaan, en Hugo de Jonge als politiek assistent van toenmalig onderwijsminister Marja van Bijsterveldt het wetsontwerp moest voorbereiden. Ze spraken elkaar maandenlang vrijwel iedere dag. Het wetsontwerp kwam erdoor. Acht jaar later werd Van der Wind schatrijk door de verkoop van zijn bedrijf; Hugo de Jonge werd wethouder van onderwijs in Rotterdam.

En nu zitten ze tegenover elkaar en legt Van der Wind aan De Jonge uit dat het helemaal mis dreigt te gaan met de campagne. Hij vertelt hem over het onderzoek: dat het CDA met Wopke een veel grotere kans heeft om van Rutte te winnen. En hij zegt: 'Als het zo doorgaat, is dat slecht voor de partij, en voor jou. Dan word je afgebrand op 17 maart, dan word je afgevoerd en is het klaar met je politieke carrière. En dat gun ik jou niet.' Maar De Jonge wil er niets van weten. Hij zegt: 'Joh, gaat niet gebeuren, basta. Het gaat om verantwoordelijkheid. En CDA-kiezers hebben uiteindelijk altijd waardering voor mensen die in de wind durven te staan.' Bovendien, zegt De Jonge, is Wopke niet beschikbaar. 'Nou,' zegt Van der Wind, 'daar ben ik niet van overtuigd.'

34

Dit houdt niet meer op

In het najaar blijft het kritische berichten in de media regenen over de groeiende onvrede binnen het CDA over het leiderschap van Hugo de Jonge, ingefluisterd door loslippige CDA'ers in en rond de top van de partij. Eind november stuurt Hans van der Wind als voorzitter van de commissie fondsenwerving een alarmerende mail aan de Verenigingsraad: dat de fondsenwerving blijft steken op een half miljoen, terwijl er minstens 1,25 miljoen nodig is voor een goede campagne.

Bij Hugo de Jonge begint in stilte de twijfel te knagen: hoe kan hij zijn ministerschap en zijn lijsttrekkerschap midden in de grootste crisis sinds de Tweede Wereldoorlog in godsnaam tot een goed einde brengen als er constant aan zijn stoelpoten wordt gezaagd? In de top van de partij bestaat geen enkel animo om het leiderschap over te dragen aan De Jonges running mate Pieter Omtzigt, de man die binnen het CDA al jaren bekendstaat als ongeleid projectiel, en over wie in de wandelgangen wordt gezegd: *Pieter kan niet eens zijn eigen secretaresse managen*. Er is maar één optie: Wopke moet het doen.

Zo kan het gebeuren dat de CDA-leider op de laatste zondag van de maand na het Catshuisberaad op het ministerie van Financiën verschijnt om met Wopke Hoekstra te praten over de sociaaleconomische ontwikkelingen, over een speech op het partijcongres in december en over diens bijdrage aan de komende campagne, terwijl zijn éígenlijke bedoeling een andere is: voorzichtig aftasten of Hoekstra bereid zou zijn de fakkel van hem over te nemen.

Maar expliciet vragen kan hij dat niet, want *what is said cannot be unsaid*: zodra De Jonge bekendmaakt dat hij overweegt de handdoek in de ring te gooien, is er geen weg meer terug. En zo ontrolt zich die middag in de werkkamer van Hoekstra een schimmig gesprek waarvan geen van beiden precies weet waar het eigenlijk over gaat. Een week later op maandag verschijnt De Jonge opnieuw bij Financiën, en begint hij geleidelijk aan het gevoel te krijgen dat Wopke Hoekstra de politiek nog niet vaarwel heeft gezegd. Zou hij het lijsttrekkerschap dan toch over kunnen dragen?

Begin december komt de sluimerende opstand in het CDA tot een apotheose. Een van de aanstichters: de Volendamse staatssecretaris van Economische Zaken Mona Keijzer, die zich in de zomer eerst zelf als kandidaat voor het lijsttrekkerschap opwierp, vervolgens publiekelijk de kandidatuur van Pieter Omtzigt steunde, tegen Hugo de Jonge, en in het bewindspersonenoverleg van het CDA op donderdagavond vrijwel wekelijks tegen Hugo's coronabeleid van leer trekt.

Tot grote ergernis van De Jonge en Mark Rutte lekt op dinsdag 8 december via *RTL Nieuws* een vertrouwelijke notitie van het ministerie van Economische Zaken uit, die in opdracht van Mona Keijzer is opgesteld. De CDA-politica probeert zich al maanden in de kijker te spelen als beschermvrouwe van de kleine ondernemer die zwaar wordt geraakt door de coronamaatregelen waarvan Mark Rutte en Hugo de Jonge de voortrekkers zijn. De gelekte notitie, die vanwege de consternatie in de media dezelfde middag wordt ingebracht in het kabinetsberaad, past precies in dat patroon. De strekking: de opening van restaurants – die sinds half oktober al gesloten zijn – zal het aantal besmettingen met corona eerder doen dalen dan stijgen. Dat alles op grond van een aantal niet door het RIVM getoetste aannames: het sluiten van de horeca zou zeer geringe invloed hebben gehad, en opening van de restaurants zou het aantal besmettingen thuis omlaag kunnen brengen.

Dezelfde middag in het kabinetsberaad op het ministerie van Algemene Zaken, waar een groot deel van de ministersploeg het coronadebat van de volgende dag voorbereidt, maakt Hugo de Jonge meteen gehakt van de notitie, in het bijzijn van zijn Volendamse CDA-collega zelf. *Jij kan er afstand van nemen of ik doe het, maar het is echt zo'n prutsnotitie, dat is niet serieus te nemen.* Morrend besluit Mona Keijzer het stuk terug te trekken.

Bij het scannen van de kranten op zijn iPad ziet De Jonge de volgende ochtend vroeg een artikel in het *Algemeen Dagblad*, dat preludeert op het CDA-congres dat drie dagen later online zal plaatsvinden – 'Chagrijn over doofpot bij het CDA' – waarin wordt vermeld dat volgens advocaten aan de Zuidas de lijsttrekkersstrijd in het CDA oneerlijk is verlopen: 'Er hangt een geur van onrechtmatigheid en intransparantie omheen.' Ook registeraccountant Frank van Rossum wordt genoemd, die zich al sinds augustus heeft vastgebeten in het onderzoeksrapport dat 'geen grove onregelmatigheden' bij de online lijsttrekkersverkiezing vaststelde. Naar zijn overtuiging rammelt het aan alle kanten: één persoon, een voormalige stagiair op het partijbureau, was verantwoordelijk voor de bouw van de applicatie, had inzicht in de resultaten én heeft om onverklaarbare redenen meteen na de verkiezing de 'logomgeving' weggegooid waarin alle digitale handelingen zijn weggeschreven, zodat achteraf onmogelijk te controleren is of er met de uitslag is geknoeid. Bij het partijbestuur heeft Van Rossum tevergeefs aangedrongen op een nieuw onderzoek en een nieuwe verkiezing. In het artikel worden ook anonieme 'partijprominenten' opgevoerd die de haperende fondsenwerving voor de campagne wijten aan het geringe enthousiasme voor lijsttrekker Hugo de Jonge. Volgens een 'betrokkene' komt er geen cent meer binnen. 'Als je als ondernemer al moet bloeden door het coronabeleid van de lijsttrekker, ga je die niet financieren.'

Hugo de Jonge denkt: *Dit houdt niet meer op.*

Op hetzelfde moment ruikt Geert Wilders bloed: ook de PVV-leider heeft de kranten gelezen, en dit is een heerlijke kans om te stoken in het CDA. Aan het begin van het coronadebat een paar uur later, waar Hugo de Jonge, Mark Rutte, Tamara van Ark, Wouter Koolmees, Eric Wiebes én Wopke Hoekstra klaar zitten in Vak K, wil hij ook Mona Keijzer naar de Kamer roepen vanwege haar geheime notitie, die volgens Wilders 'veel waarheden' bevat. 'Wat mij betreft mag minister Wiebes dan iets anders gaan doen vanmiddag.' De regeringspartijen blokkeren het voorstel. VVD-fractieleider Klaas Dijkhoff wijst erop dat de nota niet meer dan een uitgelekt opzetje is: 'Dit was een mus, en die was dood.' Zo voorkomt de coalitie dat Mona Keijzer op de grill belandt.

Maar dat weerhoudt Wilders er niet van om even later de frontale aanval op Hugo de Jonge in te zetten. 'Mevrouw de voorzitter, wat Nederland nu nodig heeft is een minister van Volksgezondheid met gezag. Iemand met visie, die knopen doorhakt en geen tijd en energie hoeft te verspillen aan gevechten in de coalitie of in zijn eigen partij. Zoals met al die

CDA-prominenten die anoniem – een beetje laf natuurlijk – tegen *De Telegraaf* zeggen dat het niks wordt met Hugo. Dat ze met hem het ravijn in gaan. Een collega-minister van zijn eigen CDA nota bene verweet hem "bokitogedrag". Zelfs binnen zijn eigen partij wordt openlijk getwijfeld aan zijn gezag.'

Terwijl het debat gaande is in de plenaire zaal en Hugo de Jonge zich moet verdedigen tegen felle aanvallen van de oppositie, rommelt het door in de partij. In de ochtend dient een groepje CDA-leden onder leiding van voormalig Statenlid in Overijssel Jeroen Slager uit Balkbrug een reeks kritische vragen over de lijsttrekkersverkiezing in voor het CDA-congres drie dagen later, waar het lijsttrekkerschap van Hugo de Jonge moet worden bekrachtigd. Wie heeft besloten de 'logomgeving' te verwijderen, zodat niet meer te achterhalen is of er in de uitslag is ingegrepen? En waarom is er geen accountantskantoor ingeschakeld om de digitale procedure te controleren? De vragenstellers, die al weken tevergeefs het partijbestuur bestoken, eisen antwoord én spreekrecht op het congres.

Laat op de avond, nog voor het debat is afgelopen, wordt Jeroen Slager thuis in Balkbrug gebeld door niemand minder dan Pieter Omtzigt, die een dringend beroep op hem doet om de vragen voor het congres in te trekken: Rutger Ploum wil een 'positieve sfeer' op het congres.

Slager is totaal verrast: hij kent Omtzigt goed uit de Overijsselse politiek, hij weet dat het gedreven Kamerlid óók twijfelt aan de rechtmatigheid van de verkiezing, en denkt hem met zijn kritiek op het partijbestuur juist een dienst te bewijzen. Omtzigt dringt aan: 'Ik móét het je vragen.' Maar Slager houdt zijn poot stijf. 'Dat ga ik echt niet doen, Pieter. Zeg dat maar tegen Ploum.'

De volgende ochtend wordt Rutger Ploum gebeld door Hugo de Jonge, of hij langs wil komen op het ministerie. Ploum voelt nattigheid. In zijn werkkamer, in het bijzijn van fractievoorzitter Pieter Heerma, zegt de lijsttrekker geëmotioneerd: 'Ik ga ermee stoppen.'

Die avond meldt De Jonge in een brief aan de CDA-leden dat hij zijn lijsttrekkerschap neerlegt: de functie is niet langer te combineren met het bestrijden van de coronacrisis. 'Nederland door deze crisis helpen, dat gaat voor,' verklaart hij tegenover de camera van *Nieuwsuur*. 'Beide goed doen is niet mogelijk. Er is altijd deining in een partij die wisselt van leiding. Daar heb je tijd voor nodig, en daaraan ontbreekt het mij.' Hij probeert er plechtig bij te kijken, maar wie goed oplet, ziet opluchting op zijn gezicht.

35

De terugkeer van Wopke

De lichten van de landingsbanen pinkelen als Wopke Hoekstra in de vroege middag van 10 december van Amsterdam via Schiphol naar Den Haag rijdt. Langs de A4 ziet hij de silhouetten van KLM-vliegtuigen die al maanden roerloos aan de grond staan. Dan gaat zijn mobiele telefoon: Hugo de Jonge, die vertelt dat hij gaat stoppen als lijsttrekker. Voor Hoekstra komt de timing als een donderslag bij heldere hemel: tijdens de laatste twee gesprekken heeft De Jonge, ondanks de grote druk binnen de partij, op geen enkele manier laten blijken dat hij al overwoog de lier aan de wilgen te hangen. Even later belt Rutger Ploum, die een dringend beroep op hem doet: *Wopke, de partij heeft je nodig.*

Dezelfde middag wordt Pieter Omtzigt in zijn werkkamer in Den Haag gebeld door Hugo de Jonge, en even later door Rutger Ploum, die hem vraagt om zo snel mogelijk voor geheim beraad naar de Rijksacademie van Financiën in Den Haag te komen. Daar stelt hij dat de partijvoorzitter hem in de Remise en later in september de harde toezegging heeft gedaan dat hij als running mate de opvolger zou zijn, maar Ploum ontkent: het was *winner takes all*, nu is er een nieuw momentum.

Als ook Wopke Hoekstra aanschuift maakt het partijbestuur aan Omtzigt duidelijk dat men voor Hoekstra kiest.

Hoekstra op zijn beurt hamert op het volgen van de juiste procedure: hij wil niet meteen ja zeggen en pardoes door het bestuur naar voren worden geschoven, om te voorkomen dat er later onduidelijkheid over ontstaat. Bovendien wil hij 's avonds nog rustig met zijn vrouw Liselot kunnen praten voor hij een beslissing neemt. Maar Omtzigt krijgt van het bestuur te horen dat hij geen bedenktijd krijgt: zolang hij zich niet schikt in de keuze voor Hoekstra, kan Hugo de Jonge niet naar buiten met het nieuws dat hij terugtreedt. In grote consternatie belt hij met zijn vrouw Ayfer. Later op de avond vertrekt Omtzigt diep teleurgesteld naar huis.

De volgende ochtend vóór de ministerraad verklaart Hoekstra dat hij bereid is na te denken over het lijsttrekkerschap en dat met zijn gezin te bespreken als de partij een beroep op hem doet. 'Het bestuur is nu aan zet.' Unaniem besluit het bestuur die middag dat Wopke gevraagd moet worden. Vervolgens wordt de Verenigingsraad bijeengeroepen en volgt er een biechtstoelprocedure met alle individuele leden. Ook zij kiezen unaniem voor Hoekstra. Daarop belt Ploum met de beoogde lijsttrekker en vraagt hem het lijsttrekkerschap te aanvaarden. Het antwoord is: ja.

Aan het begin van de avond staat Leonard Grijpma, penningmeester van het CDA in Overijssel en vertrouweling van Omtzigt, voor de deur van het Kamerlid in Enschede om hem voor overleg naar Wopke Hoekstra in Bussum te brengen.

Zonder dat Omtzigt het weet is in de kring rond Hoekstra bedacht dat het voor de 'beeldregie' van het grootste belang is dat Omtzigt zijn steun verklaart aan Hoekstra, voordat die zijn kandidatuur bekendmaakt. Omtzigt aarzelt of hij wel in de auto naar Bussum moet stappen. Ayfer raadt het hem af.

Pas als Ank Bijleveld, het olievrouwtje van het partijbestuur, via de telefoon op hem inpraat, besluit hij toch te gaan. Maar vlak voor hij in Bussum aankomt belt een andere vertrouweling, oud-Kinderombudsman Marc Dullaert, dat niet alleen *De Telegraaf* bij Hoekstra voor de deur staat om een foto te maken, maar ook een cameraploeg van *Nieuwsuur*. Opnieuw voelt hij zich voor het blok gezet.

Nog geen vijf minuten voor Omtzigt in Bussum aankomt doet Hoekstra in hemdsmouwen de deur open voor de cameraploeg. 'Wat een gezelligheid! Heel eerlijk gezegd: ik zat even de kinderen voor te lezen en ik was even met Liselot aan het overleggen over hetzelfde waar jullie hiervoor zijn. Ik ben verrast dat u er ook bent.'

Als Hoekstra weer naar binnen is en Omtzigt bij aankomst voor de deur de camera op zich gericht krijgt, zegt hij: 'Ik denk dat het een goed idee is als Wopke de partij gaat leiden.' Maar na de vraag 'Waarom u niet?' valt een stilte. Na een diepe zucht verklaart Omtzigt met een gepijnigd gezicht: 'Ik denk dat – zeker met de economische crisis waar we nu in zitten, en de coronacrisis – dat het goed is dat het vanuit de partij, vanuit het kabinet geleid wordt. Daar hebben we dit keer een uitstekende kandidaat voor en dat is Wopke Hoekstra.'

Op zaterdagmiddag staat Hoekstra klaar in de hal van het partijbureau voor de persconferentie waar hij de voordracht als lijsttrekker publiekelijk zal aanvaarden. Vanaf de balustrade maakt Freek van den Bergh, persfotograaf van *de Volkskrant*, een foto door een designkroonluchter met een vrome tekst, zodat het gezicht van Hoekstra precies te zien is in het midden van de letters 'GOD'.

Dat weekend besluit Hoekstra het campagneteam flink uit te breiden, onder het motto 'opschalen en professionaliseren'. Als 'kernteam' stelt hij een aantal oude vrienden uit het bedrijfsleven aan, die hem al tijdens zijn hele ministerschap van informele adviezen voorzagen. Peer Swinkels, topman van bierbrouwerij Bavaria, wordt verantwoordelijk voor de 'branding' van het merk Wopke Hoekstra. Patrick Lammers, CEO van energiemaatschappij Essent, gaat zich wijden aan de campagnespeeches. Jeroen de Graaf, voormalig politiek adviseur van Balkenende, die Hoekstra al meteen na zijn aantreden als minister aanspoorde om lijsttrekker te worden, wordt chef strategie – ten nadele van Jack de Vries, oud-spindoctor van Balkenende, die ooit ook Hoekstra adviseerde maar vervolgens toetrad tot het campagneteam van Hugo de Jonge: Jack kan vertrekken. In het nieuwe kernteam wordt whizzkid Boudewijn Wijnands, een bekende van Hoekstra van de Amsterdamse afdeling van de partij, verantwoordelijk voor de online campagne. Ondernemer Hans van der Wind, hoofd van de commissie fundraising, treedt ook toe, evenals 'changemanager' Alwyn de Jong, vicevoorzitter van de partij, voorheen CDA-voorzitter in Amsterdam en tevens echtgenoot van Hoekstra's rechterhand Jitske Haagsma. Raymond Knops, staatssecretaris van Binnenlandse Zaken, blijft campagneleider. De immer loyale partijman Bart van den Brink, politiek assistent van Hugo de Jonge, wordt er later bij gehaald voor de contacten met de pers. Vanuit de fractie denkt interim-fractievoorzitter en ervaren *campaigner* Pieter Heerma mee. En informeel blijven twee oude getrouwen van McKinsey Hoekstra van adviezen voorzien: Jasper van Ouwerkerk en Robert Carsouw, senior partners van het consultancybureau in Amsterdam. Hoekstra doet zijn best die twee namen buiten de publiciteit te houden, want McKinsey wil de indruk vermijden banden te hebben met een politieke partij.

De eerste twee keer vergadert het gezelschap vertrouwelingen op zondagmiddag in het hoofdkantoor van McKinsey and company aan de Amstel in Amsterdam, omdat het partijkantoor vanwege de kerst gesloten is en er elders geen zaaltje te huren is vanwege de lockdown. De stemming is opgetogen: ze gaan samen álles anders doen. De sociaalchristelijk geïnspireerde campagne die al klaarstond voor Hugo de Jonge, 'Zorg voor elkaar', gaat overboord. Er moet een breder publiek worden aangesproken, de rechtse kiezer moet niet worden vergeten.

Hoekstra neemt ook het verkiezingsprogramma op de schop. Voor de camera van *Nieuwsuur* verklaart hij dat het logisch is als de nieuwe lijsttrekker naar de 'accenten' kijkt, maar al spoedig komt het bestuur – na overleg met Hoekstra – met maar liefst 27 amendementen, in de aanloop naar het online partijcongres in januari waar de leden de lijsttrekker op het schild moeten hijsen en het definitieve programma moet worden vastgesteld. Een aantal aanpassingen verraadt Hoekstra's vrijzinnig-liberale opvattingen. Zo hoeft het 'kopen van seks' niet meer strafbaar te worden gesteld in de strijd tegen uitbuiting van prostituees. En zoals eerder besproken in de fractie komt er een voorbehoud op artikel 23 van de Grondwet, dat de vrijheid van onderwijs garandeert en juist voor het CDA altijd heilig is geweest: het artikel mag niet worden gebruikt om leerlingen te weigeren, zoals sommige homoseksuele leerlingen overkomt op reformatorische scholen. Daarnaast moet een 'solidariteitsheffing' komen voor bedrijven die tijdens de coronacrisis hoge winsten hebben gemaakt, ten gunste van ondernemingen die het hardst getroffen zijn.

Het opmerkelijkst is een reeks sociaaleconomische aanpassingen, die het programma duidelijk naar rechts sturen: een passage over het verbieden van winstuitkeringen in de zorg wordt afgezwakt, net als een passage waarin wordt bepleit dat alle specialisten in loondienst moeten komen. De BOR, de Bedrijfs Opvolgings Regeling, een fiscale stimulans voor familiebedrijven, staat op de tocht maar moet volgens het CDA worden voortgezet. Het meest brisant van alles: het voorstel om het minimumloon met 10 procent te verhogen wordt weggestreept, tot ontsteltenis van Pieter Omtzigt, die juist voor die verhoging had gepleit. In plaats daarvan moeten de laagste inkomens met een 'gerichte lastenverlaging' tegemoet worden gekomen.

In de sociaalchristelijke vleugel van de partij wordt gemord dat Hoekstra wel héél opzichtig de oren laat hangen naar zijn vriendjes in het bedrijfsleven, die de toon zetten in zijn zondagmiddagteam.

36

Prikken als een gek

Als de eerste illegale vuurpijlen een paar dagen voor het nieuwe jaar al de lucht in gaan – vanwege corona is vuurwerk verboden – verschijnen Ernst Kuipers en Diederik Gommers in de studio van *Nieuwsuur* met een dringende oproep. De situatie in de ziekenhuizen is zo nijpend, verklaren de bestuursvoorzitter van het Erasmus MC en de voorzitter van de Nederlandse Vereniging voor Intensive Care, dat door de grote aantallen coronapatiënten op de ic's steeds meer kankerbehandelingen en zelfs hartoperaties moeten worden uitgesteld. 'Het is echt cruciaal dat personeel beschikbaar blijft voor het leveren van zorg,' verklaart Kuipers. 'Zeker het personeel dat het meest nodig is. Denk aan huisartsen, ambulancepersoneel en personeel in ziekenhuizen op de spoedeisende hulp, op de intensivecare- en de covidafdeling.'

'Dat betekent gewoon aanstaande maandag beginnen met vaccineren,' zegt Gommers, die bij Kuipers in het Erasmus MC werkt. 'Wij ziekenhuizen hebben de mogelijkheid die vaccins goed te bewaren en goed uit te delen. Dus ik doe een oproep om die vaccins snel naar de ziekenhuizen te sturen, zodat die ziekenhuizen dat goed kunnen doen.' Kuipers: 'Wij kunnen dat gewoon doen. We zijn er klaar voor.'

De oproep van de twee artsen klinkt logisch, maar thuis op Katendrecht wil Hugo de Jonge bijna een schoen naar de televisie gooien. Al weken eerder heeft hij niet voor niets besloten dat eerst het personeel in de verpleeghuizen gevaccineerd zal worden, en níét het ziekenhuispersoneel dat kan beschikken over veel betere beschermingsmiddelen. De eerste prikken in Nederland kunnen over ruim een week worden gezet, maar er is grote schaarste: pas in de loop van vele maanden kunnen alle Nederlanders worden gevaccineerd. En nu doorkruisen de twee artsen zonder enig overleg de gekozen vaccinatiestrategie. Briesend belt hij Ernst Kuipers om hem de les te lezen: *Ernst, wat maak je me nou?* En daarna OMT-voorzitter Jaap van Dissel, die op zijn beurt Diederik Gommers belt: *Diederik, ik had net Hugo aan de lijn.* Beide artsen leggen uit dat ze ook een eigenstandige verantwoordelijkheid hebben, en geven toe dat ze vooraf misschien wat beter over hun oproep hadden moeten communiceren. Maar daar is het al te laat voor, in de media hagelt het alarmerende berichten: 'Gommers en Kuipers leggen bom onder het coronabeleid.'

Sinds het voorjaar van 2020 werken farmaceutische bedrijven over de hele wereld al koortsachtig aan de ontwikkeling van coronavaccins. En al die tijd is het gevecht om die vaccins tussen de westerse landen al gaande, en wordt er met miljarden gesmeten om niet als laatste in de rij terecht te komen.

In mei, terwijl het gevecht al in volle gang is, wordt Hugo de Jonge gebeld door zijn Duitse collega Jens Spahn of hij mee wil doen aan gezamenlijke aankoop van vaccins in een nog op te richten alliantie, waar ook Frankrijk en Italië zich bij zullen aansluiten, omdat een gemeenschappelijke Europese strategie maar niet van de grond wil komen. In het diepste geheim wordt de samenwerking beklonken. Zelfs minister Stef Blok van Buitenlandse Zaken wordt niet op de hoogte gesteld. Op 13 juni kan Hugo de Jonge trots het eerste resultaat bekendmaken: de vier landen hebben samen driehonderd miljoen potentiële doses van AstraZeneca kunnen bemachtigen: 'We willen voor in de rit zitten om maximaal te versnellen op de ontwikkeling van dat vaccin.'

Maar de eigenmachtige actie van de 'kopgroep van vier' stuit op verzet van de andere Europese partners, die de Europese Commissie namens de hele Unie willen laten inkopen. Angela Merkel fluit haar minister terug, om een vaccinoorlog tussen de lidstaten te voorkomen. De contacten van de kopgroep worden overgenomen door de ambtenaren van de Commissie, die geen idee hebben hoe de farmaceutische wereld werkt.

Intussen dringt coronagezant Feike Sijbesma, die als oud-topman van DSM de farmaceutische industrie wél kent, er bij VWS op aan om niet alleen in te kopen bij meerdere grote ontwikkelaars als Pfizer, maar ook via zogenaamde *contract manufacturers* die de vaccins produceren. Als je meer zicht hebt op de productie, weet hij, kan je sneller schakelen als er iets misgaat. De Verenigde Staten en het Verenigd Koninkrijk doen dat al, zodat ze al veel verder zijn met de inkoop dan landen die alleen zakendoen met de ontwikkelaars. Maar van het ministerie krijgt hij tot zijn ergernis te horen dat die constructie 'te complex' zou zijn.

Ook het onvermoeibare Kamerlid Pieter Omtzigt bemoeit zich met de kwestie. Al eind april 2020 verschijnt hij bij Mark Rutte in het Torentje om te pleiten voor een deal met Halix, de in Leiden gevestigde producent van het Oxford-vaccin. De CDA'er uit Enschede is op die mogelijkheid attent gemaakt door een Britse Oxford-wetenschapper uit zijn netwerk. Een dag later ligt er al een brief van Oxford bij Mark Rutte op de mat met het officiële verzoek tot een investering van tien miljoen euro. Maar de investering gaat niet door als kort daarna blijkt dat Halix geen extra geld meer nodig heeft door een deal met AstraZeneca.

Tot frustratie van Pieter Omtzigt wordt later in het jaar bekend dat de gehele productiefaciliteit in Leiden zal worden ingezet voor vaccins die bestemd zijn voor Engeland: miljoenen in Leiden geproduceerde vaccins worden geëxporteerd terwijl Nederland ze had kunnen krijgen.

Terwijl Canada zonder al te veel bedenkingen acht keer meer doses van het vaccin inkoopt dan het noodzakelijke minimum, en Engeland en de Verenigde Staten vijf keer meer, neemt de Europese Unie uit morele overwegingen genoegen met drie keer van wat nodig is, want ook andere landen, bijvoorbeeld in Afrika, moeten een kans krijgen.

Op het ministerie van VWS gaan de ambtenaren er in het najaar van uit dat AstraZeneca en Janssen er als eersten in zullen slagen een werkend vaccin op de markt te brengen: daar wordt de vaccinatiestrategie op ingericht. Al maanden eerder heeft Feike Sijbesma gewaarschuwd dat je zulke processen onmogelijk kunt voorspellen, en dat je meerdere scenario's moet ontwikkelen. De bewaartemperatuur van vaccins is verschillend, en daarmee ook de logistiek. Maar zijn waarschuwingen worden genegeerd.

Op 19 november komt de Gezondheidsraad met een langverwacht advies over het vaccineren: Hugo de Jonge heeft er al op 5 juni om gevraagd. Allereerst moeten volgens het advies de kwetsbaarste mensen worden gevaccineerd, onder wie mensen in verpleeghuizen, en dan eventueel 'zorgmedewerkers met patiëntencontact'. Het heeft er alle schijn van dat de raad zich meer heeft laten leiden door het maatschappelijke sentiment over de ellende in de verpleeghuizen in maart en april dan door de gangbare pandemiehandboeken van de ziekenhuizen en de huisartsen: daarin wordt aanbevolen artsen en verpleegkundigen in de eerstelijnszorg te vaccineren om te voorkomen dat de zorg instort.

Zelfs Nienke Nieuwenhuizen, die een maand eerder is gestopt als voorzitter van Verenso, de vereniging van specialisten in de ouderengeneeskunde, is verbaasd over de keuze van de Gezondheidsraad. De beroepsvereniging heeft wel aangedrongen op vaccinatie van het verplegend personeel, maar dat de kwetsbare bewoners van de verpleeghuizen voor moeten gaan, had ze vanwege de schaarste aan vaccins niet zien aankomen. In de week van het advies zijn er nul besmettingen in de verpleeghuizen, terwijl het virus juist onder jongere mensen om zich heen grijpt. Ze maakt het van nabij mee: haar echtgenoot, een vitale kerel, is met corona op de ic terechtgekomen, en ook haar kinderen en zijzelf zijn besmet geraakt.

Omineus in het rapport van de Gezondheidsraad is vooral het zinnetje: 'Waarschijnlijk is vanwege de beperkte hoeveelheden vaccin een nadere prioritering nodig binnen de voorgestelde strategie.'

Dat zal blijken.

De verwarring wordt alleen maar groter als GGD-directeur Publieke Gezondheid Sjaak de Gouw half december bij *Op1* verschijnt. Op dat moment wordt in Engeland al tien dagen met man en macht met Pfizer gevaccineerd, maar De Gouw zegt: 'Het feit is dat we op 24 december de bijsluiter krijgen. Pas dan weten we welke doelgroepen we wel of niet kunnen uitnodigen.' Hij krijgt de hoon van de natie over zich heen:

alsof je de Britse bijsluiter niet even kunt vertalen.

Als Pfizer op 21 december als eerste vaccin op de Europese markt wordt toegelaten, beslist Hugo de Jonge dat niet de kwetsbare bewoners van de verpleeghuizen als eersten gevaccineerd zullen worden maar het verpleegkundig personeel, dat niet op locatie hoeft te worden geprikt: het vaccin blijkt niet alleen tot verrassing van het ministerie bij zeventig graden onder nul te moeten worden gekoeld, maar komt bovendien in verpakkingen van bijna duizend stuks, en dat zorgt voor grote logistieke problemen. In Duitsland worden mobiele teams met speciaal uitgeruste busjes langs de verpleeghuizen gestuurd, maar dat wordt op VWS te bewerkelijk gevonden.

Het gedonder begint pas echt als Ernst Kuipers en Diederik Gommers op 30 december de eerste vaccinaties proberen te claimen voor het ziekenhuispersoneel. Op 6 januari is Hugo de Jonge erbij als verpleeghuismedewerkster Sanna Elkadiri in Veghel de allereerste coronaprik in Nederland krijgt toegediend: 'Ik zou zeggen: mouwen opstropen en gaan!' De boodschap is duidelijk: we gaan prikken als een gek.

Maar twee dagen later komen de Politiebonden en de Nederlandse BOA Bond met de oproep dat politiemensen en boa's eerder aan bod zouden moeten komen bij het prikken, gevolgd door de onderwijsbonden, die vinden dat de leraren voor zouden moeten gaan. Nog geen week later is het Ella Kalsbeek, voorzitter van de Landelijke Huisartsen Vereniging, die op hoge toon vijftienduizend Pfizer-vaccins voor haar leden opeist. Hugo de Jonge zou zich niet aan zijn woord hebben gehouden – terwijl er volgens de minister zelf helemaal geen belofte aan de huisartsen is gedaan. Op 21 januari verklaart het vakblad van de vrachtwagenchauffeurs dat zij voorrang moeten krijgen, want 'zij reizen misschien wel het meest van iedereen'. En vlak na de eerste rellen over de avondklok, eind januari, komt korpschef van de Nationale Politie Henk van Essen met de dringende oproep alle drieduizend ME'ers zo snel mogelijk te vaccineren, want 'deze mensen kunnen echt fysiek contact niet voorkomen. Ze zitten ook met z'n allen in één ME-bus.'

Zo wreekt de schaarste zich, in het land van de talloze belangengroepen.

Intussen krijgt Hugo de Jonge er in de media steeds harder van langs. 'Ik kijk nooit meer naar de peilingen,' verzucht hij in dezelfde weken. 'Ik kijk alleen nog maar naar de grafiek met de vaccinaties.' En tegen iedereen die het wil horen zegt hij: 'Wacht maar: voor de zomervakantie heeft iedereen die wil zijn eerste prik.'

37

Snaarstrak van de zenuwen

Geagiteerd ijsbeert Pieter Omtzigt door zijn werkkamer. Het is dinsdag 5 januari, de eerste dag na het kerstreces. De meeste Kamerleden hebben hun vrije dagen in alle rust doorgebracht met familie of vrienden, maar Omtzigt heeft de laatste decemberweken koortsachtig doorgewerkt aan een boek over het structurele falen van de overheid dat bij de Toeslagenaffaire aan het licht is gekomen. Het manuscript ligt in losse velletjes op tafel.

En nu, op deze eerste dag na het reces, is hij net gebeld door Wopke Hoekstra, de nieuwe leider van het CDA, die hem heeft uitgelegd waarom hij de verhoging van het minimumloon met 10 procent uit het verkiezingsprogramma wil schrappen – een maatregel die er drie maanden eerder juist op aandrang van Omtzigt in is gekomen. In de ochtend heeft Omtzigt al een reeks commentaren op de door Hoekstra geïnitieerde 'bestuursamendementen' gemaild aan CDA-bestuurslid Alwyn de Jong – tevens de partner van Jitske Haagsma, al jaren de politiek adviseur van Wopke Hoekstra – waarna Haagsma telefonisch op hem heeft ingepraat. En vervolgens belde Hoekstra zelf.

De boodschap van de lijsttrekker voelt als een dictaat, en dat is al de zoveelste keer. Het begon er al mee dat Omtzigt zich begin december moest schikken in het lijsttrekkerschap van Hoekstra terwijl hij als running mate meende dat die positie hém toekwam. Toen hij door het partijbestuur onder druk was gezet om bij Hoekstra in Bussum zijn steun uit te spreken aan diens kandidatuur stond tot zijn verbijstering niet alleen *De Telegraaf* voor de deur, maar ook een cameraploeg van *Nieuwsuur*. En, veel ernstiger nog: vlak voor de kerst werd Omtzigt opeens gebeld vanuit het Catshuis door staatssecretaris Alexandra van Huffelen en daarna door Hoekstra zelf, met de mededeling dat het kabinet alle gedupeerden van de Toeslagenaffaire dertigduizend euro wilde geven en of hij daar even mee wilde instemmen. Vier jaar lang was hij al aan het vechten om de affaire boven water te halen, stelselmatig waren cruciale stukken voor hem weggehouden, in de wandelgangen moest hij vernemen dat zelfs zijn partijgenoten in het kabinet geen poot voor hem hadden uitgestoken en schamper over hem spraken. En dan moest hij maar even slikken dat het kabinet opeens de geldsluizen openzette, waardoor ook mensen met honderd euro schade de volle mep zouden krijgen terwijl ze daar niet eens om hadden gevraagd? Hoe was dat uit te leggen aan de belastingbetaler? Maar ondanks zijn felle bezwaren werd het plan voor de dertigduizend euro die middag doorgezet. Sterker nog: al vóór Hoekstra hem belde uit het Catshuis was het gelekt via *RTL Nieuws*.

En nu schrapt de nieuwe CDA-leider ook nog eens de verhoging van het minimumloon, zonder naar zijn argumenten te luisteren.

Geen wonder dat de zenuwen van Omtzigt snaarstrak staan, die middag in januari.

Met Hugo de Jonge had hij nog de afspraak dat hij invloed zou krijgen op de kandidatenlijst en dat hij medeonderhandelaar zou worden bij de vorming van een nieuwe regering. En hij kreeg een positie in het campagneteam, waar een rolverdeling werd gemaakt tussen de 'nummer 1' en de running mate. Maar in december zette Wopke Hoekstra een paar vriendjes uit het bedrijfsleven in het campagneteam, en gooide hij de hele campagne overhoop. Wat is er nog over van zijn statuur als running mate? Welke rol kan hij nog spelen in de aanloop naar de verkiezingen?

Terwijl Omtzigt door de kamer ijsbeert flitst het allemaal door zijn hoofd: hoe hij door de VVD werd dwarsgezeten toen hij in het voorjaar probeerde het kabinet tot actie tegen corona te bewegen.

Hoe het kabinet in de zomer faalde door de crisisorganisatie af te bouwen en zich niet voor te bereiden op de tweede golf: *Wat de totale fuck hebben ze gedaan tussen 1 juni en 1 september?*

Hoe Mark Rutte zich steeds verschuilt achter het OMT terwijl hij zélf hoort te besturen: *Zo blijft hij lekker buiten schot.*

Hoe het partijbestuur een bende maakte van de digitale stemming: *Een democratische partij als het CDA is niet eens in staat een fatsoenlijke verkiezing te organiseren.*

Hoe iedereen nog steeds het hardnekkige verhaal navertelt dat hij Wopke Hoekstra als kandidaat-premier had willen inschakelen als hij zelf tot lijsttrekker gekozen zou zijn: *We stonden op twaalf zetels in de peilingen. Als je dan over premierskandidaten gaat beginnen,* come on, get a life!

En nu zet dezelfde Hoekstra ook nog een streep door de verhoging van het minimumloon in het verkiezingsprogramma.

Als die middag een paar journalisten hem in zijn werkkamer komen bevragen over het coronabeleid, breekt er iets.

‘Zo gaat het altijd met jullie journalisten!’ roept Omtzigt opeens met overslaande stem. ‘Ik zég nog dat ik maar tien minuten heb, en nu zitten jullie hier al meer dan een halfuur. Zo gaat het ál-tijd! Dan durf ik weer geen nee te zeggen, terwijl ik míjn boek met de kerst moest schrijven en ik mijn dochters nauwelijks heb gezien!’

Hij grist het manuscript van zijn boek van tafel en smijt het dwars door de kamer tegen de muur, met tranen van woede en frustratie in zijn ogen.

Terwijl de blaadjes langzaam neerdwarrelen zegt hij: ‘Zo hou ik het niet vol! Dat begrijpen jullie toch wel? Zo hou ik het niet vol!’

38

Muiterij tegen de avondklok

In de Statenzaal zijn de beige wandbekleding en het naturel bamboe van het meubilair, sinds de laatste renovatie, bedoeld als rustgevende materialen, maar van die uitwerking is weinig te bespeuren als de burgemeesters van het Veiligheidsberaad op maandag 11 januari in de vergaderruimte van de Utrechtse Provinciale Staten samenkomen. Toen aan het begin van de pandemie de anderhalve meter werd afgekondigd, bood de Utrechtse commissaris van de Koning Hans Oosters het Veiligheidsberaad aan bij hem te komen vergaderen: Utrecht is centraal gelegen, en in de Statenzaal is ruimte genoeg om met de 25 voorzitters van de veiligheidsregio's op gepaste afstand te confereren. Op de agenda staat de zeer besmettelijke Britse variant van het virus, die onlangs ook in Nederland is opgedoken. Het hele weekend zijn op de journaals beelden te zien geweest van rijen ambulances voor de Britse ziekenhuizen, die overstromen met patiënten. De brandende vraag: zijn er nieuwe maatregelen nodig om in Nederland Engelse toestanden te voorkomen?

Als de rondborstige Nijmeegse burgemeester Hubert Bruls, voorzitter van het Veiligheidsberaad, geflankeerd door minister van Justitie Ferdinand Grapperhaus, OMT-voorzitter Jaap van Dissel en NCTV-baas Pieter-Jaap Aalbersberg na de opening van de vergadering het woord geeft aan staatssecretaris van Economische Zaken Mona Keijzer, die voor de gelegenheid een enthousiast verhaal over de fieldlab-experimenten begint af te steken, is het ongemak in de zaal al voelbaar: *Wie gaat er nou midden in de lockdown over experimentele grote evenementen beginnen als de angst voor de Britse variant om zich heen grijpt?*

Dan begint Jaap van Dissel aan zijn presentatie. Met tweeendertig powerpointplaatjes vol wetenschappelijke termen en ingewikkelde grafieken, die geprojecteerd worden op het grote scherm, probeert hij de noodzaak van nieuwe maatregelen te onderbouwen. De besmettingscijfers dalen de afgelopen weken niet snel genoeg, laat hij zien, terwijl de 'Engelse mutant' het aantal besmettingen weer snel zou kunnen doen oplopen. De meeste burgemeesters, ongeschoold in de epidemiologie, kunnen geen touw vastknopen aan zijn technische uitleg. Wat is dat, een 'onzekerheidsinterval'? Wat is een 'B117' of 's-mutant', vermeld op sheet vijfentwintig waarbij een S-eiwit 'als een soort toetertje' uitsteekt uit het membraan van het virus?

Maar het venijn blijkt in de staart te zitten, als Van Dissel schetst welke aanvullende maatregelen het kabinet zou kunnen nemen om de Britse variant het hoofd te bieden, waaronder: een avondklok vanaf acht uur. Direct ontstaat er rumoer in de zaal. De burgemeesters voelen zich overvallen: waarom stond die ingrijpende maatregel niet op de agenda? Ze weten niet dat er in het kabinet bewust voor is gekozen de avondklok niet op de agenda van het Veiligheidsberaad te laten zetten, om te voorkomen dat er door boze burgemeesters zou worden gelekt – met alle ophef van dien.

Als Grapperhaus het woord krijgt denkt hij nog dat hij de burgemeesters wel van de noodzaak van die maatregel kan overtuigen. Zelf is de minister van Justitie en Veiligheid vurig tegenstander van de avondklok geweest, en dat weten de burgemeesters: in tal van informele gesprekken heeft hij er de afgelopen maanden zelfs regelmatig de oorlog bij gehaald als het onderwerp ter sprake kwam. Als zelfs híj inmiddels overstag is, is de gedachte, zullen de burgemeesters wel volgen. En die steun is nodig ook, want het zal al moeilijk genoeg zijn de Tweede Kamer voor de avondklok te winnen, nu zelfs coalitiepartner D66 dwars blijft liggen. Maar als Grapperhaus op plechtige toon heeft betoogd dat het instellen van de avondklok helaas, ondanks alle terechte bedenkingen, onvermijdelijk is, laait de tegenstand in de Statenzaal op.

Femke Halsema van Amsterdam, Sharon Dijksma van Utrecht en Pieter Broertjes van Hilversum – die tijdens de hele crisis al zo'n fel opponent van vrijheidsbeperkende maatregelen is dat Grapperhaus hem in de wandelgangen gekscherend als 'wappie' aanduidt – nemen het voortouw. Vervolgens mengt ook Emile Roemer van Alkmaar zich in het kritische koor, en zelfs een partijgenoot van Grapperhaus: Sybrand Buma, burgemeester van Leeuwarden. Halsema maakt zich vooral grote zorgen over het welzijn. In haar stad, met de hoogste bevolkingsdichtheid van het land, is bijna 30 procent van de inwoners alleenstaand. Door de sluiting van de horeca en de beperkingen van het thuisbezoek zijn talloze mensen al op zichzelf teruggeworpen in hun kleine woninkjes, een avondklok zal de eenzaamheid en de psychische problemen alleen maar verder doen toenemen. Halsema krijgt bijval van Sharon Dijksma, die als kersvers burgemeester van Utrecht voor het eerst fysiek aanschuift bij het Veiligheidsberaad, en weet dat de handhaving van de avondklok een bijna onmogelijke opgave is voor haar politiekorps, dat te kampen heeft met structurele onderbezetting – en haar korps is niet het enige. Ook Buma en Roemer stellen lastige vragen over de handhaving: hoe ga je onderscheid maken tussen wie er wel op straat mag zijn en wie niet, en waar haal je de mankracht vandaan om dat allemaal te controleren?

De vragen van de kritische burgemeesters spitsen zich toe op de effectiviteit van de omstreden maatregel. Gaan mensen door de avondklok niet alleen maar eerder in grotere groepen samenkomen, of juist veel langer op feestjes blijven hangen tot ze weer de straat op mogen? En hoe verantwoord is het als grote groepen mensen zich tegelijk over straat bewegen om op tijd thuis te zijn? In het betoog van Van Dissel, met al zijn wetenschappelijke termen en grafieken, dat van onzekerheden aan elkaar hangt, zien ze geen enkel hard argument voor de noodzaak van de avondklok. Hoe kunnen de burgemeesters instemmen met zo'n ingrijpende maatregel als niet eens vaststaat dat het werkt? Van Dissel en Grapperhaus krijgen alleen steun van Ahmed Aboutaleb van Rotterdam, die altijd al op strenge maatregelen aandringt en al helemaal nu er juist in zijn stad besmettingshaarden zijn vastgesteld, en van een handjevol burgemeesters van kleinere provincieplaatsen waar de straten na acht uur toch al uitgestorven zijn. Ferdinand Grapperhaus probeert de kritische vragen nog te pareren met al zijn retorisch geweld, maar al snel wordt duidelijk dat de rest van de zaal zich niet laat overtuigen. Het kabinet en Jaap van Dissel zullen hun huiswerk moeten overdoen.

Met een bewolkte blik verlaat de minister van Justitie de Statenzaal. Hij zal de premier moeten bellen met een vervelende boodschap: *Mark, we hebben een probleem. De burgemeesters zijn aan het muiten.*

Op zijn persconferentie de volgende dag, waar Rutte had gehoopt de avondklok bekend te kunnen maken, verklaart hij dat het kabinet de maatregel in overweging heeft, en het OMT heeft gevraagd om een spoedadvies 'om in kaart te brengen wat een avondklok ons concreet kan opleveren'. Intussen zet Ferdinand Grapperhaus Jaap van Dissel onder druk om met een beter verhaal te komen: zonder cijfers over de effectiviteit heeft hij geen argument om de burgemeesters te overtuigen. En dat zijn degenen die de avondklok zullen moeten handhaven.

Tijdens het coronadebat op woensdag roept Rutte de Kamer bijna wanhopig op om vooral niet wéér een motie aan te nemen tegen de avondklok, zoals in november op initiatief van Geert Wilders gebeurde, met steun van coalitiepartner D66. 'Blokkeer de avondklok niet. Gooi nou geen instrumenten weg, die luxe hebben we nu niet.' D66-fractievoorzitter Rob Jetten, die tijdens het coalitieoverleg op maandagochtend al onder druk werd gezet om zijn oppositie tegen de avondklok te staken, zet de discussie op scherp: 'Pak die brandhaard van de vluchten uit het Verenigd Koninkrijk aan, test alle inzittenden aan boord, wij zeggen: die avondklok, begin er nu niet aan.' Maar tot opluchting van Rutte komt er uiteindelijk geen motie, in afwachting van het spoedadvies van het OMT.

Op donderdag zit Hubert Bruls, voorzitter van het Veiligheidsberaad, bij *Op1* om uit te leggen wat hij van de kabinetsplannen voor een avondklok vindt. 'Je moet wel een heel overtuigend verhaal hebben dat er een relatie is tussen het invoeren van een avondklok en het terugdringen van het aantal infecties. Dat overtuigende verhaal heb ik nog niet gehoord.'

Tijdens een videovergadering van het OMT loopt Diederik

Gommers die week in zijn witte jas zijn zaaldienst te doen in het Erasmus MC, met oortjes in, als hij Jaap van Dissel hoort zeggen dat de politiek waarschijnlijk niet meegaat als het OMT adviseert om een avondklok in te voeren, omdat er nog steeds geen draagvlak voor is. Gommers denkt schouderophalend: *Ik kan dat advies wel steunen, want de politiek gaat toch niet akkoord.* Dat blijkt een misrekening.

In het weekend komt Jaap van Dissel met de belangrijkste bevindingen van zijn spoedadvies. Het OMT heeft vier onderzoeken naast elkaar gelegd, waaronder twee studies uit Frankrijk, dat al eerder een avondklok heeft ingevoerd. Helaas wordt in geen van de onderzoeken het directe effect van de maatregel beschreven. Daarom heeft het OMT een eigen schatting gemaakt: de invoering van een avondklok zou kunnen leiden tot een vermindering van het reproductiegetal met 8 tot 13 procent. In het Catshuis komt een vertrouwelijke notitie van de NCTV ter tafel, waarin wordt gesteld dat er 'zeer beperkt wetenschappelijk bewijs' is dat de effectiviteit van de avondklok aantoont. 'De avondklok is niet "in isolatie" goed onderzocht, ook omdat de avondklok doorgaans wordt ingesteld in combinatie met andere maatregelen.' Sterker nog, 'wetenschappers wijzen op zowel de mogelijke positieve effecten van de avondklok (minder mobiliteit en sociale contacten) als de mogelijke nadelige effecten (meer mobiliteit en sociale contacten overdag en/of langer sociale contacten, kortom: waterbedeffecten)'. Maar die kanttekeningen worden terzijde geschoven. De stemming: nu de lockdown al weken van kracht is, zijn er weinig andere middelen meer, en de vaccinaties komen zo traag op gang dat het kabinet íéts zal moeten doen: het is tijd voor een krachtig gebaar. Op basis van de schatting van Van Dissel wordt die zondag in het

Catshuis besloten dat de avondklok er moet komen, vanaf halfnegen 's avonds. Met het huiswerk van de OMT-voorzitter onder de arm kan Grapperhaus op pad naar de burgemeesters in het Veiligheidsberaad die deze keer niet op maandag maar op dinsdag vergaderen – de breedsprakige infectioloog neemt hij deze keer niet mee.

In de Statenzaal in Utrecht blijkt het spoedadvies van het OMT te bestaan uit niet veel meer dan drie extra sheets bij Van Dissels presentatie van een week eerder, met een aantal diagrammetjes van *mogelijke* effecten van de avondklok en een grafiek van het aantal vaccinaties per hoofd van de bevolking in de Europese landen: Nederland bungelt helemaal onder aan het lijstje, alleen Bulgarije staat nog lager. De boodschap: in deze precaire omstandigheden is de nieuwe maatregel onontkoombaar.

De kritische burgemeesters zijn niet direct onder de indruk van de cijfers: harde bewijzen van de effectiviteit van de avondklok worden nog steeds niet geleverd. Maar sinds de vorige vergadering van het Veiligheidsberaad is de stemming veranderd: het aantal besmettingen loopt nog steeds niet snel genoeg terug, terwijl het aantal infecties met de Britse variant is verdubbeld, naar zo'n tweehonderd gevallen. Intussen brengen de journaals en de actualiteitenrubrieken al dagen het ene na het andere verslag van de dramatische toestand in Engeland en Ierland, waar de nieuwe mutatie van het virus huishoudt.

In de Statenzaal brengt Grapperhaus als belangrijkste argumenten naar voren dat andere middelen er niet meer zijn, en dat de avondklok onvermijdelijk is door de lage vaccinatiegraad: als het straks door de Britse variant weer tot een hevige uitbraak komt, zoals in Engeland en Ierland, zijn we nog veel verder van huis. Uiteindelijk laten zelfs de felste tegenstanders hun verzet varen. Alleen Pieter 'wappie' Broertjes blijft zich schrap zetten: hij vindt de maatregel niet proportioneel, niet nodig én niet goed voor het draagvlak in de samenleving. Sharon Dijksma, de door de wol geverfde bestuurder, proeft de stemming, verzet de bakens en richt zich op garanties van het kabinet voor de handhaving. Ook Femke Halsema, die zich ernstig zorgen maakt over onvrede in haar stad en jongeren die op straat gaan rellen, telt haar knopen: het heeft weinig zin als enige dwars te blijven liggen. Ze gaat niet akkoord met de avondklok, maar laat in de Statenzaal weten dat ze er niet publiekelijk afstand van zal nemen.

Na afloop belt Grapperhaus tevreden met Mark Rutte: de avondklok is erdoor, de muiterij van de burgemeesters is bedwongen.

Dezelfde avond zit Diederik Gommers bij *Jinek*, en heeft hij spijt van zijn steun aan de avondklok in de haastige vergadering van de week ervoor, omdat hij zich na een alarmerend gesprek met het Jeugdinstituut zorgen maakt over de psychische problemen onder jonge mensen. Hij heeft geen overtuigende data voor de avondklok gezien, verklaart hij. Er is geen noodzaak voor zo'n rigoureuze maatregel, want zelfs als er een derde golf komt 'kunnen we het hebben'. De volgende morgen wordt Gommers gebeld door OMT-voorzitter Jaap van Dissel, die op zijn beurt net gebeld is door een boze Hugo de Jonge: *Wat maak je me nou? Het was een OMT-besluit waar jij bij aanwezig was!* Niet lang daarna verschijnt er een *post* van Gommers op Instagram waarin hij uitlegt dat hij tóch voorstander is van een avondklok, na het bestuderen van 'nieuwe cijfers' die hij van Jaap van Dissel heeft gekregen.

Tijdens hun persconferentie een dag later maken Mark Rutte en Hugo de Jonge bekend dat de avondklok zal ingaan op 23 januari. Van halfnegen 's avonds tot halfvijf 's ochtends mag niemand zonder geldige reden de straat op.

Bij het daaropvolgende Kamerdebat wil Rob Jetten van het kabinet weten waarom de avondklok om halfnegen moet ingaan en niet bijvoorbeeld om tien uur of twaalf uur, zoals in andere Europese landen. Geert Wilders springt er meteen bovenop: 'Het lijkt alsof de collega zijn *mind* al heeft opgemaakt, dat D66 al door de knieën is, en dat er is ge-*wheeld* en gedeald. U gaat gewoon mee met het kabinet.' De PVV-leider noemt het spoedadvies van Van Dissel 'totaal broddelwerk', waarin onderzoeken met tegengestelde conclusies bewust zijn weggelaten.

Na een breed gesteunde motie van Rob Jetten besluit het kabinet de avondklok een halfuurtje later te laten ingaan. 'Na veel wikken en wegen heeft D66 besloten de avondklok te steunen,' verklaart Jetten. 'Wij zijn niet blind voor het advies van de experts.' Wilders op zijn beurt dient een motie in tégen de avondklok. Hij briest dat D66 'ziel en zaligheid verkoopt' voor een halfuurtje later. Zijn conclusie: 'Koehandel!'

Na het kabinetsbesluit over de avondklok worden de vaardigheden van het Nationaal Kernteam Crisiscommunicatie danig op de proef gesteld. Het hagelt ongeruste en woedende reacties op de sociale media en via de telefoon bij de afdeling Publieksvoorlichting. Het voornemen maakt koortsige herinneringen aan de oorlog los: bezetting, *Sperrzeit, Ausweis bitte.* Intussen nemen de demonstraties tegen de lockdownmaatregelen in januari en februari steeds heviger vormen aan: de polarisatie groeit. Niet eerder hebben Mark Rutte, Hugo de Jonge, Ferdinand Grapperhaus en hun communicatieadviseurs zulke massieve maatschappelijke tegenstand moeten bezweren.

Voor het kabinet is het minder behulpzaam dat Ernst Kuipers, die als bestuursvoorzitter van het Erasmus MC van graag geziene talkshowgast is uitgegroeid tot een nationale bekendheid, in het voorjaar bij *Beau* verklaart dat de avondklok totaal geen zin heeft gehad. 'Als je kijkt naar het beloop van de ziekenhuisopnames in de tijd, zagen we zowel bij de invoering als bij het opschuiven geen enkel effect.'

Ferdinand Grapperhaus, die in januari nog Jaap van Dissel zwaar onder druk zette om met cijfers te komen die de invoering van de avondklok konden ondersteunen, reageert binnenskamers furieus: Willem Engel, leider van de actiegroep Viruswaarheid, kan de uitspraak een week later prima gebruiken bij zijn rechtszaak tegen de Nederlandse staat over de avondklok. Voor de camera's reageert Grapperhaus met onderdrukte woede. 'Toen ik die uitlatingen zag, die mij op z'n minst de wenkbrauwen deden fronsen, heb ik meteen aan het OMT gevraagd om daar nog eens goed naar te kijken.'

39

De aanval op Rutte

Bij de aftrap van de CDA-campagne op 23 januari in het Klokgebouw in Eindhoven – uitgerekend op de dag dat de door Wopke Hoekstra verfoeide avondklok ingaat – kiest de nieuwe lijsttrekker de aanval op Mark Rutte, die de bedreigde middenklasse in de steek zou hebben gelaten. Hij zegt dingen als: 'De gebroken belofte is de erfenis van tien jaar VVD', 'Het ontbreekt aan visie' en 'Daarom kan die partij niet de verandering brengen die noodzakelijk is'. Hij werpt zich op als de man die wél vernieuwing zal brengen, en eindigt met de campagneslogan: 'Dit is het moment. En nu doorpakken!' waarbij hij demonstratief de handen in elkaar slaat.

Partijvoorzitter Rutger Ploum, die pas op het laatste moment de toespraak te lezen heeft gekregen, is *not amused*: in de aanloop naar de campagne heeft hij keer op keer verklaard dat hij niet gelooft in *negative campaigning*, en dat het CDA moet uitgaan van eigen kracht. Maar dat is niet de mening van Wopke Hoekstra's zondagmiddagteam.

In Eindhoven klinkt een heel andere lijsttrekker dan Hugo de Jonge, die een boodschap van 'verbinding' wilde uitdragen en enkele maanden eerder nog liet weten aan het toenmalige campagneteam dat hij niet van zins was Mark Rutte 'de benen af te zagen', want 'Mark is au fond een goeie kerel'. Het zondagmiddagteam wil Hoekstra profileren als de grote concurrent van de premier. En daarbij moet ook harde kritiek op de oppermachtige VVD-leider klinken – met instemming van Hoekstra zelf, die al bij een van de eerste bijeenkomsten van zijn nieuwe team meldde dat ze de oorlog met alleen een boodschap van verbinding niet zouden winnen: het CDA moest negative campaigning niet schuwen.

Het campagneteam vindt dat er na de aftrap nog wel een tandje bij mag in de aanval op Mark Rutte. Zo wordt er met medeweten van Wopke Hoekstra en onder de hoede van campagneleider Raymond Knops en strateeg Pieter Heerma bedacht dat er een kritische campagne moet komen, die niet traceerbaar moet zijn naar het CDA. In de laatste weken voor de verkiezingen moet Mark Rutte worden bestookt met een reeks online filmpjes naar Amerikaans voorbeeld, waarvan de bedoeling is dat ze viraal gaan via de sociale media. Daarin moeten de 'gebroken beloftes' van Rutte en de manier waarop hij de 'hardwerkende Nederlander' in de steek heeft gelaten met een knipoog worden uitgevent. Er moet een advertentie komen waarin de talloze VVD'ers op een rijtje worden gezet die Mark Rutte toen het erop aankwam genadeloos liet vallen. In een andere advertentie moet een reeks sjoemelende VVD-politici met balkjes voor de ogen worden getoond, om te laten zien dat Ruttes VVD het niet zo nauw neemt met integriteit. Via het Twitterkanaal @Ruttedoctrine moeten de valse beloftes en het falende beleid van Rutte trending worden gemaakt. En in een krantenartikel moet worden beschreven dat Rutte zich laat voorstaan op zijn leiderschap in Europa, maar eigenlijk in andere Europese landen helemaal niet serieus wordt genomen, omdat hij uiteindelijk altijd meebuigt.

Als Pieter Omtzigt lucht krijgt van de plannen, laat de tweede man van het CDA direct weten dat de aanval op Rutte zíjn werk is: Rutte is de man die hem jarenlang de voet dwars heeft gezet bij de onthulling van de Toeslagenaffaire, en die met zijn Ruttedoctrine stelselmatig informatie probeert achter te houden voor de Kamer. In het campagneteam heeft Hans van der Wind de taak gekregen de campagne uit te werken, waarbij hij de hulp heeft ingeroepen van zijn oude bekende Martin van Putten, media-adviseur en eigenaar van Headline Mediatraining. Ze nemen contact op met Pieter Omtzigt, die hen uitnodigt om op woensdag 3 februari met hem te komen brainstormen in Den Haag.

In Omtzigts werkkamer ligt de laatste gecorrigeerde drukproef van zijn nieuwe boek *Een nieuw sociaal contract* op tafel: het moet maandag naar de drukker. Van der Wind en Van Putten leggen uit dat ze een 'tongue in cheek-campagne' over de 'vele negatieve kanten van Mark Rutte' voor ogen hebben, met videofilmpjes die online verspreid moeten worden. Omtzigt wijst op de lastercampagne die vanuit de VVD tegen hem wordt gevoerd, door allerlei onheuse informatie over hem te verspreiden. Een uur lang gaan de wildste onderwerpen over tafel, terwijl Omtzigt geagiteerd door de kamer beent. Zoals de ramp met de MH17, waar het Kamerlid zich jarenlang als een terriër in vast heeft gebeten: dat het kabinet-Rutte niets heeft ondernomen toen op 14 juli 2014, enkele dagen voor de ramp, via de Nederlandse ambassade werd gemeld dat er raketinstallaties waren gesignaleerd in het Oekraïense binnenland en dat het luchtruim dus niet veilig was. Van der Wind en Van Putten zijn er zelfs getuige van dat Omtzigt de affaire rond Joris Demmink ter sprake brengt: de oud-topambtenaar op Justitie die zich volgens allerlei hardnekkige theorieën op internet schuldig zou hebben gemaakt aan kindermisbruik, maar naar de overtuiging van Omtzigt jarenlang stelselmatig uit de wind werd gehouden door de top van Justitie en de achtereenvolgende kabinetten-Rutte. Het opgewonden gesprek eindigt even abrupt als de tirade van Omtzigt begon, waarna Van der Wind en Van Putten het Kamergebouw verlaten, lichtelijk bezorgd over de gezondheid van het Kamerlid.

Nadien is er nog uitvoerig contact via de medewerker van Omtzigt, onder andere over het aan de kaak stellen van Ruttes medeplichtigheid aan het leenstelsel, waarvan een hele generatie studenten de dupe is. De boodschap van Omtzigt c.s.: hier ligt nog 'kiezerspotentieel in de leeftijdscategorie 18-24'. Waarna het ijverige Kamerlid nog een ideetje aan de hand doet: de aangifte die tachtig slachtoffers van de Toeslagenaffaire net hebben gedaan tegen Mark Rutte wegens 'ambtsmisdrijven'.

Sindsdien wil Pieter Omtzigt, die zich jarenlang heeft vastgebeten in de affaire-Demmink, niet meer aan de brainstorm herinnerd worden. Achteraf stelt hij dat hij niet zelf over die affaire is begonnen, en laat hij weten dat hij zich 'niet herkent' in het geschetste beeld.

Het eerdere plan om Ruttes leiderschap in Europa op de korrel te nemen wordt al snel geschrapt: in de talloze buitenlandse media die het campagneteam omploegt is geen enkel artikel te vinden waaruit blijkt dat Rutte in andere Europese landen wordt uitgelachen. Maar met de harde, ludieke aanval op Ruttes valse beloftes en opportunisme willen Van der Wind en Van Putten verder, met instemming van Wopke Hoekstra en Pieter Heerma, die via de mail van de vorderingen op de hoogte worden gehouden.

Uiteindelijk wordt een lijst onderwerpen voor de campagnefilmpjes opgesteld waarin ook de hand van Pieter Omtzigt te herkennen is: de Toeslagenaffaire, de ondermijning van de rechtsstaat, de brievenbusfirma's waardoor buitenlandse ondernemingen voor dertig miljard aan belastingen ontwijken, het gebrek aan regie in de coronacrisis, de halvering van het aantal ic-bedden in de afgelopen jaren 'waardoor nu mensen doodgaan', de duizend euro belastingkorting die nooit kwam, de valse belofte dat er 'geen cent meer naar de Grieken' zou gaan, de afschaffing van de basisbeurs waardoor jongeren uit kansarme gezinnen niet meer gaan studeren, en zelfs: de 'gelukzoekers' die gratis zorg krijgen terwijl gewone gezinnen nauwelijks de zorgverzekering kunnen betalen, en die voorrang krijgen bij het toewijzen van huurwoningen, terwijl het 'eigen volk kan kreperen' – met een k.

Er wordt een lijst gemaakt van dertig vertrouwelingen die Rutte meedogenloos liet vallen toen ze in de problemen kwamen, van Frans Weekers en Fred Teeven tot Jeanine Hennis, Halbe Zijlstra en Eric Wiebes. Zo moet worden getoond hoe Rutte voortdurend andere collega-politici een mes in de rug steekt om hen te laten sneuvelen voor zijn gebrek aan daadkracht en regie.

En er wordt een reeks geschikte onderwerpen bijeengesprokkeld die het Twitterkanaal @Ruttedoctrine trending moeten maken, en die het verval van de rechtsstaat onder de VVD-premier moeten laten zien: Rutte die meineed pleegt in de Toeslagenaffaire, Kamerleden die geen informatie krijgen, medewerkers van Rutte die geen aantekeningen mogen maken om te voorkomen dat hij lastige vragen krijgt. 'Doel is om de hardwerkende meerderheid van Nederland boos te maken,' heet het in de toelichting. 'Duidelijk moet worden dat Rutte dezelfde trekjes vertoont als Afrikaanse dictators en dat we hier inmiddels in een "bananenmonarchie" leven, zoals Pieter Omtzigt in de Tweede Kamer zei.'

Het team gaat op zoek naar een tv-producent met ervaring in online campagnes om tien geselecteerde filmpjes te laten maken. Maar de zoektocht loopt spaak. Achtereenvolgens blijken zes verschillende bureaus niet bereid een anonieme, ondergrondse campagne tegen Mark Rutte in elkaar te zetten: dat zou beschadigend kunnen zijn voor hun reputatie als hun betrokkenheid ooit uit zou komen. Zo sterft het plan voor de filmpjes in schoonheid en valt ook de bodem uit de beoogde Twittercampagne. Het campagneteam besluit dat Wopke Hoekstra zelf het vuile werk zal moeten opknappen met de ideetjes voor de ondergrondse campagne als munitie. Daar zit ook weinig anders op, want eind februari komt het bericht van Pieter Omtzigt, de verklaarde vijand van Mark Rutte, dat hij gas terug moet nemen om tot rust te komen.

Maar tussendoor wordt Hoekstra zelf in het defensief gedrongen. Als hij op 17 februari op werkbezoek gaat in Thialf en samen met kampioen Sven Kramer een paar rondjes schaatst, waarvan zijn campagneteam meteen een filmpje online zet, hagelt het kritiek: de schaatsbaan is al sinds half december gesloten voor publiek vanwege corona, wie denkt de minister wel niet dat hij is? De volgende morgen voor de ministerraad wordt Hoekstra belaagd door journalisten en moet hij bekennen dat hij niet goed over de schaatsactie heeft nagedacht. 'Ik had het natuurlijk niet moeten doen' – waarna VVD-collega Tamara van Ark voor dezelfde camera's glimlachend zout in de wonde wrijft: 'Dat was een béétje dom.'

De campaigners van het CDA besluiten zich niet van de

wijs te laten brengen. Een paar dagen later verschijnt een gelikt schaatsfilmpje van Wopke Hoekstra op YouTube dat al eerder is opgenomen, deze keer op natuurijs. 'We moeten vooruitkijken,' klinkt de stem van de lijsttrekker in de voice-over, terwijl hij in slow motion met lange slagen over een Hollandse vaart schaatst. 'Corona heeft ons vooral geleerd dat we niet zonder elkaar kunnen' – met aan het slot de campagneleus die ook in tekst verschijnt: 'Nu doorpakken. Dit keer wel buiten...'

De langverwachte gelegenheid om de aanval op Mark Rutte voort te zetten komt tijdens het eerste grote televisiedebat op 28 februari, georganiseerd door RTL in het Amsterdamse culturele centrum Felix Meritis. Als de VVD-leider opmerkt dat we meer mogen vragen van de hoge inkomens, valt Hoekstra hem in de rede: 'Het is ongeloofwaardig. U hebt het hardste gevochten voor de slechtste plannen. U wilde het leenstelsel behouden, en niets doen aan de flexcontracten.' Waarop Rutte met gespeelde verbazing riposteert: 'Al dat beleid hebben we de afgelopen jaren samen gedaan!'

Met kromme tenen ziet het campagneteam hoe Hoekstra niet uit de verf komt in het debat. Als enige van de lijsttrekkers kijkt hij herhaaldelijk recht in de camera. En als hij in debat moet met twee door de coronacrisis getroffen horecaondernemers laat Hoekstra nauwelijks empathie zien, terwijl hij als enige van de lijsttrekkers wist welke 'gewone burgers' hij tegenover zich zou krijgen: dat had een sluwe campagnemedewerker voor hem weten te achterhalen.

In een interview in het *Algemeen Dagblad*, een week later, probeert Hoekstra het nog een keer. 'Ik denk dat het tijd is voor verversing. Bij deze nieuwe fase hoort de vraag: in hoeverre ben je nog de oplossing voor de problemen die komen? Het is niet voor niets dat veel mensen in dit type bestuurlijke banen na een jaar of acht, negen zichzelf ook realiseren: misschien is het tijd voor vers bloed. Dan vraag je jezelf: zijn de goede ideeën eigenlijk niet op? Draai je niet een beetje op de automatische piloot? Bij ander leiderschap horen ook andere personen.'

Maar bij het ene na het andere televisiedebat maakt Hoekstra, ondanks de hoge verwachtingen, een teleurstellende indruk. De zwaarste dreun komt op 10 maart, als Hoekstra zich onder leiding van Jeroen Pauw laat aftroeven door GroenLinks-leider Jesse Klaver, die hem inwrijft dat hij de cijfers over het minimumloon uit zijn eigen verkiezingsprogramma niet paraat heeft. Na afloop beent Hoekstra direct richting de uitgang van de Melkweg, met een gezicht dat bleek is van woede en teleurstelling, op zoek naar zijn politiek assistent: 'Waar is Jitske, waar is mijn chauffeur?'

40

Scoren met corona

Gewoonlijk zijn de televisiedebatten tussen de lijsttrekkers in campagnetijd een hectische toestand, met een zaal vol luidruchtig publiek en vele tientallen campagnemedewerkers en journalisten die voor en na de uitzending door elkaar krioelen in de coulissen. Maar dit jaar is het eerste televisiedebat, van *RTL Nieuws* in het Amsterdamse culturele centrum Felix Meritis, een karige, bijna unheimische bedoening. Er is geen publiek, iedere lijsttrekker mag niet meer dan twee secondanten meenemen, en er is maar een handjevol journalisten toegelaten, die het debat moeten volgen op een scherm in een apart zaaltje op zolder. Bij de deur wordt iedereen streng gecontroleerd: zonder testbewijs en polsbandje kom je niet binnen.

Routiniers als Mark Rutte en Jesse Klaver hebben al vele lijsttrekkersdebatten meegemaakt, maar voor Sigrid Kaag is alles nieuw. Van gebrek aan zelfvertrouwen heeft de ouddiplomate doorgaans weinig last: als je met Syrië moet onderhandelen over chemische wapens, kan je je weinig onzekerheid veroorloven. Maar als ze binnenkomt in de hal, en van afstand zwaait naar een paar journalisten in de gastenruimte, kan ze de lichte spanning op haar gezicht niet verbergen: *Hoe zou het gaan? Heb ik me wel goed genoeg voorbereid?*

Als de visagie gedaan is en Mark Rutte, Wopke Hoekstra, Geert Wilders, Jesse Klaver, Lilian Marijnissen en Sigrid Kaag quasi-ontspannen op hun plek in de grote zaal zijn gaan staan, begint het debat. Tijdens de eerste helft blijft Kaag zonder veel moeite overeind; kalm beantwoordt ze vragen van een boze boer uit Zegveld over de inkrimping van de veestapel. Spannend wordt het even als ze de confrontatie met Geert Wilders aangaat: 'Dan komt u weer met die zielige Zwarte Piet van u, terwijl we het moeten hebben over racisme en uitsluiting!' Maar de echte beproeving komt bij de laatste stelling, waar de lijsttrekkers met ja of nee op moeten antwoorden: 'Gevaccineerde burgers moeten als eerste hun vrijheid terugkrijgen.' Het is een beladen thema, want in de samenleving is al een felle discussie op gang gekomen over de vraag hoe ver de overheid mag gaan met vaccineren. Keer op keer hebben Rutte en De Jonge bij hun persconferenties moeten bezweren dat er geen vaccinatieplicht zal komen: dat zou in strijd zijn met de grondrechten. Maar terwijl het ernaar uitziet dat het gros van de Nederlanders pas aan het eind van de zomer volledig gevaccineerd zal zijn, groeit de druk om de samenleving al veel eerder open te gooien. Wie mag dan op welke voorwaarden weer naar de horeca, de bioscoop, het theater of grote evenementen? De stelling van *RTL Nieuws* zet de discussie op scherp, want wie antwoordt met 'ja' wekt de indruk voorstander te zijn van een *indirecte* vaccinatieplicht, als niet-gevaccineerden straks worden uitgesloten van delen van het maatschappelijk leven.

Als presentator Frits Wester de stelling heeft genoemd, flitsen vijf van de zes lichtzuilen bij de sprekers op rood; alleen Sigrid Kaag heeft op groen gedrukt. Tijdens een discussie met de andere lijsttrekkers laat ze Hoekstra en zelfs Rutte er nauwelijks tussen komen. Het verwijt dat jongeren in haar plan aan het kortste eind zullen trekken, omdat ze als laatsten gevaccineerd zullen worden, pareert ze met een verwijzing naar haar eigen gezin: 'Ik ben de enige hier die vier kinderen heeft die vanaf het zoomapparaat studeren, die niet de baantjes kunnen krijgen, die niet meer rond kunnen komen, die net als al hun leeftijdgenoten zitten met klachten van depressie en problemen.' Een combinatie van vaccineren en grootschalig sneltesten moet voorkomen dat er een tweedeling ontstaat, betoogt ze: 'Het is en-en.'

Hoekstra probeert er nog op te wijzen dat massaal sneltesten geen plan van D66 is en niet van Kaag, maar dat het anderhalve week eerder al in de ministerraad is besproken. Maar die kanttekening gaat verloren in het rumoer, want het debat is alweer verdergegaan.

Het optreden bij *RTL Nieuws* is een keerpunt voor Sigrid Kaag: ze heeft zich met haar aanval op Wilders en haar afwijkende standpunt over vaccinaties onderscheiden van alle lijsttrekkers. Vanaf dat moment zit de campagne van D66 in de lift en wordt Kaag alom geprezen als de grote verrassing.

Het is de eerste en enige keer in de campagne dat een regeringspartij een ander standpunt over corona uitdraagt dan de rest van de coalitie. Maar voor D66'ers in de top van de partij voelt het volkomen consistent. Al vanaf het begin van de coronacrisis waren het vooral D66-ministers die in de ministerraad, het Catshuisoverleg en talloze gesprekken achter de schermen kritische kanttekeningen plaatsten bij het door Hugo de Jonge en Mark Rutte gewenste en – meestal – door het OMT geadviseerde beleid.

Vanaf het voorjaar hamerde Wouter Koolmees van Sociale Zaken al op de mogelijk desastreuze gevolgen voor het welzijn van door het OMT voorgestelde maatregelen, zoals de beperking van het thuisbezoek die tot eenzaamheid en psychische klachten kon leiden. In het coalitieoverleg was het vooral Rob Jetten die zich in de nazomer en de herfst fel verzette tegen de plannen om de scholen te sluiten. En in oktober ging vooral Kajsa Ollongren vinnige discussies aan met Mark Rutte – voorheen nog haar chef toen ze secretaris-generaal van Algemene Zaken was – over het plan voor de avondklok.

Maar tot echte irritaties in de coalitie leidde de openbare profileringsdrang die D66 liet zien – zelfs al was het in lijn met het afgesproken coronabeleid. Het begon al rond de sluiting van de scholen in maart 2020, aan het begin van de crisis. Op die roerige zaterdag half maart toen de Federatie Medisch Specialisten er opeens voor pleitte de scholen dicht te doen, tégen het advies van het OMT, waren de fractievoorzitters van de vier coalitiepartijen en de belangrijkste ministers het er al over eens dat die maatregel gezien de grote maatschappelijke ophef onvermijdelijk was geworden. Maar op zondagmorgen kwam Rob Jetten, die tot die tijd fel tegenstander van schoolsluiting was geweest, toch nog met een oproep op Facebook: 'Overweeg de sluiting van alle scholen.'

Alsof er niet allang overeenstemming over was.

Niet geheel toevallig likete Johannes de Vries, fractiewoordvoerder van coalitiepartner ChristenUnie, dezelfde dag een Twitterbericht van oud-CU-Kamerlid Ed Anker, zoals in radioprogramma *De Nieuws BV* snedig werd opgemerkt: 'De profileringsdrang van politieke fracties tijdens een crisis... ziek van.'

Een week later was het weer raak. Op de zonovergoten zondag na de beroemde speech tot de natie, waarin Rutte de Nederlanders opriep vooral thuis te blijven, gingen zoveel mensen op pad naar de bossen, de stranden en de bouwmarkt dat minister Grapperhaus besloot de burgemeesters meer bevoegdheden te geven om in zulke situaties op te treden. Hij verzocht de coalitiegenoten daar nog niets over naar buiten te brengen, omdat hij er nog met de burgemeesters over moest spreken in het Veiligheidsberaad op maandag. In *EenVandaag* op zondagavond noemde Grapperhaus het gedrag van de wandelaars 'beschamend', maar wilde hij nog niet op mogelijke maatregelen vooruitlopen.

Maar een paar uur later zat Rob Jetten al bij *Op1* uit te leggen dat burgemeesters de 'ruimte' moesten krijgen om dit soort gedrag te 'beboeten'. Alweer liep D66 voor de muziek uit.

En op 3 december kwam dezelfde Rob Jetten in ochtendkrant *AD* met een vurig pleidooi om de horeca en de culturele sector – die al sinds half oktober gesloten waren – zo snel mogelijk weer te openen, en 'niet te karig en te krenterig' te zijn over de financiële steun. Later die dag maakte het kabinet bekend dat het honderden miljoenen extra uit zou trekken voor horeca en cultuur. Waarop opiniemaker en lid van de CDA-programmacommissie Sywert van Lienden op Twitter sneerde over 'De wet van D66': altijd publiekelijk voorstellen 'wat al in de achterkamer is geregeld'.

De profileringsdrang van D66 past in een patroon. Bij het aantreden van het kabinet in 2017 besloot de partij – toen nog onder Alexander Pechtold – zich niet te laten smoren in de coalitie met VVD, CDA en ChristenUnie, en de grenzen van het regeerakkoord te blijven opzoeken om 'kleur op de wangen' te houden en herkenbaar te blijven voor de kiezer. Alle eerdere keren dat D66 sinds de jaren zeventig in een kabinet was gestapt, was de partij daarvoor gestraft met dramatisch zetelverlies – reden waarom D66-oprichter Hans van Mierlo de electorale ontwikkeling van D66 ooit in *Vrij Nederland* beschreef als de vlucht van het kwikstaartje: telkens een duikvlucht naar beneden, en dan weer omhoog. Dat wilde de top van D66 zich in deze coalitie niet meer laten gebeuren.

Zo kwamen Kamerleden als Sjoerd Sjoerdsma, Kees Verhoeven en Jan Paternotte, en later de nieuwe fractievoorzitter Rob Jetten, regelmatig met openlijke kritiek op ministers van andere partijen in het eigen kabinet, en vertoonde de partij sinds maart 2020 de neiging met vooruitziende blik succesjes in het coronabeleid te claimen, ook als die niet helemaal op het eigen conto te schrijven waren, tot en met de uitspraken van Kaag over het sneltesten in het RTL-debat.

Na afloop van het debat klagen de spindoctors vanuit de VVD en het CDA achter de schermen luidkeels over de doorzichtige truc van D66, die Wopke Hoekstra tijdens het debat al probeerde aan te kaarten: Kaag liet zich voorstaan op massaal sneltesten, terwijl daar allang in het kabinet over was gesproken. *Daar heb je Nostradamus weer,* klinkt het schamper – naar de laatmiddeleeuwse toekomstvoorspeller. En met haar standpunt over vaccineren week ze nog af van het gangbare coronabeleid ook. *D66 is bezig de crisis te politiseren,* smoezen de spindoctors. *Ze proberen te scoren met corona.*

41

Een klamme deken over de campagne

Onder de titel 'Samen naar de eindstreep. En verder' publiceert de VVD een maand voor de verkiezingen een paginagrote advertentie in de landelijke dagbladen, in de vorm van een open brief van Mark Rutte aan de Nederlanders. Daarin presenteert de VVD-lijsttrekker zich als een staatsman boven de partijen. 'De overheid moet rechtvaardig en menselijk zijn,' heet het. 'We kunnen alleen iets bereiken als we met alle redelijke partijen samenwerken.' En: 'Let een beetje op elkaar. Het komt goed.' *Wie is hier nou de coronacrisis aan het politiseren?* klinkt het in die dagen bij D66 en de andere partijen.

Terwijl de politieke partijen tijdens de campagne vanwege de coronaregels tot hun grote frustratie geen bijeenkomsten kunnen organiseren, de straat niet op kunnen en het moeten hebben van optredens in de media en onhandige virtuele bijeenkomsten met de leden, hoeft de VVD alleen maar achterover te leunen in de comfortabele wetenschap dat tijdens de hele coronacrisis nog vrijwel nergens in Europa een zittende premier is weggestemd.

Dat voelde Rutte al haarfijn aan toen hij op 30 oktober niet alleen zijn kandidatuur voor het lijsttrekkerschap bekendmaakte, maar ook dat hij voorlopig geen campagne zou gaan voeren, 'omdat ik vind dat ik in deze tijd al mijn focus op de coronacrisis moet richten'. Dat haalt je de koekoek, dachten de andere partijen: Rutte hóéft helemaal geen campagne te voeren. Hij kan iedere week als staatsman optreden voor een miljoenenpubliek in zijn persconferenties, het warme verhaal vertellen ('Alleen samen krijgen we corona onder controle') en iedere lastige vraag doorspelen naar Hugo de Jonge: 'Dát is er één voor de minister van Volksgezondheid!'

Tijdens de campagne is de coronacrisis vooral voor de oppositiepartijen een groot probleem. Wat ze ook verzinnen om zich te onderscheiden – het plan van de PvdA om tweeënveertig miljard van het bedrijfsleven door te sluizen naar klimaatmaatregelen, de New Deal van Wopke Hoekstra voor de vitalisering van de economie, Jesse Klavers poging om zich met de poster 'Meer Lilian & Lilianne & Sigrid & Jesse' op te werpen als de grote verbinder op links – alles slaat dood. In het publieke debat worden alle grote thema's waar de campagne over zou moeten gaan – de tegenstelling tussen arm en rijk, de wooncrisis, het klimaat – gesmoord onder de klamme deken van corona.

En zo stevent Mark Rutte als premier in crisistijd af op een moeiteloze overwinning.

Op verkiezingsavond wacht Sigrid Kaag met een klein groepje getrouwen de uitslag af in een zaaltje op het partijbureau, vlak bij het Binnenhof. Als de eerste exitpoll binnenkomt – D66 wordt de tweede partij van het land, ruim voor de PVV van erfvijand Geert Wilders – klimt ze juichend op een tafel. Het filmpje gaat meteen rond op internet: zo hebben de kiezers de keurige oud-diplomate niet eerder gezien. Tot een eind in februari bleef D66 nog hangen op veertien zetels, maar sinds het RTL-debat, waar Sigrid Kaag begon over de vrijheid die het vaccineren zou moeten brengen, is de partij in de peilingen gestegen naar achttien. En nu heeft het verkiezingsresultaat van uiteindelijk vierentwintig zetels alle verwachtingen overtroffen. 'Democraten: het is gelukt,' verklaart ze even later voor de camera's. 'We zijn erin geslaagd de kiezers te laten zien wie we zijn en wat we te bieden hebben.'

Voor vrijwel alle andere middenpartijen is de uitslag een bittere pil. Het CDA wordt voor de onrust in de partij gestraft met vier zetels verlies en is met negen zetels kleiner dan ooit, net zo klein als de PvdA, die op negen zetels blijft hangen. De SP verliest er vijf, GroenLinks zelfs zes. Op de rechterflank moet Geert Wilders een verlies van drie zetels incasseren, terwijl Thierry Baudet van het in december nog ten dode opgeschreven Forum voor Democratie blij is met de acht zetels die hij nog heeft weten te halen met zijn Vrijheidskaravaan.

En Mark Rutte, die in januari nog met zijn kabinet moest aftreden vanwege de Toeslagenaffaire, kan een zetel winst noteren: met drieëndertig zetels is de VVD weer veruit de grootste partij. De kiezer heeft in crisistijd gekozen voor *keine Experimente*. 'Ik ben ontzettend blij,' verklaart hij ingetogen. 'Het is de vierde keer op rij, en dat is gewoon heel bijzonder. En ook de eer te mogen hebben om in een paar crises die we hadden – de economische recessie, de vluchtelingencrisis en nu de coronacrisis, om dan het voortouw te mogen hebben als de grootste partij, dat maakt heel nederig.'

Bij de middenpartijen balt de frustratie zich samen in de weken na de verkiezingen, als de formatie nog moet beginnen.

42

Het geitenpaadje van Rutte

Gehaast loopt Kajsa Ollongren naar haar dienstauto, weggedoken in haar lange jas met capuchon. Het is donderdag 25 maart. De demissionaire minister van Binnenlandse Zaken heeft net per telefoon te horen gekregen dat ze positief getest is op corona. Dat is slecht nieuws, want ze is extra kwetsbaar voor het virus, omdat ze net maandenlang uit de roulatie is geweest door een bijholteontsteking die maar niet wilde genezen. 'We moeten hier weg,' heeft ze in de Stadhouderskamer op Algemene Zaken gezegd tegen haar medewerkers. 'Straks steek ik iedereen hier aan, en dan heb ik helemaal een probleem.' De besmetting zou kunnen komen van Mona Keijzer, de Volendamse staatssecretaris die al dagen thuis zit met corona. Daarom moest het hele kabinet worden getest. Even flitst het Ollongren door het hoofd: ik heb nota bene zelf al een paar keer tegen de collega's geroepen dat we digitaal moeten gaan vergaderen: *Laten we heel Nederland thuiswerken, zitten we hier gezellig bij elkaar.* En nu moet ze naar huis, in zelfisolatie.

Onder haar arm heeft ze een lijst 'aandachtspunten' die een van de ambtenaren van het formatieteam heeft gemaakt op basis van de eerste ronde gesprekken die ze eerder die week met alle fractievoorzitters heeft gevoerd, samen met haar collega-verkenner en VVD-senator Annemarie Jorritsma. Op weg naar de auto heeft Ollongren nauwelijks door dat ze wordt gefotografeerd. Maar al voor ze thuis is ziet ze op Twitter de foto die viraal is gegaan: vrijwel de gehele notitie is uitvergroot te lezen op de stapel blaadjes onder haar arm. Compleet met de bulletpoints: 'Onderhandelingsstijl Hoekstra', 'Linkse partijen houden elkaar niet echt vast' en – het meest brisant van alles – 'Positie Omtzigt: functie elders'. Ze trekt bleek weg en denkt: *Dit wordt een* bumpy ride.

Meteen belt Ollongren met Sigrid Kaag en Mark Rutte, en tot twee keer toe met Wopke Hoekstra, die zacht gezegd *not amused* is. Ze maakt uitvoerig excuses: *stom, stom*. Maar dat heeft weinig zin, het is nu toch al gebeurd.

Eerder op de dag, toen Ollongren gehaast het Binnenhof verliet, werd Wouter Koolmees al gebeld door Sigrid Kaag. Nu Kajsa was uitgevallen moest er als de bliksem vervanging komen. *Zou jij verkenner willen zijn, met Tamara? Mark is haar al aan het bellen*. Lang hoefde Koolmees er niet over na te denken: *Shit ja, we moeten iets*. Al voor hij naar Kamervoorzitter Arib vertrok om samen met Tamara van Ark de informatieopdracht te ontvangen barstte de bom.

Die middag hagelt het via Twitter venijnige commentaren van fractievoorzitters.

Lilianne Ploumen: 'Het is me het dagje wel voor @KajsaOllongren. Dan toch maar even voor de zekerheid: positie van de PvdA was en is niet zonder andere linkse partijen aan tafel.'

Wopke Hoekstra: 'Bizar, dit inkijkje in de aantekeningen van verkenner Ollongren. Onderwerpen die geen van alle met mij zijn besproken en waar zij ook niet over gaat.'

Geert Wilders: 'Nou die verkenners hebben ons vertrouwen wel verspeeld. Omtzigt andere functie? Schandalig!'

Ook Ayfer Koç, fractievoorzitter van het CDA in Enschede en echtgenote van Pieter Omtzigt, die sinds eind februari overspannen thuis zit, mengt zich in het koor: 'Dus deze politieke leiders hebben een exit-functie voor een hardwerkende volksvertegenwoordiger die zijn ziel en zaligheid heeft ingezet voor onze rechtsstaat.'

Een grote Kamermeerderheid – inclusief alle coalitiepartijen – dringt dezelfde dag aan op een Kamerdebat met Ollongren en Jorritsma. Maar voor de camera van *Nieuwsuur* verklaart Rutte dezelfde avond: 'Ik heb er vandaag ook even contact over gehad met Sigrid Kaag. Dus ook namens haar kan ik zeggen dat wij het in ieder geval in onze gesprekken niet over Pieter Omtzigt hebben gehad.' Op de vraag of iemand in het kabinet er nog verantwoording over gaat afleggen, antwoordt hij: 'Nee. Mevrouw Ollongren was daar als verkenner, en dat is nu gestopt.'

Probleem is ook dat de fractievoorzitters vrijwel allemaal in thuisquarantaine zitten, omdat ze die week met de positief geteste Ollongren hebben gesproken. Zo kan het gebeuren dat de kwestie in de Kamer pas zes dagen later ter sprake komt, op de dag dat de nieuwe Kamer wordt geïnstalleerd. Al die tijd ligt de formatie stil, omdat Koolmees en Van Ark geen gesprekken kunnen voeren. Bij binnenkomst verklaart Pieter Omtzigt, die speciaal voor zijn installatie één dagje is overgekomen uit Enschede: 'Dit is een affront voor de Nederlandse kiezer. Ik had verwacht dat het binnen vierentwintig uur opgehelderd zou zijn wie dat gedaan had. Het feit dat we nu al zeven dagen verder zijn, betekent dat er ergens iets verborgen wordt.'

In de plenaire zaal probeert Rutte de Kamer nog tot bedaren te brengen: openbaarmaking van vertrouwelijke stukken zou de persoonlijke verhoudingen zo kunnen verstoren dat het weken zou kunnen duren om de formatie weer op gang te brengen. Hij stelt voor alleen zijn verslag openbaar te maken, en de andere verslagen alleen te laten scannen op wat er gezegd is. Maar Geert Wilders laat zich niet van de wijs brengen: 'Ik wil gewoon alle stukken. Geen Rutte-trucjes. Alles openbaar!' Een voor een steunen de fractievoorzitters de eis van de PVV-leider, ook Sigrid Kaag en Wopke Hoekstra.

Die avond zitten Wouter Koolmees en Tamara van Ark samen alle gespreksverslagen door te ploeteren. De volgende ochtend mogen alle fractievoorzitters langskomen en in vertrouwen beoordelen welk deel van hun eigen verslag openbaar mag worden. Tijdens het lezen van het eerste verslag van Mark Rutte ziet Koolmees al in de laatste zin van de eerste alinea waar het allemaal om te doen is: Mark Rutte heeft wel degelijk over Pieter Omtzigt gesproken. 'Je moet wat met Omtzigt: minister maken.' Koolmees denkt: *Dat gaat een probleem worden.*

De volgende ochtend probeert hij de fractievoorzitters die een voor een langskomen in de Stadhouderskamer op Algemene Zaken om hun verslag in te zien, te waarschuwen. In hun verontwaardiging en ijver om transparant te zijn dreigen ze de formatie voor lange tijd alleen maar moeilijker te maken door alles naar buiten te gooien, terwijl straks vanzelf duidelijk wordt wie er over Omtzigt heeft gesproken nu Rutte al heeft toegezegd dat zijn verslag geopenbaard zal worden. 'Ik weet niet of dit verstandig is,' zegt hij keer op keer, 'want straks liggen alle onderhandelingsposities op straat.' Maar de fractievoorzitters willen van geen wijken weten: alles moet openbaar, *want ik heb niks te verbergen.*

Vlak voor het debat wordt Mark Rutte die ochtend gebeld

door Kajsa Ollongren vanuit de ministerskamer in het parlement: dat ze van plan is af te treden. Ze heeft al een medewerker gevraagd haar afscheidsspeech te schrijven. De premier is in alle staten: hij voelt de grond onder zijn voeten wegzakken en probeert haar van die drastische stap te weerhouden. *Doe het niet, doe het niet, wacht op het oordeel van de Kamer, we komen er wel uit.* Niet lang daarna laat Ollongren zich er in de fractiekamer van D66 door Sigrid Kaag en Rob Jetten van overtuigen dat ze gewoon haar verhaal moet vertellen, en dan alsnog kan beoordelen of ze genoeg vertrouwen van de Kamer heeft.

Zo begint Mark Rutte op donderdagochtend 1 april aan het spannendste debat van zijn loopbaan. Rond het Binnenhof zijn er weinig mensen meer die nog een cent geven voor zijn politieke leven. Al aan het begin van zijn bijdrage probeert hij er zijn excuses voor aan te bieden dat hij in de pers heeft beweerd niet over Pieter Omtzigt te hebben gesproken. 'Ik heb het mij achteraf verkeerd herinnerd.' Prompt golft de verontwaardiging door de zaal: wéér een variatie op 'Ik heb er geen actieve herinnering aan', en andere bezweringsformules die de behendige premier in eerdere jaren heeft gebruikt als hij op onwaarheden werd betrapt. Achtereenvolgens vallen Marijnissen en Ploumen over hem heen, gevolgd door Geert Wilders, die voor de verandering al aan het begin van het debat een motie van wantrouwen heeft ingediend: 'Heel Nederland weet inmiddels dat de heer Rutte de woorden "de waarheid" niet eens kan spellen!'

Dan maakt de VVD-leider een onverwachte uitglijder. Op de vraag van Thierry Baudet of Rutte zelf naar het kantoor van de verkenners is geweest om het verslag in te zien, of dat hij daar op een andere manier over is geïnformeerd, antwoordt Rutte dat hij om halfacht 's ochtends 'via via' heeft vernomen wat er in zijn gespreksverslag staat. Meteen ruikt de hele Kamer bloed: de vertrouwelijkheid van de procedure is geschonden. Sinds de verkiezingen is Rutte zowel fractievoorzitter als demissionair premier. Heeft hij misbruik gemaakt van zijn positie? Jesse Klaver eist dat Rutte duidelijkheid geeft over wat 'via via' betekent. 'Zo niet, schorsen we dit debat en halen we het hele kantoor van de verkenner overhoop.'

Na de schorsing komt Rutte tot verbijstering van de Kamer met een bondige verklaring, vol herwonnen zelfvertrouwen: 'Ik heb er net over nagedacht. Ik heb besloten die bron niet te onthullen. Dus dan is dat de conclusie van mijn reflectie.'

Op dat moment houden de spindoctors van de VVD, die zojuist met de premier hebben overlegd, hun adem in: als de Kamer Rutte hiermee weg laat komen, zou hij het debat best eens kunnen overleven.

Laat in de avond worden de nieuwe verkenners in de Kamer ontboden, om boven water te krijgen hoe Rutte 's ochtends vroeg over zijn verslag is geïnformeerd. Eerst legt Koolmees uit dat hij er vanmorgen om kwart of zeven met zijn vrouw over heeft gepraat – 'Dat had geheim moeten blijven' – en vervolgens om acht uur met Ollongren en Jorritsma heeft gebeld. Dan is de beurt aan Tamara van Ark van de VVD, die zo slim is te melden dat ze geen contact heeft gehad met de VVD-fractie én geen contact met de heer Rutte zelf. Maar de Kamer laat het na om door te vragen: heeft ze dan wel gesproken met de politiek assistent van Rutte, of met het hoofd voorlichting van de fractie? Alleen Thierry Baudet gaat nog tekeer: 'Dit is een stuitend voorbeeld van de Ruttedoctrine!'

Voor Rutte lijkt het einde gekomen als Sigrid Kaag in de late uren afstand van hem neemt: 'Meneer Rutte, u kent mij, ik sta hier met bezwaard gemoed. Want u heeft vorige week ook namens mij bij de NOS gesproken, u noemde het zelf al, en bevestigd dat we allebei geen opmerkingen hadden geplaatst over Pieter Omtzigt. En hier scheiden onze wegen. Want in de politiek en in het leven heeft een mens hopelijk goede gezondheid, maar het grootste goed is de individuele integriteit.'

Maar de D66-leider bijt niet door. Diep in de nacht dient ze samen met Wopke Hoekstra een motie van afkeuring tegen de premier in. Als Esther Ouwehand van de Partij voor de Dieren wil weten welke conclusies Rutte daaraan moet verbinden, verklaart Kaag: 'Ik kan niet voor de heer Rutte spreken. Het zou mij in het diepst raken. Laat ik het zo stellen: ik zou daar mijn eigen conclusies aan verbinden.' Maar dan heeft ze Ruttes overlevingsinstinct onderschat: de gehaaide premier ziet de motie van afkeuring niet als een morele genadeklap, maar als een geitenpaadje dat hem onverwacht wordt geboden.

Aan het einde van het debat wandelt Mark Rutte opgewekt de Kamerzaal uit en verklaart hij voor de verzamelde pers dat hij 'geen moment' aan aftreden heeft gedacht.

43

The Great Reset

Vlak voor het zomerreces staat de gang van Forum voor Democratie in het oude Kamergebouw vol groene plastic verhuisboxen. Een groot deel van de boekencollectie is al ingepakt voor de verhuizing naar het tijdelijke onderkomen van het parlement in de 'apenrots', het voormalige ministerie van Buitenlandse Zaken, omdat het Binnenhof de komende jaren ingrijpend wordt verbouwd. De concertvleugel van Thierry Baudet is al behoedzaam door een gespecialiseerd bedrijf vervoerd naar de opslag: hij is bezig met het kopen van een nieuw huis waar hij het instrument een plek wil geven, want van pianospelen is in de Kamer weinig gekomen.

Enigszins geagiteerd neemt Baudet, dezer dagen getooid met een snor, plaats aan zijn werktafel, tussen de in plasticfolie gewikkelde kamerplanten. Een dag eerder liet hij zich spontaan met een hoogwerker ophijsen bij een demonstratie van boze boeren op het Malieveld, waarna hij ruzie kreeg met de organisatie van Agractie: aan zulke gevaarlijke populistische stunts hadden ze geen behoefte, hij was niet meer welkom op het podium. Pas na enige verhitte gesprekken en boze Twitterberichten ('Kun je nagaan hoe bang ze zijn om VVD en CDA te mishagen. Met die slaafse houding win je dus nooit') mocht de leider van Forum uiteindelijk toch de joelende menigte toespreken. Hij ziet het als de zoveelste poging van de gevestigde orde om hem de mond te snoeren. 'De boeren zelf zijn schrandere mensen,' zegt hij op zijn onttakelde werkkamer. Grinnikend: 'Al zullen ze het begin van het tweede boek van *Der Untergang des Abendlandes* misschien niet zo mooi vinden als ik. Maar de organisatie van die club is gewoon een cover van het CDA.'

Nog zoiets, maar dan nog veel ernstiger: dat YouTube laatst een filmpje van een van zijn optredens in de Tweede Kamer van het platform heeft verwijderd. Daarom is Forum voor Democratie net een rechtszaak tegen de techgigant begonnen. 'Pure censuur!' briest hij. 'Zo groot is dus de macht van dit soort Big Tech-bedrijven: dat ze zomaar een speech van een vólksvertegenwoordiger denken te kunnen schrappen. Dit is een ongekende inperking van onze vrijheden!' Prompt roept hij zijn vertrouweling Gideon van Meijeren erbij, de voormalige wetgevingsjurist die na de leegloop van de partij in december werd verkozen tot Kamerlid en zich nu in de komende rechtszaak heeft verdiept. Van Meijeren legt uit dat YouTube niet eens heeft medegedeeld waarom de video is verwijderd, behalve dan dat-ie in strijd zou zijn met de 'communityrichtlijnen'. 'Het is een hellend vlak,' zegt Baudet. 'Trump zei aan het begin van de crisis al dat het virus waarschijnlijk uit een laboratorium in Wuhan kwam. Toen riep iedereen: fake news! Maar inmiddels sluit zelfs de WHO die mogelijkheid niet meer uit. Had Trump dat dan niet mogen zeggen? Had hij geweerd moeten worden van de sociale media? Wat zijn dat voor 1984-achtige praktijken?'

In het verwijderde fragment, dat nog steeds te zien is op de site van de Tweede Kamer, betoogt Baudet dat de Rockefeller Foundation al in 2010 in het 'scenario Lockstep' een wereldwijde pandemie heeft voorspeld waarin precies gebeurt wat we de afgelopen anderhalf jaar hebben meegemaakt: dat de Chinezen zouden beginnen met verplichte quarantaine en hermetische sluiting van de grenzen, dat nationale leiders over de hele wereld hun gezag zouden verstevigen met allerlei beperkingen, van het verplicht dragen van mondkapjes tot lichaamstemperatuurcontroles, dat de burgers hun vrijheid slaafs zouden inleveren voor hun veiligheid. 'Deze coronatijd was een gehoorzaamheidstraining,' besloot Baudet zijn voordracht. 'De Tweede Kamer en de regering-Rutte hebben deze training glansrijk doorstaan. Gefeliciteerd. Klaus Schwab kan trots op jullie zijn. De globalistische plannen kunnen doorgang vinden, en de volgende stap richting *mass surveillance* en totale controle kan worden gezet!'

Bij de verkiezingen in maart haalde Thierry Baudet een verrassend goede uitslag, ondanks de chaos waarin zijn partij in december wegzonk. Maandenlang voerde hij broederlijk campagne met Wybren van Haga, de man die uit de VVD-fractie werd gezet, voor zichzelf begon en zich vervolgens bij Forum aansloot. Met hun Vrijheidskaravaan trokken ze het hele land door, ten strijde tegen de verstikkende coronamaatregelen. Van Tilburg tot Leeuwarden werden ze door duizenden mensen toegejuicht. Vastgoedman Van Haga bleek verrassend populair met zijn pleidooien tegen de lockdown, vooral onder provinciale ondernemers. Bij de verkiezingen haalde hij meer dan tweehonderdveertigduizend voorkeurstemmen, bijna net zoveel als Baudet zelf. Zo wisten ze samen acht zetels binnen te slepen.

Maar toen Forum anderhalve maand na de verkiezingen via sociale media een poster verspreidde met de tekst 'Op 5 mei herdenken we 75 jaar vrijheid' met daarachter de jaartallen 1945 en 2020 met een overlijdenskruisje, en er felle reacties kwamen van het Centrum Informatie en Documentatie Israël en het Nationaal Comité 4 en 5 mei, die meenden dat de herinnering aan de oorlog niet mocht worden misbruikt voor politieke doeleinden, stapte Van Haga plotseling uit de partij, samen met fractiegenoten Hans Smolders en Olaf Ephraim. Het drietal presenteerde zich als het redelijk alternatief voor Baudet, die geradicaliseerd zou zijn. Maar Baudet voelde zich gebruikt, want daags tevoren had Van Haga nog verklaard dat hij zich prima in de poster kon vinden. Baudet bood hem zelfs nog een 'personele unie' aan, waarbij hij als zelfstandige fractie verder kon, met financiële ondersteuning van Forum. Maar Van Haga wilde er niets van weten. Een week na de breuk kreeg Baudet nog van Olaf Ephraim een gouden manchetknoop en een brief met de strekking: 'Unieke Thierry, het was fantastisch, maar het kan niet anders dan nu te breken, het is een tragedie.' Zo werd Baudet opnieuw door vertrouwelingen in de steek gelaten.

Maar het verhaal dat hij steeds radicalere ideeën zou ontwikkelen en onmogelijk zou zijn om mee samen te werken, daar wil hij niet aan. 'Ze roepen de afgelopen tijd dat ik aan het radicaliseren ben,' zegt hij in zijn werkkamer tussen de verhuisdozen. 'Maar ik doe niks anders dan wat ik altijd heb gedaan: opkomen voor de vrijheid. Het is de wereld om ons heen die aan het radicaliseren is.'

Tot dat inzicht kwam Baudet toen hij na de implosie van zijn partij in december steeds meer begon te lezen over Klaus Schwab, de oprichter en voorzitter van het World Economic Forum, het wereldwijde netwerk van captains of industry en regeringsleiders dat jaarlijks neerstrijkt in Davos, en vooral over The Great Reset die in die kringen wordt bepleit: het streven om de coronacrisis aan te grijpen voor een fundamentele transformatie van de economie en het maatschappelijk leven, in het teken van de Sustainable Development Goals van de Verenigde Naties. Tijdens het lezen viel hem op dat Mark Rutte, de man die sinds het uitbreken van de crisis verantwoordelijk is voor steeds verdergaande overheidsbemoeienis, het ook al heeft over 'het nieuwe normaal': dat we door de coronacrisis niet meer terug kunnen naar hoe het is geweest. En toen schoot Baudet ook weer te binnen dat in de Europese Unie al jaren in allerlei documenten openlijk wordt gesproken over het streven naar een federale staat, waar hij zich al meer dan een decennium tegen verzet. Zo vielen de puzzelstukjes in elkaar.

En zo kon het gebeuren dat Baudet steeds krassere uitspraken deed over de machtswellust van de globalisten die de coronacrisis misbruiken om hun totalitaire controle te vestigen, over de zegeningen van alternatieve coronamedicijnen als hydroxychloroquine en Ivermectine, en zelfs plannen begon te ontwikkelen voor Forumland, een eigen digitaal netwerk voor zijn aanhangers met een eigen cryptomunt, eigen winkels en scholen en zelfs een eigen datingapp.

'Rutte beweert dat ik op een zolderkamertje aan het fabuleren ben, maar Klaus Schwab zégt gewoon dat de coronacrisis gebruikt moet worden voor een Great Reset. In Brussel zéggen ze dat ze streven naar een federale staat. Rutte zélf zegt dat we nooit meer teruggaan naar het oude normaal. Het is net het toneelstuk *Herr Biedermann und die Brandstifter* van Max Frisch, waarin de brandstichter zegt dat hij het huis in de fik komt steken, en Biedermann het niet gelooft en hem gewoon binnenlaat. Dát is wat nu gebeurt. Ze zijn op weg naar totale controle, alle privacy gaat eraan. Straks mag je geen vlees meer kopen als je te lang hebt gedoucht. En de mensen geloven het niet, ze kunnen het niet bevatten, ze wuiven het weg. Totdat het straks te laat is.'

In het voorjaar van 2020 had Baudet nog goed contact met Mark Rutte. Ze schreven elkaar regelmatig briefjes in de plenaire zaal van de Tweede Kamer, die ze via de bode aan elkaar lieten bezorgen. Meestal ging het over klassieke muziek. 'We zouden ook een keer na de zomer met elkaar uit eten gaan. "Hartstikke leuk!" schreef hij. Maar sindsdien heb ik niks meer van hem gehoord. Mark Rutte heeft misschien niet eens door dat hij onderdeel is van een wereldwijde collusie. Hij is een zetbaas, een gehoorzame uitvoerder. Daarom is Rutte ook uitermate geschikt om de provincie Nederland te managen namens het Grote Systeem.' Even kijkt Baudet peinzend voor zich uit. 'De grote vraag is alleen: wie ís dat Grote Systeem? Wie zíjn dat dan? Daar ben ik nog niet helemaal achter.'

44

Dansen met Janssen

In opperbeste stemming wandelt Hugo de Jonge op 18 juni naar het ministerie van Justitie, op weg naar wat zijn laatste persconferentie voor de zomer zou moeten worden. Op straat in de warme middagzon wordt hij aangeklampt door vrolijke voorbijgangers die met hem op de foto willen. Dat voelt toch heel anders dan de boze virusontkenners die hem in het voorjaar voortdurend belaagden zodra hij in het openbaar verscheen. Met een brede glimlach poseert hij voor de ene selfie na de andere.

Na de zware maanden aan het begin van het jaar heeft Hugo de Jonge eindelijk de wind in de rug. Het aantal besmettingen en de ic-opnames dalen gestaag, en het vaccineren loopt na een trage start op rolletjes: Nederland is inmiddels een van de koplopers in Europa. Het ziet ernaar uit dat De Jonge voor elkaar gaat krijgen wat in januari nog helemaal niemand geloofde: dat voor de zomervakantie vrijwel iedereen die dat wil een eerste prik heeft gehad. Sinds april heeft hij samen met Mark Rutte stapsgewijs versoepelingen kunnen aankondigen: eerst ging de gehate avondklok eraan en mochten de terrassen 's middags weer open, vervolgens de attractieparken, de dierentuinen en de sportscholen.

En nu is hij op weg naar de persconferentie met een lijstje nieuwe versoepelingen onder de arm die eerder van kracht zullen zijn dan voorzien in het openingsplan dat in het voorjaar werd opgesteld: per 26 juni verdwijnt de mondkapjesplicht bijna overal behalve in het openbaar vervoer, op het vliegveld en in de scholen. De maximale groepsgrootte vervalt, net als het thuiswerken. Grote evenementen mogen weer doorgaan, met toegangstesten maar zonder mondkapjes en afstand houden. En de horeca mag weer helemaal open, ook de nachtclubs en de discotheken. Volgens het laatste OMT-advies is er 'op basis van de gunstige trend in de aantallen opnames, die samenhangt met het hoge vaccinatietempo en het seizoenseffect', geen bezwaar tegen de versnelde versoepelingen. Het OMT wijst op de 'onzekere factor' van de zeer besmettelijke deltavariant, maar verwacht in de zomerweken vooralsnog een verdere daling van het aantal besmettingen.

'Ik wil het feestje niet verpesten,' zegt een verslaggever van het *AD* aan het eind van de persconferentie, 'maar is dit niet te vroeg?' – waarna Hugo de Jonge uitlegt dat het 'helemaal niet' te vroeg is, en dat de nieuwe stappen 'congruent' zijn met de eerder vastgestelde routekaart. Ook wat het reizen betreft hoeven Nederlanders zich geen zorgen te maken, zegt hij: nu staat Nederland voor veel andere landen nog op code rood – met alle reisbeperkingen van dien – maar dat zal van korte duur zijn: in juli wordt het naar verwachting code groen.

Ook het Veiligheidsberaad heeft ingestemd met het afbouwen van de maatregelen. Maar achter de schermen is er al dagen grote onrust onder de burgemeesters van de grote steden waar het virus sneller kan opvlammen door de grote bevolkingsdichtheid en de reizigersstromen: waarom wil het kabinet nu per se al die versoepelingen *tegelijk* doorvoeren? In het voorjaar pleitte Femke Halsema van Amsterdam nog voor opening van de terrassen als ventiel, om grote groepen in de parken en illegale feestjes thuis tegen te gaan, maar kreeg ze nul op het rekest. Al in april probeerde ze Hugo de Jonge en Ferdinand Grapperhaus te porren voor een grondig voorbereid plan, gesteund door de vier grootste gemeenten, om de samenleving geleidelijk te openen. Volgens dat plan zouden de coronamaatregelen niet langer moeten worden bepaald door de bezetting van de ziekenhuizen, maar andersom: het openen van de samenleving zou voorop moeten staan, en de ziekenhuizen zouden dat mogelijk moeten maken. Maar dat tegendraadse idee verdween ergens in de bureaucratie van de ministeries. En nu zwenkt het kabinet opeens naar het andere uiterste, terwijl alleen al de gemeente Amsterdam zo'n *duizend* aanvragen voor evenementen binnen heeft gekregen. Begin mei waarschuwde ze Ferdinand Grapperhaus al in een zoomvergadering voor de chaos die zou ontstaan als grote evenementen als de Pride en Keti Koti met honderdduizenden bezoekers opeens door zouden gaan – dat is toch wat anders dan de Sneekweek –, maar er werd niets mee gedaan. En nu gooit het kabinet het probleem toch bij de burgemeesters over de schutting, want het land moet en zal van het slot, ondanks het feit dat virologen buiten het OMT, zoals Ab Osterhaus, al weken waarschuwen dat de deltavariant ieder moment om zich heen kan grijpen.

In de optimistische stemming van die vrolijke junidagen verzint Hugo de Jonge nog een plan. Aan het begin van de maand heeft de Gezondheidsraad geadviseerd het Janssenvaccin niet meer te gebruiken vanwege – zeer zeldzame – bijwerkingen, waarna besloten is het vaccin alleen te gebruiken voor militairen, dak- en thuislozen en zeelieden, vanwege het grote voordeel: dat één prik van Janssen volstaat. Half juni hoort hij dat er tweehonderdduizend Janssenvaccins ter beschikking komen. Als hij die nu eens als keuzeoptie ter beschikking stelt aan iedereen boven de achttien die dat wil? Daarmee kunnen ze dezelfde avond nog op vertoning van hun QR-code naar de disco, en zijn ze gevaccineerd voor ze op vakantie gaan naar de Spaanse en Griekse eilanden. Kunnen ze ook het virus niet mee terugnemen, zoals een jaar eerder gebeurde. Als de jongeren op die manier worden verleid krijgt de vaccinatiegraad in Nederland ook nog een boost: iedereen blij.

Op 23 juni presenteert De Jonge zijn ideetje tijdens een 'persmoment' in de hal van zijn ministerie: 'Morgen vanaf tien uur gaan de hulplijnen open voor de keuzelijn Janssen, een ideaal vaccin als je echt klaar wil zijn met die ene prik, klaar voor de zomer, klaar voor een zomer vol festivals, dansen met Janssen.'

Voor de communicatiemensen van VWS en Justitie in het Kernteam die meekijken naar de persverklaring komt die spontane uitdrukking van de minister als een verrassing. *Dansen met Janssen*, denken ze, *leuk bedacht*. In de eerstkomende vergadering wordt uitvoerig besproken hoe ze voor de actie van Hugo de Jonge extra aandacht kunnen genereren.

Waar op het ministerie niemand aan denkt, is dat het wel eens tot problemen zou kunnen leiden dat de jonge mensen die zich met Janssen laten inenten dezelfde avond al naar de disco mogen, terwijl het vaccin pas twee weken na inenting volledig werkt. In andere landen wordt die inwerkingstijd wel gehanteerd als eis voor toegang. Maar De Jonge denkt: *Dat risico kunnen we wel nemen nu we niet meer dan vijfhonderd besmettingen per dag hebben en de cijfers zo snel de goede kant op gaan.* Hij vraagt het OMT niet om advies over de inwerkingstijd. In zijn Kamerbrief van 18 juni over de versoepelingen stond ook al dat een tweede prik van de andere vaccins op dezelfde dag al toegang zou geven tot evenementen. Toen was er ook niemand die protesteerde.

In de ministerraad van 25 juni, de dag voordat de versoepelingen ingaan, is de stemming zo opgewekt dat Ferdinand Grapperhaus zich na afloop door Jaïr Ferwerda, de vrijpostige verslaggever van *Jinek*, laat verlokken tot een spontane ode aan het mondkapje. Met een olijke blik in de camera zingt de minister van Justitie en Veiligheid: 'Zeg mondkapje waar ga jij henen/ naar het vuil, naar het vuil./ Zeg mondkapje vind je 't niet erg dat ik niet huil/ dat ik niet huil.' Het filmpje wordt massaal gedeeld op internet, met schampere commentaren.

Op 1 juli begint het aantal positieve tests snel te stijgen: in een week tijd schiet het van zo'n vijfhonderd gevallen naar meer dan drieduizend per dag. Uit cijfers van het RIVM blijkt dat het virus zich niet alleen snel heeft verspreid via feestjes thuis, maar ook door het uitgaan in cafés, nachtclubs en discotheken. In de media regent het verhalen van gesjoemel met tests en QR-codes in het nachtleven. Op de ministeries van VWS, Justitie en Algemene Zaken wordt crisisoverleg gehouden. Als het zo doorgaat kunnen er binnen een week weer tienduizenden mensen besmet zijn. Al snel trekken Hugo de Jonge en Mark Rutte de conclusie: ingrijpen is onvermijdelijk.

45

Alleen op het podium

Er is enige zelfoverwinning voor nodig, maar op vrijdag 19 juli houden Mark Rutte en Hugo de Jonge een extra persconferentie, waar ze bekendmaken dat de nachtclubs en discotheken de volgende dag alweer dicht moeten, dat de rest van de horeca om twaalf uur moet sluiten en dat meerdaagse evenementen toch niet meer zijn toegestaan. Het Kernteam Crisiscommunicatie heeft de premier en de minister ingeprent dat ze vooral deemoedigheid moeten uitstralen en ruiterlijk hun excuses moeten maken voor de verwarring. Maar daar komt weinig van terecht, als een jonge verslaggever van SBS al vroeg in de persconferentie *out of the blue* de aanval op De Jonge opent: 'Het is een behoorlijke puinhoop, u bent verantwoordelijk minister, vindt u dat u nog aan kan blijven?' – waarna zich zo'n verbeten discussie met De Jonge ontwikkelt dat Rutte zichtbaar geïrriteerd ingrijpt: 'Er zijn zeker fouten gemaakt, maar er is geen enkele grond nu voor een minister om te gaan aftreden. Dat is echt een overdreven vraag. En ik wil ook door met de persconferentie, want u heeft de vraag nu drie keer gesteld en hij gaat níét aftreden.'

Daarmee is de toon gezet: de persconferentie eindigt in zo'n grimmige sfeer, dat Rutte en De Jonge na afloop door het Kernteam worden aangesproken en elkaar de volgende ochtend bellen, als de ochtendkranten gehakt hebben gemaakt van de chaos rond 'dansen met Janssen'. De avond ervoor dachten ze nog: *Wat een debiele vragen, we hebben het probleem juist lekker snel opgelost.* Maar in de ochtend is het besef doorgedrongen dat ze het zelf misschien ook niet zo handig hebben gedaan. 'Die persconferentie was gewoon bagger,' zegt Rutte. '*Another fine mess we created.*' Ze spreken af om op maandag opnieuw een 'persmoment' te organiseren om de onrust te bezweren.

'Excuus voor afgelopen vrijdag,' zegt Rutte als hij op maandag met Hugo de Jonge opnieuw voor de parlementaire pers verschijnt. 'Dat was niet onze beste persconferentie in de reeks van de dertig tot vijfendertig persconferenties waarin we elkaar troffen' – gevolgd door de erkenning dat zijn kabinet een 'grote inschattingsfout' heeft gemaakt door de maatregelen te snel te versoepelen. Hugo de Jonge bekent op zijn beurt: 'We hebben het gedrag niet goed ingeschat.' De anderhalve meter werd eigenlijk 'op geen enkele plek' meer nageleefd. Dat, in combinatie met de deltavariant, heeft 'helaas een versnellend effect gehad'.

Terwijl Nederland die week rood kleurt op de Europese coronakaart is de grote vraag in de kranten, de nieuwsrubrieken en de talkshows: kunnen de Nederlanders straks nog wel op vakantie zonder in quarantaine te moeten? Dagenlang belt Hugo de Jonge zijn collega's in andere Europese landen om te voorkomen dat er reisbeperkingen voor Nederland worden ingesteld. De boodschap: het stijgende aantal positieve tests is een tijdelijk effect, het aantal ziekenhuisopnames is nog niet gestegen, Nederland loopt voorop met vaccineren, er zijn nieuwe maatregelen genomen, zet ons alsjeblieft niet op code rood.

Intussen wordt het ministerie van VWS sinds de persconferentie bestookt met woedende reacties uit de evenementensector. Honderden grote festivals in het hele land, zoals Lowlands, kunnen opeens niet doorgaan, met gigantische kosten tot gevolg. Uit de in opdracht van de overheid georganiseerde fieldlab-experimenten is de afgelopen maanden juist gebleken dat het heel goed mogelijk is op een verantwoorde manier grote evenementen te organiseren. In België gaan om die reden grote festivals door, waar nauwelijks besmettingen worden vastgesteld. Waarom moet de hele evenementensector ervoor boeten dat een paar discotheken hun zaakjes niet voor elkaar hebben? Als er nauwelijks respons van het kabinet komt, en het verbod op de evenementen ook nog wordt verlengd, besluiten de festivaldirecteuren de actie 'Unmute us' op touw te zetten: ze willen hun recht gaan opeisen met massale protesten in de grote steden.

Terwijl half Nederland weer over Hugo de Jonge heen valt, ook de Tweede Kamer, die een paar weken eerder nog in grote meerderheid met de versoepelingen instemde, denkt hij: *Zo gaat het dit hele jaar al, zodra er kritiek komt is iedereen weg en sta ik weer in mijn eentje op het podium.*

Voor veel burgemeesters is het de zoveelste ontmoedigende actie van het kabinet. Femke Halsema gaat op vakantie en besluit geen denkkracht meer aan het coronabeleid te verspillen. Ze denkt: *Kennelijk worden wij alleen als uitvoerders gezien, ze volgen toch alleen maar de Haagse logica.*

Mark Rutte op zijn beurt zou in juli een paar dagen naar Zwitserland gaan maar besluit toch maar in Nederland te blijven, nu de spanningen weer oplopen. Meer dan een weekendje op de Veluwe zit er niet in.

En Hugo de Jonge beperkt zijn vakantie in augustus tot een kleine twee weken met het gezin op camping Il Collaccio in het Italiaanse Umbrië, waar zijn rechterhand Bart van de Brink ook komt kamperen. Eigenaar Raffaele Baldoni weet niet wat hem overkomt: een echte minister op de camping, gewoon in een tent, die met zijn eigen auto zónder gevolg is komen aanzetten. De *ministro olandese* heeft zijn racefiets meegebracht, waarmee hij tochtjes maakt in de omgeving. Af en toe is hij te vinden in een modieuze zwembroek op een ligstoel aan het zwembad, met een prachtig uitzicht op het middeleeuwse stadje Preci, de mobiele telefoon in de aanslag, want het werk gaat door.

Na tien dagen moet De Jonge tot teleurstelling van zijn gezin de vakantie afbreken voor een persconferentie in Nederland, waar hij moet aankondigen dat de maatregelen zullen worden verlengd tot 21 september. Als hij over de volle wegen door Duitsland terugrijdt, met zijn vrouw aan het stuur, zodat hij zelf met Mark Rutte en zijn ambtenaren kan bellen, denkt hij: *Daar gaan we weer.*

Epiloog

Als de dagen korter worden en de herfst zich begint aan te dienen met kleurende bladeren in de tuin van het Catshuis en gure windvlagen rond het Binnenhof, balt het maatschappelijke verzet tegen het coronabeleid zich samen. De ene na de andere horecaondernemer kondigt aan zich niet aan het coronatoegangsbewijs te zullen houden, de burgemeester van Amsterdam maakt tot ergernis van het kabinet bekend dat de politie en de boa's in de hoofdstad 'niet actief gaan handhaven', de protesten in de grote steden zwellen aan.

De avond voordat de anderhalve meter afstand in het hele land wordt losgelaten en de coronapas verplicht wordt gesteld als toegangsbewijs voor de horeca, de concertzalen, de musea en de bioscopen – een maatregel waar Hugo de Jonge al in april 2020 bij de introductie van de corona-app op zinspeelde – krijgen Wopke Hoekstra, Mark Rutte, Hugo de Jonge en Ferdinand Grapperhaus op vrijwel hetzelfde tijdstip via hun politiek assistenten een interview met Mona Keijzer onder ogen, dat de volgende ochtend in *De Telegraaf* zal worden gepubliceerd. De kop: 'Staatssecretaris Keijzer vindt invoering van coronapas eigenlijk niet uit te leggen.' Alle vier denken ze in verschillende toonaarden: *Nu is het mooi geweest.*

Een week eerder verklaarde Mona Keijzer al tijdens het bewindspersonenoverleg van het CDA – waar al maanden wijselijk niet meer over corona wordt gepraat om ruzie tussen Keijzer en Hoekstra aan de ene kant en De Jonge en Grapperhaus aan de andere te voorkomen – dat ze het coronagedeelte van haar portefeuille wilde overdragen, omdat ze het beleid niet langer met haar geweten kon verenigen. Daar zou ze na het weekend met Mark Rutte over praten. Maar zonder dat gesprek af te wachten keert ze zich nu uitgerekend op de dag dat de maatregelen ingaan openlijk tegen de coronapas – terwijl leden van het kabinet volgens de Grondwet met één stem dienen te spreken.

Aan de telefoon met Hoekstra, haar partijleider, probeert Keijzer nog te verklaren dat ze alleen maar heeft gezegd dat de coronapas moeilijk uit te leggen is, en dat ze er strikt genomen geen afstand van heeft genomen. Maar vooral Grapperhaus reageert des duivels: hij moet de volgende dag tienduizenden boa's en agenten de straat op sturen die het coronatoegangsbewijs moeten handhaven. *En dan krijg je dit.*

Mona Keijzer wekte al een jaar lang grote ergernis binnen het kabinet met haar guerrilla tegen het coronabeleid: anonieme kritiek in de krant op de 'debiele' en 'feitenvrije waanideeën' van Hugo de Jonge waarin haar 'vingerafdruk' duidelijk te herkennen was, een bewust gelekte notitie in december over de sluiting van de horeca die recht inging tegen het kabinetsbeleid, de voortdurende weigering om de coronamaatregelen uit te leggen aan getroffen ondernemers, en nu weer dit interview.

Na een paar telefoontjes over en weer is de conclusie snel getrokken: voor Mona is het einde oefening. De volgende middag, na overleg met de vicepremiers en minister van Economische Zaken Stef Blok, brengt Mark Rutte de officiële voordracht voor 'ontslag met onmiddellijke ingang' naar buiten. Via zijn Twitteraccount laat Hugo De Jonge het bericht van de RVD direct delen. De boodschap is niet mis te verstaan: *Good riddance*.

Als Mona Keijzer op zondagmiddag boos, teleurgesteld en vernederd over de A4 terugrijdt naar Edam van een spoedvergadering van de CDA-fractie waar ze ook nog het unanieme verzoek heeft gekregen afstand te doen van haar Kamerzetel, blijven via de sociale media talloze steunbetuigingen binnenstromen van boze burgers die de Volendamse politica prijzen dat ze is opgekomen voor de ondernemers en haar rug recht heeft gehouden tegen de coronapas die ongevaccineerden tot 'tweederangs burgers' maakt. De volgende dag schrijft ze in een verklaring: 'Ik kan het beleid niet meer rijmen met mijn verstand en mijn geweten. Op verzoek van de fractie heb ik daarom besloten mijn Kamerzetel op te geven. Ik wil geen splijtzwam zijn.'

Zo bereikt de maatschappelijke verdeeldheid over de coronamaatregelen het hart van het kabinet en wordt het CDA verder gespleten, met het tussentijdse vertrek van de elfde bewindspersoon in één kabinetsperiode. En zo zwoegt de demissionaire ministersploeg zich door de coronacrisis, waarvan het einde steeds verder buiten bereik komt te liggen. In de eerste maanden van de pandemie dachten Jaap van Dissel en het OMT nog dat een vaccinatiegraad van 60 of 70 procent voldoende zou zijn om het virus te laten uitdoven, maar in de loop van de zomer van 2021 is bij de virologen en op het ministerie van VWS het besef doorgedrongen dat de deltavariant van het virus zo besmettelijk is, dat een vaccinatiegraad van 95 of zelfs 100 procent misschien nog niet genoeg zal zijn, omdat de vaccins niet volledig beschermen. In de late zomer van 2021 durft niemand in het kabinet meer over een finish te praten. En intussen sleept de formatie zich al maanden voort, na een campagne die gesmoord werd door corona.

De bewindslieden die vlak voor het begin van de crisis nog zo monter het podium op stapten tijdens het World Economic Forum in Davos bevinden zich in de nazomer van 2021 in een werkelijkheid die ze toen onmogelijk konden bevroeden, in een land dat moet herstellen van maandenlange lockdownmaatregelen en de hevigste epidemie in honderd jaar. Mark Rutte zag zijn kabinet midden in de crisis vallen en moest met kunst- en vliegwerk overeind proberen te blijven, op weg naar wat zijn laatste kabinet zou moeten worden. Wopke Hoekstra, een jaar eerder nog de gedroomde lijsttrekker, maakte mee hoe het CDA onder zijn leiderschap ineenstortte. Sigrid Kaag boekte een verrassende verkiezingsoverwinning, maar zag haar belofte van 'nieuw leiderschap' langzamerhand wegzakken in de loopgravenoorlog van de oude politiek.

Hugo de Jonge, die tijdens het World Economic Forum en het begin van de lockdown in Wuhan opgewekt een schare kindertjes aan het voorlezen was uit het boek *Moppereend*, ontdekte hoe het is om coronaminister te zijn op een departement en in een land waar niemand de baas is.

En Bruno Bruins? Die ging na zijn instorting weer voorzichtig aan de slag, eerst als interim-directeur van de Haagsche Tramweg-Maatschappij en vervolgens als lid van de Raad van State, zodat hij tijd overhoudt om vredig funkplaten te draaien op zijn zolderkamer.

Verantwoording

Het idee voor dit boek ontstond in het voorjaar van 2020 toen we allebei de coronacrisis in de Haagse politiek al maanden op de voet volgden. Ondanks de eindeloze stroom van nieuwsberichten en achtergrondverhalen over corona die over Nederland werd uitgestort, de verwoede discussies over het coronabeleid die op de opiniepagina's en aan de talkshowtafels werden uitgevochten en de talloze interviews met politici en virologen die in de kranten en de actualiteitenrubrieken verschenen, raakten we er steeds meer van overtuigd dat een groot deel van wat zich in de achterkamers van de macht afspeelde nog niet was beschreven.

Omdat de Haagse werkelijkheid de afgelopen jaren steeds meer wordt bepaald door het cordon van persvoorlichters en spindoctors waarmee politici zich omgeven, waardoor ieder publiekelijk uitgesproken woord op een goudschaaltje wordt gewogen en beeldvorming vaak belangrijker lijkt te zijn dan wat 'de inhoud' is gaan heten – een neiging die tijdens de coronacrisis alleen maar sterker werd – besloten we te proberen de politieke, bestuurlijke en ambtelijke hoofdrolspelers en hun entourage in achtergrondgesprekken aan het praten te krijgen over wat zich werkelijk achter de muren van het Torentje, het Catshuis, de fractiekamers en de departementen afspeelde, tijdens de grootste crisis sinds de Tweede Wereldoorlog.

Maandenlang voerden we honderden gesprekken in en rond het centrum van de macht, om te achterhalen hoe corona ingreep in de Haagse politiek, hoe cruciale beslissingen in het coronabeleid tot stand kwamen en hoe het politieke machtsspel na de eensgezindheid in de eerste weken van de crisis toch weer doorbrak.

Het was als schieten op een bewegend doel, want de ontwikkelingen voltrokken zich in zo'n duizelingwekkend tempo dat wat het ene moment nog voor onmogelijk werd gehouden, het volgende ogenblik al werkelijkheid was geworden: verpleeghuizen gingen dicht voor bezoek, scholen, winkels, cafés, restaurants, theaters en bioscopen werden gesloten, festivals en concerten werden verboden, een avondklok afgekondigd, een coronapas geïntroduceerd voor toegang tot het openbare leven: overheidsingrijpen op een schaal die tot voor kort ondenkbaar was in het liberale, welvarende Nederland.

Toen we het plan voor het boek opvatten, dachten we nog – en we waren niet de enigen – dat de pandemie in de winter wel onder controle zou zijn en dat we het boek konden laten eindigen met de verkiezingen van maart 2021. Maar het virus en vooral de angst voor het virus lieten zich niet zo eenvoudig bedwingen. De politieke strijd die tijdens de campagne door corona werd gesmoord, ontbrandde pas na het sluiten van de stembussen met een maandenlange politieke patstelling tot gevolg. Zo regeerde corona over de politiek – of liet de politiek zich door corona regeren.

En zo besloten wij het boek pas te voltooien in de nazomer van 2021, toen de meeste Nederlanders gevaccineerd waren en de meeste maatregelen konden worden afgebouwd, maar toen ook bleek dat we in de samenleving en in de politiek nog lang niet van het virus af zijn.

De vele tientallen politieke en ambtelijke hoofdrolspelers en hun adviseurs die we in de loop van de maanden hebben gesproken, vaak meerdere malen, worden in dit boek zelden geciteerd. Waar uitspraken tussen aanhalingstekens worden vermeld, zijn ze voor zover wij hebben kunnen nagaan letterlijk zo gedaan, waar ze cursief zijn weergegeven benaderen we zo veel mogelijk de werkelijkheid – die tijdens onze onderzoekingen regelmatig net zo ongrijpbaar leek als het virus zelf.

Veel dank zijn we verschuldigd aan Maartje van der Sande voor haar betrokkenheid en goede zorgen, Barnet Kansil voor haar eindeloze geduld, Mizzi van der Pluijm voor haar enthousiasme en vertrouwen, Claartje van Swaaij voor het razendsnel uittypen van talloze gesprekken, de redacties van *Op1* en *De Nieuws BV* voor de ruimte die ze ons gaven, en Rob Boonzajer en Maaike Verrips die hun prachtige schip aan de Gouwzee als schrijfplek ter beschikking stelden. Heel voorzichtig informeren was genoeg: 'Natuurlijk!' zei Rob. 'Heren, schrijf ze kapot!'